2025

TERMINE MIT GOTT

365 Tage mit der Bibel

BRUNNEN
NEUKIRCHENER VERLAG

Herausgeber: Hansjörg Kopp, Generalsekretär CVJM Deutschland e.V.

Redaktion: Holger Noack, Jörg Kailus
Lektorat: Uwe Bertelmann

Erstellung des Bibelleseplans
Ökumenische Arbeitsgemeinschaft für Bibellesen
Caroline-Michaelis-Str. 1, 10115 Berlin

MIX
Papier | Fördert gute Waldnutzung
FSC® C083411
FSC www.fsc.org

2024 Brunnen Verlag Gießen und CVJM-Gesamtverband in Deutschland e.V.
Umschlagfotos:
Tb: David Marcu/Unsplash
HC: tofutyklein/Adobe Stock
Innenfotos: Karsten Winegeart, Motoki Tonn, Mika Baumeister, Nikolay Maslov, Jacob Bentzinger, Klara Kulikova, Teagan Maddux, Daniel Sandvik / Unsplash; Laura, Rawpixel, Carlos Barquero, Marcio, Aqnus / Adobe Stock
Umschlaggestaltung: Jonathan Maul
Gestaltung der Monatssprüche: Jonathan Maul
Satz: Uhl+Massopust, Aalen
Herstellung: CPI books GmbH, Leck

Kartonierte Ausgabe
ISBN 978-3-7655-4425-5 (Brunnen)
ISBN 978-3-7615-6964-1 (Neukirchener)

Gebundene Ausgabe
ISBN 978-3-7655-2755-5 (Brunnen)
ISBN 978-3-7615-6965-8 (Neukirchener)

Elektronische Ausgaben:
ISBN 978-3-7655-7848-9 (E-Book)

Jahreslosung 2025

„Prüft alles und
behaltet das Gute!“

1. Thessalonicher 5,21 (E)

Inhalt

Vorwort

Liebe Leserin, lieber Leser,

„sachlich und rechnerisch richtig“ ist ein kurzer feststehender Terminus, der einen einfachen Prozess in Unternehmen wiedergibt. Eine Rechnung ist eingegangen, nun gilt es zu prüfen, ob sie stimmt, die Ware auch eingegangen oder die Unterkunft genutzt wurde etc. Wenn alles passt, dann unterzeichnet eine Person bei „sachlich und rechnerisch richtig geprüft“. Eine wichtige Aufgabe, wenn auch häufig eine routinierte. Dann kann die Zahlung angewiesen und auf den Weg gebracht werden. Derzeit gilt vielfach noch das sogenannte Vier-Augen-Prinzip. Vertrauen ist gut, Kontrolle ist besser.
„Prüft alles und behaltet das Gute“ (1Thess 5,21), lautet die Jahreslosung für dieses Jahr. Ein wunderbares Motiv fürs Bibellesen, zu dem ich uns allen immer wieder neu eine gute, dienliche Routine wünsche, wie bei den oben beschriebenen Prozessen. Eine Routine aus Überzeugung, nicht der Routine wegen, aufmerksam und doch eingeübt. Dazu wollen auch in diesem Jahr *Termine mit Gott* helfen. Um die kleinen Routinen dieses Vorworts zu durchbrechen, danke ich schon an dieser Stelle und nicht, wie sonst, im letzten Abschnitt den Autorinnen und Autoren, den Mitarbeitenden der Redaktion und im Verlag für ihr großartiges Engagement. Nur dank ihnen halten wir auch in diesem Jahr eine neue Ausgabe in den Händen.
„Prüft alles, behaltet das Gute.“ Nur, was ist das Gute beim Bibellesen? Es geht nicht nur um meine Lieblingsgeschichten, schon gar nicht ausschließlich um die Bibelstellen, die mir guttun. Ein Bibelleseplan wirkt dem selektiven Bibellesen entgegen, bei dem ich nur das lese, was mir passt und mich in meinen Überzeugungen bestätigt. Nein – „**alle** Schrift, von Gott eingegeben, ist nütze zur Lehre, zur Zurechtweisung, zur Besserung, zur Erziehung in der Gerechtigkeit, dass der Mensch Gottes vollkommen sei, zu allem guten Werk geschickt“ (2Tim 3,16-17).

Die Bibel hat eine Prüfkraft. Sie will und soll mir helfen in der eigenen Spiritualität und auch bei dem, was ich tue bzw. lasse, wie ich höre, rede oder denke. Und wie prüfe ich die Bibel? Paulus schreibt schließlich davon, dass wir alles prüfen sollen. Ein Kriterium ist sicher, dass wir immer den zeitlichen Zusammenhang berücksichtigen. Wann wurde was geschrieben, von wem? Auch dazu hilft das vorliegende Buch.
„Sacra scriptura sui ipsius interpres" – Die Heilige Schrift legt sich selbst aus, sagte Martin Luther. Wenn man nur einzelne Abschnitte der Bibel herauspickt, besteht die Gefahr, das Ganze aus dem Blick zu verlieren, den Zusammenhang einzubüßen. Stimmt, was ich an einer Stelle lese, mit dem gesamten Inhalt der Bibel, insbesondere des Neuen Testaments überein? Oder wenn etwas zumindest auf den ersten Blick unverständlich bleibt, was bei der Bibel durchaus vorkommen kann, kann es helfen, andere Stellen zum selben Thema zu lesen.
Über allem bleibt die Bitte um den Heiligen Geist: Heiliger Geist, hilf mir, die Bibel wohlwollend zu lesen, dass Gott durch sie mein Herz und Leben prüfen kann, und mache mich weise, die Bibel voll Grundvertrauen prüfend zu lesen, um das Gute zu behalten.
Tägliches Bibellesen – niemand kontrolliert mich nach „sachlich und rechnerisch richtig". Vor niemandem muss ich mich rechtfertigen, ob ich „richtig" in der Bibel gelesen habe und lang genug. Vielmehr lädt sie mich ein, das viele Gute, das in ihr steckt, zu behalten.
In diesem Sinne wünsche ich im Namen aller, die zu „Termine mit Gott 2025" beigetragen haben, Freude, Segen, Ausdauer und vieles mehr.

Herzlich Ihr
Hansjörg Kopp,
Generalsekretär des CVJM Deutschland

Monatsspruch Januar

Jesus Christus spricht: Liebt eure Feinde; tut denen Gutes, die euch hassen! Segnet die, die euch verfluchen; betet für die, die euch beschimpfen!

Lukas 6,27-28 (E)

Gottes Angebot

Psalm 19 **Mittwoch, 1.**

Auch wenn wir heute nicht wissen, was uns das neue Jahr alles bringt – Gott hat ein Angebot zu Beginn der noch unbekannten Zeit. Er möchte uns gerne begegnen: zum einen in seiner Schöpfung (V. 2-7). In großartigen und aussagekräftigen Bildern beschreibt der Psalmbeter, wie sich die unterschiedlichen Naturphänomene von Gottes Größe erzählen. Zum Zweiten in seinem Wort (V. 8-11). Gott redet. Er spricht uns an. Und diese Worte haben eine wohltuende Wirkung. Sie ermutigen, sie machen weise, sie vergewissern, sie setzen Grenzen, sie klären, sie trösten, sie lassen das Leben gelingen. Dieses Angebot sagt viel über Gott selbst aus: Er möchte mit uns ins Gespräch kommen. So, wie er hört, wartet er auf unser offenes Ohr. Und mit seiner Hilfe wird unser Leben gelingen (V. 12-15).

„Gott, der HERR, der Mächtige, redet und ruft der Welt zu vom Aufgang der Sonne bis zu ihrem Niedergang." *Psalm 50,1*

Das Lukasevangelium

Die beiden Bücher von Lukas

Das Leitmotiv der beiden Bücher von Lukas, des Evangeliums und der Apostelgeschichte, ist „der Weg". Den größten Teil des Lukasevangeliums nimmt die Reise Jesu mit seinen Jüngern von Galiläa nach Jerusalem ein (Lk 9,51–19,27). In der Apostelgeschichte erzählt Lukas, wie das Evangelium auf sehr verwinkelten, aber trotzdem göttlich-zielstrebigen Wegen von Jerusalem nach Rom gelangt (vgl. Einführung S. 106).

Dabei werden sowohl Jesus als auch die ersten Christen immer wieder herausgefordert, das Evangelium vom Reich Gottes in ganz verschiedene Lebenssituationen zu übersetzen. Im Lukasevangelium sind es oft einzelne Menschen, die in der Begegnung mit Jesus ermutigt werden, umzukehren und ein neues Leben anzufangen. In der Apostelgeschichte werden Leitfiguren wie Petrus und Paulus, aber auch Gemeinden, durch äußere Umstände oder interne Konflikte provoziert, neue, ungewohnte Schritte zu gehen. Das Evangelium von Jesus Christus ist also keine unveränderliche Wahrheit, die sich in einigen richtigen Sätzen zusammenfassen ließe, sondern sie erschließt die Lebenswirklichkeit von Menschen und Gemeinden, durch die Begegnung mit Gott in Jesus Christus. So entsteht eine Vielfalt der Glaubensaussagen. Zugleich hält das Evangelium die Gemeinde Jesu aber auch zusammen. Es ist ein Evangelium in einer Vielzahl von Glaubenserfahrungen.

Das Lukasevangelium

Mit der Botschaft des Engels an Zacharias, dem Vater von Johannes dem Täufer (1,5-25), und Maria, der Mutter Jesu (1,26-38), setzt Gott selbst das Evangelium in Bewegung. Die drei Lobgesänge von Maria (1,47-55), Zacharias (1,68-79) und Simeon (2,29-32) verknüpfen diesen Neuanfang mit Gottes Heilsgeschichte mit seinem Volk Israel, aber öffnen zugleich das Evangelium für alle Völker: Der Messias ist „ein Licht zur Erleuchtung der Heiden und zum Preis deines Volkes Israel“ (2,32).

Lukas hat für sein Evangelium sorgfältig recherchiert (1,1-4). Fast ein Drittel seines Evangeliums findet sich nur bei ihm. In diesem Sondergut ist das theologische Anliegen des Evangelisten gut zu erkennen: Gott kommt zu den Menschen – vor allem zu denen am Rand –, damit sie die Barmherzigkeit Gottes erfahren und zu einem neuen Leben umkehren können.

Typische Erzählungen sind die Weihnachtsgeschichte und die Hirten als erste Zeugen des Heilandes Gottes (Lk 2). Der Jüngling zu Nain (Lk 7). Die Sünderin, die Jesus die Füße wäscht (Lk 7). Gleichnisse, die von gelungener oder auch verwehrter Umkehr handeln (Der barmherzige Samariter (Lk 10); der reiche Narr (Lk 12); die verlorenen Söhne (Lk 15); der reiche Mann und Lazarus (Lk 16); Pharisäer und Zöllner (Lk 18).

An zwei Geschichten wird die Theologie des Evangelisten besonders deutlich: Zachäus beginnt durch die Begegnung mit Jesus ein neues Leben (Lk 19). Die Emmausjünger, von Jesus

unerkannt begleitet, erkennen ihn am Brotbrechen und kehren nach Jerusalem zurück (Lk 24).
Das Lukasevangelium beschreibt die verändernde Kraft der Begegnung mit Jesus Christus. Die frohe Botschaft, dass Menschen umkehren können, weil ihnen Gottes Barmherzigkeit widerfährt. (HN)

Gottes seltsame Einladung

Lukas 3,1-6 **Donnerstag, 2.**

Was Gott für uns Menschen tut, spielt sich nicht lediglich im geistlichen Elfenbeinturm ab, sondern ist „Influencer" in unserer Welt. Seine Einladung ist:
a) Seltsam, aber historisch: Es ist der Stil der alttestamentlichen Berufungen, der im Auftritt Johannes des Täufers als Vorläufer Jesu deutlich wird.
b) Seltsam, aber nicht unvorbereitet: Das unterstreicht das alttestamentliche Wort aus Jesaja 40. Das kündigt der Engel an (1,8ff). Davon spricht Johannes' Vater im prophetischen Geist (1,67ff). Darauf wartet Johannes geduldig in der Wüste. Auf Gottes Vorhersage ist Verlass!
c) Seltsam, weil es bei dieser Einladung nicht um Einkehr, sondern um Umkehr geht. Und was für ein Angebot: Reinwaschung und die Vergebung der Sünden.
Wie reagieren wir auf diese Einladung?

„Kommt her zu mir, alle, die ihr mühselig und beladen seid; ich will euch erquicken." *Matthäus 11,28*

Deftige Predigt

Lukas 3,7-14 **Freitag, 3.**

Johannes der Täufer nimmt kein Blatt vor den Mund. Er macht klar, dass Gott nicht nach Herkunft fragt, sondern das sucht, was aus dem Glauben praktisch an Frucht erwächst. Es gibt für uns keine religiöse Selbstsicherheit. Wir leben jede Minute von Gottes freundlicher Zuwendung und von Jesu Tod am Kreuz. Die Predigtzuhörer damals sind entgeistert und vollkommen ratlos. Johannes gibt auf alle besorgten Fragen eine praktische Antwort. Faszinierend: Er propagiert kein Armutsideal, sondern fordert von jedem, ganz gleich, zu welcher gesellschaftlichen Gruppe er gehört, zum Teilen bereit zu sein und Nächstenliebe zu üben. Und er ist überzeugt: Jeder kann seinen Beitrag dazu leisten, dass der Wille Gottes getan wird – auch in einem ungerechten System.

„Die Frucht aber des Geistes ist Liebe, Freude, Friede, Geduld, Freundlichkeit, Güte, Treue, Sanftmut, Keuschheit." Galater 5,22f

Klare Kante

Lukas 3,15-20 **Samstag, 4.**

Die Leute sind begeistert und aufgewühlt zugleich: endlich jemand, der mit Integrität und Autorität von Gott spricht. Eine „charismatische Führungspersönlichkeit". Ob er der Messias ist? Was für eine Versuchung. Doch Johannes sonnt sich nicht in den Erwartungen, sondern unterstreicht die Distanz zwischen sich und dem Gesalbten Gottes. Als unbequemer Mahner benennt er ebenso schonungslos die skandalösen Familienverhältnisse im Haus des Landesfürsten. Die Verhaftung und spätere Tötung durch den politischen Herrscher machen Johannes auch im Leiden zum Vorläufer Jesu. Der Evangelist Lukas schließt damit den Bericht über das Wirken des Täufers ab. Nun beginnt die Zeit Jesu. Sein Wort gilt es zu hören. Er allein hat jetzt das Sagen.

„In keinem andern ist das Heil, auch ist kein andrer Name unter dem Himmel den Menschen gegeben, durch den wir sollen selig werden."
Apostelgeschichte 4,12

Wochenspruch

Und wir sahen seine Herrlichkeit, eine Herrlichkeit als des eingeborenen Sohnes vom Vater, voller Gnade und Wahrheit.
Johannes 1,14b

Friedenskönig

Psalm 72 **Sonntag. 5.**

Das Bild eines idealen Königs. Unerreicht von den realen Königen, die Israel und Juda regiert haben. Auch die besten von ihnen machten Fehler, stolperten über ihren Eigensinn, ließen sich von der Macht verführen. Und doch erhofften die Menschen von Gott einen König, der „dein Volk richte in Gerechtigkeit und deine Elenden nach dem Recht". (V. 3) Der dem Land so Frieden und Gerechtigkeit bringt (V. 4). Ein König mit internationaler Bedeutung: „Durch ihn sollen gesegnet sein alle Völker und sie werden ihn preisen." (V. 17) Das Bild eines idealen Königs, das sich in der Erwartung des Messias Israels verdichtet. Alle Könige Israels sind nur schwache Abbilder dieses Friedenskönigs Gottes. Nur eine Utopie? Nein, eine lebendige Hoffnung, die Menschen immer wieder aufgerichtet hat.

„Rabbi, du bist Gottes Sohn, du bist der König von Israel."

Johannes 1,49

Lebensauftrag und schweres Erbe

Lukas 3,21-38 **Epiphanias, Montag. 6.**

Der Lebensauftrag Jesu erwächst aus der Demut. Jesus stellt sich zunächst unerkannt auf die Stufe von uns sündigen Menschen, die Vergebung nötig haben. Sein Lebensauftrag ist direkt von Gott. Das lässt sich an drei Stellen festmachen: an der Öffnung des Himmels, an der Herabkunft des Geistes und am direkten und ausgesprochenen Auftrag Gottes. Und ganz wichtig: Dieser Lebensauftrag ist einer zum Sühnetod. Wir sind Gott so viel wert, dass sein Sohn für uns sterben muss! Übrigens: Nicht erst durch die Taufe und die Stimme Gottes wird Jesus zum Sohn Gottes erhoben. Er ist es von Anfang an! Der Stammbaum weist beides auf: eine Königslinie, glänzende Namen und auf der anderen Seite ein Riesenberg an Schuld. Am Ende steht Gott. Der wird durch Jesus alle Schuld tilgen: ein bewältigtes Erbe!

„Die Strafe liegt auf ihm, auf dass wir Frieden hätten, und durch seine Wunden sind wir geheilt.“ *Jesaja 53,5*

Versuchung hat viele Farben

Lukas 4,1-13 **Dienstag, 7.**

Es gibt Versuchungen im Leben, da merke ich erst auf den zweiten Blick: Es ist etwas faul. Es widerspricht dem, was ich eigentlich will. Auch die Bibel kennt Versuchung – ihr Ziel ist immer, uns Menschen von Gott wegzubringen. Hier bei Jesus ging es um die Gottessohnschaft. Missbraucht er sie für seine eigenen Bedürfnisse oder glaubt er, dass sein Vater das Beste für ihn im Sinn hat? Jesus ist wachsam, seine Antworten sind klar, er hält an Gottes Wort fest. Auch wir haben empfindliche Punkte in unserer Beziehung zu Gott und können die Momente der Versuchung nicht einfach davonjagen. Aber wir können sie erkennen, durchschauen und dafür sorgen, dass sie nicht unsere Beziehung zu Gott kaputt machen. Ein guter Weg dafür ist sicher, Gott zu bitten: „Herr, führe du mich in der Versuchung.“

„Denn da er selber gelitten hat und versucht worden ist, kann er helfen denen, die versucht werden.“ *Hebräer 2,18*

Heute, jetzt und hier

Lukas 4,14-21 **Mittwoch, 8.**

Jesus ist in seiner Heimatstadt, man spürt förmlich die Spannung in der Luft. Jesus steht auf und liest eine Weissagung des Propheten, die beschreibt, was alles geschehen wird, wenn Gottes Heil anbricht: Gefangene werden frei, Blinde sehen, Zerschlagene werden frei. – Dann setzt sich Jesus wieder. Alle sehen gespannt auf ihn, in die Stille hinein sagt er: „Heute ist dieses Wort der Schrift erfüllt vor euren Ohren.“ – Punkt. Das war Jesu Predigt. Es ist alles gesagt: **Heute,** so die unerhörte Botschaft, nicht irgendwann. **Erfüllt,** nicht mehr nur verheißen. Gottes Herrschaft ist jetzt angebrochen, mit einer neuen Qualität. Dieses Signal gibt Jesus ganz am Anfang seines Wirkens. Später hört auch Zachäus ein „Heute". Dann der Übeltäter am Kreuz. Gottes Anrede gilt heute, jetzt und hier, an diesem Tag.

„Siehe, jetzt ist die willkommene Zeit, siehe, jetzt ist der Tag des Heils!" *2. Korinther 6,2b*

Anders als gewünscht

Lukas 4,22-30 **Donnerstag, 9.**

Zunächst sind Jesu Zuhörer beeindruckt, aber mit so einem Auftritt verbinden sich auch große Erwartungen. Kann Jesus, der Sohn Josefs, wirklich der von Gott versprochene Retter sein? – Dann soll er auch Zeichen und Wunder tun, die diesen unerhörten Anspruch belegen. Aber Jesus verweigert diesen Wunsch. Kein Prophet gilt etwas in seiner Heimat. Offensichtlich durchschaut Jesus seine Zuhörer. Für Wunder um der Wunder willen ist er nicht zu haben. Glaube erwächst nicht aus Wundern.
Als er dann auch noch Nicht-Juden als Vorbilder nennt, schlägt die Stimmung in Ablehnung, gar Hass um. Es endet in versuchtem Mord, denn Jesus entspricht nicht den eingespielten Vorstellungen über den verheißenen Messias. Jesus ist nicht gekommen, um damalige oder heutige Erwartungen zu erfüllen. Welche Vorstellungen von Jesus habe ich?

„Denn die Juden fordern Zeichen und die Griechen fragen nach Weisheit." *1. Korinther 1,22*

Die Frage der Vollmacht

Lukas 4,31-37 **Freitag, 10.**

Eine zunächst ähnliche Szene wie zuvor in Nazareth. Wieder sind die Zuhörer verwundert über Jesu Lehre, diesmal mit dem Hinweis auf seine Vollmacht. Hier allerdings bekennt ein unreiner Geist: „Ich weiß, wer du bist: der Heilige Gottes!" – Eine Aussage, die dem Petrusbekenntnis in Joh. 6,69 entspricht.

Erstaunlich, gerade Dämonen erkennen in Jesus ihren göttlichen Gegenspieler – und zugleich nicht erstaunlich, denn gerade sie bekommen die ihnen überlegene Vollmacht zu spüren. Es wird klar, dass Jesus Herr dieser Welt ist. Bei seinen Zuhörern bleibt **Staunen** über die Größe und eindrückliche Vollmacht Jesu und **Erschrecken** über die Begegnung mit dem unvorstellbar großen Gott und seiner vom Menschen unterschiedenen Heiligkeit. Jede menschliche Anmaßung verstummt angesichts dieser Tatsache.

„Dazu ist erschienen der Sohn Gottes, dass er die Werke des Teufels zerstöre." *1. Johannes 3,8b*

Jesus erfüllt die Schrift

Lukas 4,38-44 **Samstag, 11.**

Wie ein Magnet zieht Jesus das Elend an. Mit Hingabe sorgt er sich um das Heil der Menschen. Schließlich will man ihn gar nicht mehr gehen lassen. Die Menschen spüren seine Zuwendung, seine Hilfe, seine Kraft und auch seine Vollmacht. So erfüllt sich, was Jesus in der Synagoge verlesen hat: Gott selbst ist in Jesus in die Welt gekommen, um zu heilen – um dieser kaputten Welt das Heil zu bringen. Bis tief in die Nacht ist Jesus beschäftigt. Dann sucht er die Stille, denn alles Wirken kommt aus der Stille. Jesus braucht die enge Verbindung zum Vater, dort erhält er seine Kraft. Jesus lebt im festen Rhythmus von Aktivität und Stille. Auch später entzieht er sich immer wieder der Menschenmenge und sucht an einsamen Stätten die Ruhe und Nähe zu seinem Vater. Wenn Jesus das schon braucht, um wie viel mehr brauchen wir das?

„Fürwahr, er trug unsre Krankheit und lud auf sich unsere Schmerzen." *Jesaja 53,4a*

Wochenspruch

Welche der Geist Gottes treibt, die sind Gottes Kinder.

Römer 8,14

Du hast mir weiten Raum verschafft

Psalm 4 **Sonntag, 12.**

Im Mittelpunkt des Psalms steht ein Mensch, der in die Enge getrieben und von Angst geplagt ist. Was ihn konkret umtreibt, bleibt unklar. Sowohl innere Verzagtheit als auch Anfeindungen von außen belasten ihn. Es können so unendlich viele Dinge sein, die uns den Schlaf rauben. Der Psalmdichter kennt einen Weg, wie er aus der Bedrängnis herauskommen kann: Einerseits fleht er vertrauensvoll zu Gott – andererseits klagt er an und widerspricht seinen Feinden. Die Adressaten seiner Rede wechseln. Er erlebt, dass Gott eingreift. Wir dürfen darauf vertrauen, dass Gott uns im Blick hat und über uns das Licht seiner Gegenwart aufstrahlen lässt (V. 7). Mag manche Situation noch so bedrückend erscheinen und die ängstliche Frage hochkommen, wie lange das noch gehen soll, am Ende steht doch die Zuversicht: „Allein du, HERR, hilfst mir, dass ich sicher wohne“ (V. 9).

„So reißt er auch dich aus dem Rachen der Angst in einen weiten Raum.“ *Hiob 36,16*

Ruf ins Neue

Lukas 5,1-11 **Montag, 13.**

Aus dem Beruf des Petrus macht Jesus mit seinem Ruf die Berufung des Jüngers.

Der erfolglose Fischer wird wundervoll zum bevollmächtigten Menschenfischer gerufen. Zum Gottesboten, der Menschen für den Glauben gewinnt. Und wir mit ihm.

Wir kommen aus der enttäuschenden langen Nacht unserer Anstrengungen ohne Sinn. Dann hören wir das ganz andere Wort. Jesus ruft uns. Und das Wunder beginnt. Vor allem das Wunder, unsere eigene Schuld zu erkennen.

Und dann geschieht das noch größere Wunder: Jesus ruft uns ins Neue. Das Alte quält unsere Herzen, aber der ewige neue Tag mit Jesus beginnt. Auf seinen Ruf hin finden wir unsere Berufung, unseren Lebenssinn. Auch mich ruft er heute.

„Darum, ihr heiligen Brüder und Schwestern, die ihr teilhabt an der himmlischen Berufung, schaut auf den Apostel und Hohenpriester, den wir bekennen, Jesus.“ *Hebräer 3,1*

Ruf zum Heil

Lukas 5,12-16 **Dienstag, 14.**

Der Aussatz des Lebens schließt aus der Gemeinschaft aus, macht heillos einsam und stürzt in die Hoffnungslosigkeit. Aber eines gibt es noch: den Weg zu dem, der zum Heil ruft. Die Bitte an Jesus ist keine andere als die des Vaterunsers: „Dein Wille geschehe.“ So Gott will, ruft und heilt er.

Und Jesus heilt vom Aussatz. Aber nicht so, dass er damit zum Guru aufsteigen will. Nicht so, dass er deshalb alle, alle, alle heilen sollte, müsste. Im Gegenteil: Den einen heilt er; für die anderen betet er. Denn er will mehr als gesund machen; er will zum Heil rufen. Mal macht er gesund, mal entweicht und betet er. Und immer arbeitet Jesus an unserem Heil. Sein Wille geschehe. Ihm können wir vertrauen – so oder so. Auch mich ruft er heute.

„Lass dir an meiner Gnade genügen, denn meine Kraft ist in den Schwachen mächtig.“ *2. Korinther 12,9*

Ruf zur Vergebung

Lukas 5,17-26 **Mittwoch, 15.**

Die dritte Begebenheit hintereinander – immer beginnt es: „Es begab sich ...“

Und wieder eine Geschichte voller Wunder. Dass ein Gelähmter nicht allein leiden muss, sondern Freunde hat. Dass es, auch wenn Menschen den Weg zu Jesus versperren, doch noch andere Wege gibt, in die Nähe von Jesus zu kommen. Dass die Freunde und der Gelähmte Jesus aufs Dach steigen. Dass Jesus nicht nur den Glauben des Gelähmten, sondern auch den der Freunde sieht, als er seinen Jesus-Ruf ausspricht. Dass also die Gemeinschaft des Glaubens mitten in der Not weit trägt. Und dass er noch Größeres ausspricht als die Gesundwerdung. Weil Jesus Gott selber ist, kann und will er vergeben. Auch heute ruft er mich.

„Bei dir aber, HERR, unser Gott, ist Barmherzigkeit und Vergebung."
Daniel 9,9

Ruf zur Nachfolge

Lukas 5,27-32 **Donnerstag, 16.**

Wenn Jesus ruft, dann ändert sich alles. Dann wird aus einem Steuereintreiber der römischen Besatzungsmacht mit dem Freiraum, in die eigene Tasche noch zusätzliche Steuergelder zu stecken, ein Jesus-Nachfolger. Da wird aus einem Zolltisch eine lange Tafel derer, die mit Jesus essen und trinken und Gemeinschaft erleben. Da wird aus einem scheinfrommen Einwurf der Kritiker ein Heilandsruf von Jesus, der allen vor Gott Bedürftigen neue Hoffnung gibt. So hat Jesus damals den Levi gerufen – und es wurde ein Jünger Matthäus in die Nachfolge berufen.
Und wir sind auf dem richtigen Weg, wenn wir in unserem Beruf und Alltag die Stimme von Jesus hören und die Gemeinschaft mit ihm und denen suchen, die er beruft. Auch heute ruft er mich.

„Wer mir dienen will, der folge mir nach; und wo ich bin, da soll mein Diener auch sein. Und wer mir dienen wird, den wird mein Vater ehren."
Johannes 12,26

Ruf zum Fest

Lukas 5,33-39 **Freitag, 17.**

Fasten oder festen? Jesus antwortet gut evangelisch: „Ihr dürft, aber ihr müsst nicht." Eins aber ist unbedingt dran: die Gegenwart von Jesus zu feiern. Das hat absoluten Vorrang. Jesus vergleicht seine Gegenwart mit einer Hochzeitsfeier. Und hat ja deshalb auch als erstes Wunder ein ganz verrücktes vollbracht: bei einer Hochzeit Hunderte Liter Wasser zu Wein gemacht. Das Leben mit Jesus ist ein Fest.

Ja, gefastet wird dann auch. Denn wir feiern nicht unablässig Party für Jesus. Aber alles Fasten ist kein Muss, sondern eine Hilfe zur Konzentration auf die innere Ausrichtung auf Jesus selbst. Wir leben dabei nicht weniger, sondern mehr: mehr Hören, mehr Meditieren, mehr Beten. Und das ist auch schon ein Fest. Zum Fest ruft Jesus uns. Alle. Heute.

„Ein guter Mut ist ein tägliches Fest." *Sprüche 15,15*

Der lebendige Glaube durch Jesus

Lukas 6,1-11 **Samstag, 18.**

Jesus hat es schon wieder getan. Wieder hat er sich nicht haargenau an das jüdische Gesetz gehalten. Dieses Mal hat er am Sabbat geheilt. Und die Richter – die Pharisäer – waren direkt da, um ihm seine Verfehlungen vorzuhalten. Normen und Gesetze bilden die Grundlage ihres Glaubens. Ein starrer Glauben mit Scheuklappen, der den Glauben fesselt und einschränkt.
Jesus macht durch sein Handeln und seine Botschaft den Glauben frei. Jesus schenkt dir einen Glauben, in dem Gebote einen Zweck erfüllen, aber niemals der Zweck selbst sind. Indem Jesus der Herr über den Sabbat ist, schenkt er dir die Freiheit für einen lebendigen Glauben. Einen Glauben, der sich am Nächsten und an der Nachfolge Jesu orientieren kann.

„Der Menschensohn ist Herr über den Sabbat." *Lukas 6,5*

Wochenspruch
Von seiner Fülle haben wir alle genommen Gnade um Gnade.
Johannes 1,16

Hilfe Gottes einfordern

Psalm 3 **Sonntag, 19.**

David ist in einer bescheidenen Situation. Auf der Flucht. Umringt von Feinden. Von anderen verspottet. Sie sagen, dass auch Gott ihn allein gelassen hat und er keine Hilfe durch ihn bekommen wird. Aber David widerspricht: Gott ist mein Schild!

David steckt nicht den Kopf in den Sand, sondern ist sich der Nähe Gottes bewusst. Ob er liegt, schläft oder erwacht – er merkt, dass Gott bei ihm ist. Doch das Empfinden der Nähe Gottes ist kein Axiom, nichts, was selbstverständlich immer da ist.

Es ist eine herausfordernde Einstellung. Die Entscheidung, uns einzugestehen, dass wir nicht alles allein schaffen. Die Entscheidung, dass wir die Kraft aufbringen, die Nähe Gottes und seinen Segen zuzulassen und auf ihn zu vertrauen.

„Auf, HERR, und hilf mir, mein Gott." *Psalm 3,8*

Die Erwählung zum Apostel

Lukas 6,12-16 **Montag, 20.**

Jesus erwählt die Zwölf, damit sie in seine Nachfolge treten und Apostel – aus dem Altgriechischen: Botschafter oder Gesandter – werden. Jesus gibt ihnen den Missionsbefehl (Mt 28,19 f) und damit die Aufgabe, seine Geschichten und Botschaft weiterzugeben. Sie sollen Zeuge sein für das, was sie mit Jesus erlebt haben.

Auch du bist erwählt! Als Christ bist du erwählt, die Worte Jesu in die Welt zu tragen. Wie die Jünger vor 2000 Jahren darfst und sollst auch du Zeuge dafür sein, was der Glaube in der Welt bewegt. Auch du sollst in die Nachfolge Jesu treten, zu der er dich erwählt hat.

Was machst du mit deiner Erwählung? Wirst du untätig sein? Oder die frohe Botschaft in die Welt tragen und deine Mitmenschen damit anstecken, indem du ihnen vom Leben mit Jesus erzählst?

„Er wählte zwölf von ihnen, die er auch Apostel nannte." *Lukas 6,13*

Selig oder ermahnt?

Lukas 6,17-26 **Dienstag, 21.**

Gehöre ich zu denen, die in den Weherufen angesprochen werden? Oder zu denen, für die die Seligpreisungen gelten? Auf der einen Seite lebe ich ein äußerst privilegiertes Leben. Auf der anderen Seite versuche ich, mein Leben nach christlichen Maßstäben zu gestalten. Sollte ich also mein Leben nach dem Lesen des Textes jetzt radikal verändern oder kann ich mich gemütlich zurücklehnen, da die Seligpreisungen mir ja einen Platz im Reich Gottes zusagen? Oder ist das eine dieser Bibelstellen, wo ich mich darauf zurückziehen kann, dass die Bibel ja schon alt ist und ich das ohnehin nicht so wörtlich nehmen muss?
Vermutlich ist es am Ende egal, zu welcher Kategorie ich mich zuordne: Ich nehme den Zuspruch mit, dass es bei Gott mehr gibt als in dieser Welt – und den Anspruch, nicht satt zu werden, sondern mich zu hinterfragen und an mir zu arbeiten.

„Und er hob seine Augen auf über seine Jünger und sprach."

Lukas 6,20

Auch die Sünder lieben ihre Freunde

Lukas 6,27-35 **Mittwoch, 22.**

Der Text ist ernüchternd und zugleich eine große Herausforderung. Ernüchternd, wenn wir uns um ein gutes Miteinander in der Gemeinde bemühen, Freundschaften pflegen, mit unseren Freunden Zeit verbringen, großzügig sind und gerne teilen. Wir haben ein gutes Gefühl und sind sogar ein bisschen stolz auf unser nicht ganz alltägliches Verhalten. Doch dann lesen wir die Beurteilung von Jesus: „Das tun die Sünder auch" (V. 33). Was ist dann das unvergleichlich andere bei den Nachfolgern von Jesus? Er nennt seinen Jüngern folgende Kennzeichen: Sie lieben sogar ihre Feinde. Sie verzichten auf das ihnen zustehende Recht. Sie beten für andere Menschen und segnen sie – unabhängig von deren (wohlwollendem) Verhalten. Da habe ich ein großes Übungsfeld.

„Ich aber sage euch: Liebt eure Feinde und bittet für die, die euch verfolgen, auf dass ihr Kinder seid eures Vaters im Himmel.“

Matthäus 5,44f

Wohl dem, der barmherzig ist

Lukas 6,36-42 **Donnerstag, 23.**

Auch im Miteinander der Christen ist Liebe geboten. Sie nimmt im barmherzigen Umgang konkrete Gestalt an. Im heutigen Bibeltext stellt Lukas einige Worte von Jesus zusammen, die barmherziges Verhalten illustrieren. Zunächst vier Forderungen oder Warnungen für eine barmherzige Einstellung zueinander: Richtet nicht; verurteilt nicht; sprecht frei; gebt großzügig. Jesus verbindet diese Forderungen jeweils mit einer Verheißung: Denjenigen, die so leben, wird es ebenso ergehen. Danach folgen zwei Bildworte, die an diesem Ort ebenfalls eine barmherzige Haltung verlangen. Barmherzige Christen wissen um ihre „blinden Flecke“ und den Balken in ihrem Auge. Sie überheben sich nicht über andere. Auch dann nicht, wenn sie eine Leitungsaufgabe in der Gemeinde wahrnehmen. Das Bibelwort fordert mich heute zur Selbstbesinnung und Prüfung heraus.

„Der HERR ist gnädig und gerecht, und unser Gott ist barmherzig.“

Psalm 116,5

Hören und Tun

Lukas 6,43-49 **Freitag, 24.**

Wenn wir es in unserem Leben voneinander trennen, führt es zu fruchtlosem und darum belanglosem Glauben. Die zentrale Frage in der Verkündigung von Jesus Christus lautet: „Was nennt ihr mich aber Herr, Herr, und tut nicht, was ich euch sage?“ (V. 46). Sie bildet auch die Grundlage der Bildworte unserer Bibellese. Die oft so beliebten Alternativen bringen uns nicht weiter. Weder „Hauptsache auf Gottes Wort hören“ noch „Auf das engagierte Tun kommt es an“ treffen das Anliegen von Jesus. Die Grundlage entscheidet: die Wurzel (V. 43), das Herz (V. 45) und der Felsen (V. 48) – und sorgt für die guten, gewünschten Ergebnisse. Das Evangelium von Jesus Christus kann nicht nur gehört, sondern muss gelebt werden. Hören und Tun sind das Merkmal echter Jüngerschaft und Nachfolge.

„Er aber antwortete und sprach zu ihnen: Meine Mutter und meine Brüder sind diese, die Gottes Wort hören und tun." *Lukas 8,21*

Stumpfes Vertrauen

Lukas 7,1-10 **Samstag, 25.**

Das Alte Testament ist das Ringen Gottes um sein Volk. Jesus folgt dieser Spur. Er ist zum Volk Israel gesandt. Und dann kommt da dieser Offizier. Er ist kein Jude. Für Jesus eigentlich so was wie eine Randfigur. Dieser Mann kennt weder die Heilige Schrift noch die messianischen Verheißungen, die sich in Jesus erfüllen. Er gehört einfach nicht zur Zielgruppe. Gewissermaßen ein Outsider. Aber ein Outsider mit unerschrockenem, fast dreistem Vertrauen, von dem Jesus selber überrascht ist (V. 9). Was Jesus sich im jüdischen Volk gewünscht hätte, findet er in einem Outsider: unmittelbares, unkonventionelles, man könnte sagen stumpfes Vertrauen in die göttliche Vollmacht von Jesus. Und dieses blanke Vertrauen bleibt nicht ohne Folge: Der Knecht wird gesund. Wo ehrlich gesucht, vertraut und gebetet wird, geht die Tür Gottes auf!

„Bittet, so wird euch gegeben; suchet, so werdet ihr finden; klopfet an, so wird euch aufgetan." *Matthäus 7,7*

Wochenspruch

Und es werden kommen von Osten und von Westen, von Norden und von Süden, die zu Tisch sitzen werden im Reich Gottes.
Lukas 13,29

Ausstrecken und sich freuen

Psalm 9 **Sonntag. 26.**

Verzweiflung, Hoffnungslosigkeit, Ohnmacht – das sind Gefühle, die David kennt. Er kämpft für die gute Seite und muss doch oft fürchten, dass seine Feinde und „das Böse“ sich durchsetzen. Das kennen wir: Diese Welt ist so voll von ungeahndetem Leid, dass man schier verzweifeln könnte. Wie heilsam sind da „Anti-Erfahrungen“, von denen David hier spricht und die das angebrochene Reich Gottes kennzeichnen. Nicht das Böse setzt sich durch, sondern Gott. Er ist Richter. All das Böse zerschellt am Ende an seiner Gerechtigkeit und findet vor und durch Gott sein Ende. Unsere Feinde heute lauten vielleicht eher Krankheit, Schmerz, Verlust, Angst, Sorge usw. – und auch sie sind endlich. Gott ist ewig. Sein Reich und damit seine Gerechtigkeit sind längst angebrochen. Strecken wir uns danach aus! Und freuen wir uns darüber! Wie David!

„Der HERR ist meine Stärke und mein Schild, auf ihn hofft mein Herz und mir ist geholfen.“ *Psalm 28,7a*

Das Leben siegt!

Lukas 7,11-17 **Montag. 27.**

Die Szenerie hat was von großem Kino: Jesus und seine Nachfolger treffen auf einen Toten und dessen Trauerzug: Leben vs. Tod! Obwohl Jesus nicht angesprochen wird, kann er den Toten nicht tot sein lassen. Als wenn beides nicht nebeneinander existieren kann. Eines von beidem, Tod oder Leben, wird sich durchsetzen. Das Erbarmen von Jesus macht den Anfang (V. 13), das letzte Wort hat seine Vollmacht (V. 15). Das Leben siegt. Jesus ist stärker. Vorweggenommene Auferstehungskraft bei diesem (einzigen/eingeborenen) Sohn einer Mutter! Der Tod ist nicht das Ende. In der Auferweckung findet der Tod selbst sein Ende. Und doch bleibt Jesus für das jüdische Volk nur ein Prophet (V. 16) – wenn auch ein großer (wie Mose oder Elia). Aber nein, Jesus ist mehr: der, der das Leben schenkt und vollendet.

„Ich bin die Auferstehung und das Leben. Wer an mich glaubt, wird leben, auch wenn er stirbt.“ *Johannes 11,25*

Jahreslosung 2025

„Prüft alles und behaltet das Gute!“

(1. Thessalonicher 5,21)

Prüfungszeit

Prüfungszeit. Man ist nervös. An alles gedacht? Alles gelernt? Wie war denn noch mal... Fällt mir nicht ein. Nachschlagen. Stimmt! Wie konnte ich das vergessen. Hoffentlich fällt es mir ein, wenn's darauf ankommt. Eine Prüfung ist erst dann angenehm, wenn man sie bestanden hat.
Und jetzt soll man auch noch den Glauben prüfen. Sich verunsichern lassen. Wer wirklich prüft, muss auch bereit sein, Fehler zu erkennen, Irrtümer, blinde Flecken, Fehleinschätzungen. Auch den Glauben prüfen? Ihn infrage stellen? Ist er nicht eigentlich die Antwort, die Lösung, die Klärung? Ist es nicht gefährlich, das, was uns Gewissheit geben soll, zu hinterfragen?
Es ist gefährlicher, das, was wir glauben, nicht zu hinterfragen. Denn der Glaube hat immer zwei Seiten: eine göttliche und eine menschliche. Die feste, sichere Zusage Gottes und unsere menschliche Antwort. Unser Ja zu dem, was wir verstehen – und wie wir Gottes Zusage verstehen. Die menschliche Seite unseres Glaubens ist immer schon beeinflusst durch unsere Erfahrungen, durch unseren Lebenskontext, durch prägende Menschen und Gemeinschaften, aber auch durch unsere Fähigkeiten, unsere Persönlichkeit, Vorlieben und Abneigungen, durch viele Möglichkeiten, die sicheren Zusagen Gottes mit unseren begrenzten menschlichen Zugängen zu verschmelzen. Nicht Gottes Wort steht infrage, sondern unsere Sicht auf Gottes Wort. Gott irrt nicht – aber wir können irren.

Den Glauben sollte man immer zweifach prüfen: an der Bibel und am Leben. Hilft er mir, den Reichtum von Gottes Wort zu erschließen? Und öffnet er meinen Blick für Gottes Gegenwart in meinem Leben? Ich muss beides prüfen: Schaue ich nur auf mein Leben, dann wird der Glaube schnell beliebig, dann erkläre ich das für glaubenswichtig, was mir gefällt und blende aus, was ich nicht einordnen kann. Schaue ich nur auf die Bibel, dann wird mein Glaube leicht besserwisserisch. Dann verteidige ich meine momentane Erkenntnis und lasse mich nun ungerne auf Neues, Ungewohntes ein. Im ersten Fall fühle ich nur, was richtig ist. Im zweiten Fall weiß ich es immer schon. Beides schränkt den Glauben ein.
Darum: Prüft alles! Das Leben durch die Bibel – und die Bibel durch das Leben. Gott will, dass wir ihm mehr vertrauen. Das ist der Weg. Ein lebendiger Glaube ist ein Glaube, der auch Fragen standhält und Prüfungen besteht. (HN)

Selbst dem Größten passiert's

Lukas 7,18-23 **Dienstag, 28.**

Für Johannes war eigentlich längst klar, dass Jesus der ist, der da kommen soll. Er selbst hatte Jesus als den Messias angekündigt (Joh 1,29), er selbst hatte ihn getauft (Mt 3,17), er selbst hatte ihn bekannt (Joh 1,34). Und doch passiert es dem größten Jünger (vgl. Mt 11,11), dass sein Glaube ins Wanken gerät: „Was ist, wenn er doch nicht der ist, der er behauptet zu sein?“ Glaube ist immer auch gefährdet. Bei Johannes und auch bei uns. Aber Jesus hält dagegen. Nicht mit der stumpfen Gegenbehauptung „Doch, ich bin es wirklich.“, sondern mit dem, was tatsächlich durch ihn passiert (V. 22). Was heißt das für uns? Wir müssen Gott nicht starkreden oder gar krampfhaft verteidigen, sondern auf das schauen bzw. verweisen, was wir (und andere) erleben. Die Anfechtung mag im Leben mal da sein – das Wirken Gottes ist es aber auch!

„Das Reich Gottes steht nicht in Worten, sondern in der Kraft.“
1. Korinther 4,20

Irgendwie tröstlich!

Lukas 7,24-35 **Mittwoch, 29.**

Eigentlich irgendwie tröstlich. Da gibt es die einen, die sich ansprechen lassen. Die zu Jesus Ja sagen und ihm ihr Leben übergeben. Die sich freuen, dass ihr Leben einen neuen tiefen Sinn bekommen hat. Aber es gibt auch die anderen. Die haben sich einen Evangelisten aus Neugier angehört. Die sind immer da, wo etwas los ist. Aber wirklich zum Glauben bewegen lassen sie sich nicht. Entweder ist ihnen das mit dem Glauben an Jesus zu eng oder zu weit. Sie bleiben in ihrer kritischen Beobachterrolle. Jesus hat diese Erfahrung selbst machen müssen, und sein großer Wegbereiter Johannes auch. Es hängt nicht immer an uns und unserer Art, zu Jesus einzuladen. Es war und bleibt so: An Jesus scheiden sich die Geister. Gott sei Dank, dass es immer wieder Menschen gibt, die zu Jesus von Herzen Ja sagen. Wie tröstlich!

„Einige schlossen sich ihm an und wurden gläubig."

Apostelgeschichte 17,34

Von ganzem Herzen

Lukas 7,36-50 **Donnerstag, 30.**

Halbherzig nennt man das, wenn jemand nicht wirklich mit dem Herzen bei der Sache ist, wenn er „Dienst nach Vorschrift" macht. Da kommt keine Liebe auf, keine Ausstrahlung, keine Wärme. So muss das bei dem Pharisäer gewesen sein, der Jesus zu sich eingeladen hatte. Er fühlte sich vielleicht verpflichtet oder wollte auf Jesus Eindruck machen. Aber da war keine Liebe.

Ganz anders die Frau, die so gar nicht in das Weltbild des Pharisäers passte. Sie kommt einfach dazu und tut, was ihr auf dem Herzen liegt: Sie zeigt Jesus, was er ihr wert ist, und in seiner Gegenwart schämt sie sich auch nicht ihrer Tränen über so manches, was in ihrem Leben schiefgelaufen ist. Was sie tut, tut sie mit ganzem Herzen. Jesus liebt die, die mit ganzem Herzen zu ihm kommen. Denen spricht er Vergebung zu, egal wie ihr Leben bisher ausgesehen hat.

„Du sollst den HERRN, deinen Gott, lieb haben von ganzem Herzen."
5. Mose 6,5

Eine bunte Mischung

Lukas 8,1-3 **Freitag, 31.**

Viele denken, Jesus hätte nur Männer um sich versammelt, weil immer wieder von seinen zwölf Jüngern die Rede ist. Aber so war das nicht. Patriarchale Engführungen lagen Jesus fern. Gerade der Evangelist Lukas betont sehr oft, dass sich Jesus Frauen genauso zugewandt hat wie Männern, dass er da keine Unterschiede gemacht hat. Entscheidend war für ihn, dass er etwas für Menschen in Not tun konnte. Wenn sich dann die, die geheilt worden waren, dankbar in seine Gemeinde einreihten, dann wird ihn das nur gefreut haben. Darum nennt Lukas hier nicht nur die zwölf Jünger, sondern auch – und teilweise ganz konkret und mit Namen – Frauen, die Jesus heilen konnte und die nun auch mit ihm auf dem Wege waren. Bei Jesus zählt nicht Mann oder Frau, schwarz oder weiß, reich oder arm – sondern nur die Liebe zu ihm und zu den Mitmenschen.

„Hier ist nicht Mann oder Frau, denn ihr seid allesamt einer in Christus Jesus." *Galater 3,28*

Monatsspruch Februar

Du tust mir kund
den Weg zum Leben.

Psalm 16,11

Bitte, aber nicht entmutigend

Lukas 8,4-15 **Samstag, 1.**

Es tut schon weh, wenn sich Menschen, die Jesus treu geblieben, an ihre ersten Jahre im Glauben zurückerinnern: Wie viele waren es doch damals, die bei Veranstaltungen nach vorn gegangen sind, die sich zu Jesus bekannt haben. Wie groß war ihre Begeisterung! Und dann? Nicht viele sind geblieben, jedenfalls wenn man sie in der Gemeinde Jesu sucht. Die, die geblieben sind, sind gern geblieben und freuen sich ihres Herrn. Aber die anderen? Das Gleichnis Jesu zeigt ein ernüchterndes Ergebnis: Danach bleiben nur 25 % derer, die im Glauben angefangen haben, Jesus treu. Da sind die großen Ablenkungen, da sind die Sorgen und der Reichtum, da geht es nur noch um das eigene Ich. So können Wege mit Jesus enden. Aber immerhin: Da sind die 25 %, die bleiben. Ein wunderbarer Grundstock, aus dem wieder viel werden kann!

„Halte, was du hast, damit niemand deine Krone nehme!“

Offenbarung 3,11

Wochenspruch

Über dir geht auf der HERR, und seine Herrlichkeit erscheint über dir. *Jesaja 60,2*

Was das Loben Gottes alles freisetzt

Psalm 16 **Sonntag, 2.**

„Das Loben Gottes in den Psalmen“, lautet der Titel eines längst vergriffenen Buchs, das mein Studium mitgeprägt hat. Der das geschrieben hat, Claus Westermann, damals Theologieprofessor in Heidelberg, hat uns eingeschärft, dass das Beten in den Psalmen im Wesentlichen aus dem Loben und der Klage besteht. Darum ist es schön und richtig, dass das Loben Gottes in unseren Gemeinden mehr und mehr Raum bekommen hat. Klage und Fürbitte dürfen darüber nicht zu kurz kommen, aber das Loben Gottes hat Priorität. Auch hier im Psalm für diesen Sonntag. David kann sich gar nicht lassen vor Dankbarkeit seinem Gott gegenüber, dass er ihn nicht verlässt. Sein Gotteslob weckt bei ihm tiefe Freude, öffnet Horizonte und lässt Perspektiven reifen. Das Loben Gottes wirkt Wunder, denn Gott freut sich daran.

„Um Mitternacht aber beteten Paulus und Silas und lobten Gott."
Apostelgeschichte 16,31

Gottes Wort will in die Öffentlichkeit

Lukas 8,16-21 **Montag, 3.**

Mit dem Gleichnis vom Licht begegnet Jesus seinen Zuhörern in ihrer Lebenswelt. Denn die Beleuchtung, üblicherweise ein Öllämpchen, war in den kleinen, oft dunklen Häusern in Palästina von enormer Bedeutung. Das Licht gehörte auf den Leuchter. Es musste zu sehen sein. So ist es auch mit der Botschaft Jesu. Sie ist keine esoterische Geheimlehre, sondern ist für die Öffentlichkeit bestimmt. Auch ich bin dafür verantwortlich, dass diese Botschaft an die Öffentlichkeit kommt.
Ebenso bin ich ein Teil der Familie Jesu, wenn das Wort Gottes in meinem Leben seinen Platz hat. Aber das allein reicht nicht. Ich bin auch aufgefordert, das Wort Gottes so weiterzusagen, wie es mir von Jesus aufgetragen ist. Auf den Straßen und im Sportverein, in unseren Klassen, am Arbeitsplatz, in der Familie – eben überall da, wo Gott mich hingestellt hat, darf ich es weitersagen.

„Was ich euch sage in der Finsternis, das redet im Licht; und was euch gesagt wird in das Ohr, das predigt auf den Dächern." Matthäus 10,27

In den Stürmen des Lebens

Lukas 8,22-25 **Dienstag, 4.**

Jesu Verkündigung steht unter dem Vorzeichen der anbrechenden Gottesherrschaft. Doch in diesem Abschnitt wird deutlich, dass es auch ein Machtwort ist, das den Untergang abwendet. Die tückischen Fallwinde des Sees Genezareth überraschen Jesus und

seine Jünger bei der Überfahrt. Das Boot samt Besatzung befindet sich in Lebensgefahr. Jesus aber schläft. Doch dann ist er es, der ein Machtwort spricht, und der Sturm ist ruhig.
Mein Leben kennt solche Stürme auch. Ereignisse sind über mich hereingebrochen, mit denen ich nicht gerechnet habe und die mich auch an meine Grenzen geführt haben. Wie hilfreich und gut war es da, dass ich mich auf das Wort Gottes verlassen habe. Die regelmäßige Stille, das Gebet und auch das Gespräch mit Schwestern und Brüdern haben mir geholfen, die Stürme meines Lebens zu bestehen.

„Und ob ich schon wanderte im finsteren Tal, fürchte ich kein Unglück; denn du bist bei mir, dein Stecken und Stab trösten mich."

Psalm 23,4

Heilung führt zum Zeugnis in der Welt

Lukas 8,26-39 **Mittwoch, 5.**

Jesus geht über Galiläa hinaus in ein Gebiet, das als Fremdkörper im Heiligen Land galt. Die Stadt Gerasa gehörte zu einem Zehn-Städte-Verbund, der heidnisch geprägt war. Damit überschritt Jesus wieder eine Grenze. Ein Mann – wir würden ihn heute wahrscheinlich als psychisch erkrankt bezeichnen – erkennt sofort, wer Jesus ist. Aber er ist ein Gefangener seiner Erkrankung. Die Befreiung des Mannes von dieser Krankheit ist spektakulär und macht dadurch deutlich, dass im Reden und Tun Jesu Gott selbst am Werk ist und Menschen aus den größten Zwängen befreit. Menschen, die, wie dieser Kranke, durch Jesus geheilt worden sind, werden von ihm oft als Zeuge für Gottes Vollmacht zu den Menschen in ihrer Alltagswelt gesandt. Zeuge der Liebe Gottes in unserer Alltagswelt zu sein, ist heute mehr denn je gefordert.

„Seid allezeit bereit zur Verantwortung vor jedermann, der von euch Rechenschaft fordert über die Hoffnung, die in euch ist."

1. Petrus 3,15

Mit der Macht Gottes rechnen

Lukas 8,40-56 **Donnerstag, 6.**

Zwei Wundergeschichten sind hier hintereinander erzählt und durch die Zahl 12 (V. 42 + V. 43) eng verwoben.
Die Heilung der Frau macht deutlich, dass bei Jesus keine magische Zauberkraft am Werk ist. Das große Vertrauen der Frau in die Vollmacht Jesu hat ihr geholfen. Im Gespräch mit der Frau nimmt Jesus ihr auch die Angst, die sie ihr ganzes Leben gefangen hielt, und holt sie in die Gemeinschaft, aus der sie ausgeschlossen war, wieder zurück.
Dramatisch geradezu die Auferweckung des Mädchens. Jesus sieht sie, obwohl ihn die Todesnachricht erreicht hat, im Blick auf das, was durch sein Wort geschehen wird. Er ist mit diesem Wort (V. 50) seinem Handeln bereits voraus. Auch wir aufgeklärte Menschen von heute werden durch diese Geschichte aufgefordert, entgegen aller menschlichen Wirklichkeit mit der Macht Gottes in unserem Leben zu rechnen.

„Gott ist mein Fels, meine Hilfe, mein Schutz, dass ich gewiss nicht wanken werde." *Psalm 62,2*

Du brauchst keinen Plan B!

Lukas 9,1-9 **Freitag, 7.**

„Nehmt nichts mit!" – Was für eine Herausforderung! Losziehen ohne Plan B? Mir scheint, wir können heute gar nicht mehr ohne Plan B, nicht mal im Blick auf unseren Missionsauftrag (Mt 28,19 f). – Ist uns noch bewusst, dass wir alles, was wir brauchen, von Jesus bekommen, vor allem die Vollmacht? (V. 1) Haben wir seinen Auftrag noch im Blick? (V. 2) Vertrauen wir noch darauf, dass Jesus uns zur rechten Zeit gibt, was wir benötigen? (V. 3) Sind wir zufrieden mit dem, was wir bekommen, auch wenn es vielleicht bessere Alternativen gibt? (V. 4) Können wir damit leben, dass die froh machende Botschaft mancherorts auch mal nicht „ankommt"? (V. 5) Ein weiser Ratschlag meines damaligen Theologie-Dozenten: „Renn dir nicht den Kopf ein an Türen, die zu sind! Finde die Türen, die offen sind!" Auch dort, wo man sie nicht vermutet, wie zum Beispiel bei König Herodes.

„Freut euch aber, dass eure Namen im Himmel geschrieben sind."
Lukas 10,20b

Wenn jeder gibt, was er hat …

Lukas 9,10-17 **Samstag, 8.**

Wenn jeder gibt, was er hat, dann werden alle satt! – Oft meinen wir, wir hätten nicht viel anzubieten angesichts der Herausforderungen, die an uns gestellt werden. Gerade noch haben die Jünger erlebt, was sie mit Jesu Hilfe und Vollmacht alles erreichen konnten, da stehen sie vor einer neuen, scheinbar unlösbaren Aufgabe: „Gebt ihr ihnen zu essen!" „Wie denn, mit dem Wenigen, das wir haben?" – So klein und unbedeutend die Gaben und Fähigkeiten auch erscheinen mögen, die wir haben, so viel kann Jesus daraus machen, um den Lebenshunger der Menschen zu stillen. Im Vertrauen auf ihn sind auf wundersame Weise große Dinge möglich! Dabei dürfen wir nicht nur große Dinge von Jesus erwarten, sondern er will auch, dass wir mit unseren bescheidenen Gaben dazu beitragen.

„Und es geschah, als er mit ihnen zu Tisch saß, nahm er das Brot, dankte, brach's und gab's ihnen. Da wurden ihre Augen geöffnet, und sie erkannten ihn." *Lukas 24,30.31a*

Wochenspruch

Kommt her und sehet an die Werke Gottes, der so wunderbar ist in seinem Tun an den Menschenkindern. *Psalm 66,5*

Auf festem Grund

Psalm 18,1-20 **Sonntag, 9.**

David kann auf ein bewegtes Leben zurückschauen. Vom Hirtenjungen zum König, vom flüchtigen Bandenführer zum weisen Baumeister eines großen Reiches. Was er erlebt, setzt er in Dichtung um, in Liedern und Gebeten zu Gott. Er weiß, dass er Ihm alles verdankt: Bewahrung, Schutz, Erfolg, Wohlstand, Macht und Ehre. Hier stehen ihm ganz bestimmte Situationen vor Augen. Immer wieder ist er tödlichen Gefahren entkommen. Immer neu hat er Gottes Hilfe erfahren. Denn so groß die Bedrohung auch war, Gott war immer größer und rettete ihn heraus. Mit gewaltigen Bildern beschreibt David das Eingreifen Gottes: Wolken und Winde, Sturm, Hagel, Blitze, Dunkelheit und Donner – Gott bedient sich der Naturgewalten, um seinen Diener aus der Hand der Feinde zu retten. Was auch geschehen mag: Gott steht zu ihm. Grund genug zum Jubeln!

„Der HERR ist mein Fels und meine Burg." *2. Samuel 22,2*

Leben mit Jesus hat Folgen

Lukas 9,18-27 **Montag, 10.**

Mehr als 360 Millionen Christen werden heutzutage wegen ihres Bekenntnisses zu Jesus verfolgt, gefoltert oder sogar getötet. In über 50 Ländern dieser Erde ist das Bekenntnis zu Jesus mit ernsten Gefahren verbunden. Bei uns nicht; noch nicht! – Jesus macht uns nichts vor: Wer sich zu ihm bekennt, muss bereit sein und damit rechnen, ihm auch auf seinem Leidensweg nachzufolgen. Selbstverwirklichung und individuelles Wohlergehen passen nicht dazu, auch nicht die Scham vor einem klaren Bekenntnis. Petrus hat es erfahren müssen: Was er jetzt noch voller Überzeugung vor Jesus ausspricht, wird ihm später beim Hahnenschrei bitter und beschämend in Erinnerung kommen. Unser Trost: So, wie wir täglich neu unser Kreuz auf uns zu nehmen bereit sein sollen, so können wir auch täglich neu um Vergebung bitten, wenn es uns nicht gelungen ist.

„Denn ich bin überzeugt, dass dieser Zeit Leiden nicht ins Gewicht fallen gegenüber der Herrlichkeit, die an uns offenbart werden soll."
Römer 8,18

Wie im Himmel

Lukas 9,28-36 **Dienstag, 11.**

Es gibt Momente, die möchte man unbedingt festhalten, weil sie einmalig sind! Petrus, Jakobus und Johannes erleben so einen Moment. Dem Himmel ganz nah, umgeben von der Herrlichkeit Gottes, will Petrus diesen Augenblick am liebsten optisch festhalten, ihn womöglich zu einem Wallfahrtsort konservieren: Mose und Elia, die Stellvertreter für „das Gesetz und die Propheten", zusammen mit Jesus – ein Beweisfoto für Gottes Verheißungen an Israel (vgl. 5 Mose 18,15). Doch dieser Moment bleibt, was er ist: einmalig! Übrig bleibt allein Jesus – und Gottes Verweis auf ihn: „Den sollt ihr hören!" So herrlich dieser Augenblick war, so nüchtern ist die Ansage. – In den einmaligen Augenblicken euphorischer Begeisterung, in denen auch wir uns vielleicht manchmal „wie im Himmel" fühlen, sollten wir uns daran erinnern: „Jesus allein – den sollt ihr hören!"

„Wahrlich, wahrlich, ich sage euch: Wer mein Wort hört und glaubt dem, der mich gesandt hat, der hat das ewige Leben." *Johannes 5,24a*

Sonntag und Alltag

Lukas 9,37-45 **Mittwoch 12.**

Eben noch auf dem Berg der Verklärung, jetzt zurück in den Niederungen des Alltags. Und gleich wieder mitten in den Alltagsproblemen. Krankheit, Sorgen, Nöte – und in all dem manchmal auch das eigene Versagen. Jesus redet Klartext: „Wie lange soll ich bei euch sein und euch erdulden?" Er kritisiert den Unglauben der Jünger und des Volkes.

Szenenwechsel: 2000 Jahre später. Im Grunde hat sich nichts geändert. Selbst nach den intensivsten und bewegendsten Gottesdiensten geht es doch immer wieder zurück in den Alltag. Und die Sorgen und Nöte sind immer noch da. Aber auch Jesus ist immer noch da. Er ist immer noch mit uns, greift ein und hilft uns, auch und gerade da, wo wir versagen oder nicht weiterwissen. In welcher Herausforderung brauche ich die Gegenwart und die Hilfe von Jesus heute?

„Und siehe, ich bin bei euch alle Tage bis an der Welt Ende."

Matthäus 28,20b

Groß und Klein

Lukas 9,46-50 **Donnerstag 13.**

Gerade hatte Jesus versucht, seinen Jüngern zu erklären, was auf ihn in Jerusalem zukommt. Die Jünger verstehen nur „Bahnhof". Kein Wunder: Sie sind mit ihren Gedanken woanders: Wer ist in ihrer Gruppe der Wichtigste? Wer ist der Größte? Jesus spricht genau in diese Diskussion hinein und erklärt ihnen, was im Reich Gottes „Größe" ist. Und wieder wird deutlich: Jesus stellt die Maßstäbe dieser Welt auf den Kopf. Wenn wir mal schauen, wie die Welt heute nach ihren Maßstäben funktioniert – oder besser gesagt: nicht funktioniert – dann brauchen wir nichts dringender als eine grundlegende Veränderung unserer Maßstäbe. Demütig sein, anstatt nach Beifall zu suchen. Dienen anstelle von bedient werden. So wird man „groß" bei Gott. „Jesus, lass mich heute die Situationen erkennen, in denen ich anderen dienen kann."

„[...] sondern wer unter euch groß sein will, der sei euer Diener."

Matthäus 20,26b

Rache?

Lukas 9,51-56 **Freitag 14.**

Jesus macht sich auf nach Jerusalem, um seine Mission zum Abschluss zu bringen. Der kürzeste Weg dorthin führt durch Samarien. Einige Jünger sendet er vorweg, damit sie schon mal eine

Herberge buchen. Allerdings mögen es die Samariter nicht, wenn Samarien als Transitland von Jerusalemreisenden benutzt wird. Schließlich ist der Tempel dort eine Konkurrenz zu ihrem heiligen Berg, dem Garizim. Die Jünger werden abgewiesen. Sie schmieden einen Racheplan: Feuer soll vom Himmel fallen und die Samariter verzehren (V. 54). Jesus weist sie streng zurecht. Manchmal ist es eine Herausforderung, mit Menschen umzugehen, die mir Steine in den Weg legen oder mich ungerecht behandeln. Heute genau wie damals. Wie reagiere ich in solchen Situationen? Wo sollte ich „Rachegedanken" begraben? Wem muss ich noch vergeben?

„Und vergib uns unsere Schuld, wie auch wir vergeben unseren Schuldigern."
Matthäus 6,12

Ernsthaft?

Lukas 9,57-62 **Samstag 15.**

Drei Menschen, die Interesse haben, Jesus nachzufolgen. Und was macht Jesus? Schreckt er sie ab? Nein, er macht deutlich, worum es beim Christsein geht – und worum es nicht geht. Für Christen in Ländern mit Verfolgung (China, Iran, Afghanistan usw.) liest sich der Text als Selbstverständlichkeit. Sie wissen und erleben: Hinwendung zu Jesus bedeutet oft einen Bruch mit der Familie und dem sozialen Umfeld. Für uns im „bequemen" Westen ist der Text eher eine Herausforderung. Aber Nachfolge bedeutet auch für uns, dass Jesus an erster Stelle steht. Er ist nicht das religiöse Tortenstück unseres Lebens und damit eins von vielen. Wenn wir ihm in unserem Leben den Platz einräumen, der ihm gebührt, dann wird er unser Leben neu machen und unserem Leben Sinn und Ziel und Erfüllung geben.

„Ich bin gekommen, damit sie das Leben haben und volle Genüge."
Johannes 10,10b

Wochenspruch

Wir liegen vor dir mit unserm Gebet und vertrauen nicht auf unsre Gerechtigkeit, sondern auf deine große Barmherzigkeit.

Daniel 9,18

Hintergrund: Der Psalter – die Vielfalt des Lebens, offen für Gott

Jeder Psalm hat seine eigene Geschichte und seine unverwechselbare Aussage. Er ist ein einzigartiges Kunstwerk, das zum Nachbeten einlädt, weil er tiefe menschliche Erfahrungen widerspiegelt und sie zu Gott hin öffnet. 150 dieser Kunstwerke sind zum Psalter zusammengestellt. Keinesfalls beliebig oder zufällig, sondern sorgfältig geordnet, sodass die Psalmen durch den jeweiligen Kontext noch eine zusätzliche Verständnisebene gewinnen.

1. Fünf Bücher

Die Psalmen lassen sich in fünf Bücher einteilen (Ps 1-41; 42-72; 73-89; 90-106; 107-150). Erkennbar durch die Segensverse, mit denen die ersten vier Bücher abschließen (41,14; 72,18 f; 89,53; 106,48). Damit spiegeln die fünf Bücher des Psalters die fünf Bücher Mose wider. Die Psalmen sind so etwas wie die Antwort Israels auf die Tora Gottes: die Gabe Gottes, in der sich die Erwählung Israels zeigt. Das Volk öffnet in den Psalmen sein Leben zu Gott in der Klage, der Anbetung und im Lobpreis.

2. Der doppelte Rahmen

Der Psalter wird durch zwei Lesehinweise eingerahmt:

- Der weisheitliche Rahmen Ps 1 + Ps 150: Ps 1 zeigt die beiden Wege auf, die Menschen einschlagen können: den Weg über die Tora zu Gott und zum Leben. Oder den Weg, der von Gott zu den Spöttern und Gottfernen führt. Der Weg ins Verderben. Mit Psalm 1 ist das Vorzeichen gesetzt: Die Psalmen helfen zu

einem Leben mit Gott. Ps 150 schließt alle Völker in den Lobpreis des Gottes Israels ein. Der Weg Israels, der durch Gottes Tora bestimmt ist, führt letztlich auch die Völker zu Gott.
- Der messianische Rahmen Ps 2 + 149: Ps 2 deutet die Krönung des Königs von Israel als Berufung zum Sohn Gottes. Diese Berufung wird zunehmend transparent für die Sendung des Messias, des königlichen Retters Gottes aus Israel. Ps 149 beschreibt, wie das Lob Gottes für alle Völker in Israel angestimmt wird und von dort aus Resonanz findet. So wie der Messias Israel zu Gott zurückführt, so lädt der Lobpreis Israels die Völker ein, darin einzustimmen.

3. Die Gruppen

Die einzelnen Psalmen werden zu Gruppen mit gemeinsamer Thematik zusammengestellt, z.B. die Korachpsalmen (42-49. 84-85.87-89); die Asaphpsalmen (50.73-83); die Jahwe-Königspsalmen (93-100); die Wallfahrtspsalmen (120-134). Die Gruppen bilden theologische Schwerpunkte innerhalb des Psalters mit unterschiedlichen Akzenten.

Eine besondere Gruppe sind die 73 Psalmen, die David zugeschrieben werden und von denen viele mit Ereignissen aus seinem Leben verbunden sind. Damit werden die Psalmen mit Lebenssituationen verknüpft, die es auch im Leben gibt. Zugleich wird damit aber auch die messianische Lesart der Psalmen unterstützt. (HN)

Auf weitem Raum

Psalm 18,21-51 **Sonntag, 16.**

Wie ein gewaltiges Bergpanorama zieht sein Leben vor Davids innerem Auge vorüber. Er denkt an die vielen Male, wo er Gottes Hilfe spürbar erlebt hat. Als König des auserwählten Volkes Israel weiß er sich auch persönlich von Gott auserwählt. Seit er vom Propheten Samuel gesalbt wurde, ist er sich der besonderen Gegenwart Gottes bewusst. Gott selbst ist es, der ihm Erfolg verliehen hat. Gott ist es, der ihn auf die Höhen geführt und ihm den Sieg über alle Feinde geschenkt hat. Für David ist diese Erfahrung verbunden mit seinem Vertrauen auf Gott. Ihm will er treu sein in allem, was er sagt und tut. Denn nur durch Gottes Willen und Kraft kann er seiner Berufung folgen. So stehen am Ende des Psalms das Lob und der Dank. Alle sollen erfahren, was Gott ihm an Gutem getan hat. Und das gilt ihm und seinen Nachkommen für immer.

„Du gibst meinen Schritten weiten Raum.“ *Psalm 18,37*

Fachkräftemangel

Lukas 10,1-16 **Montag, 17.**

Ein Ernteausfall aufgrund von Personalmangel bedeutet hohe Verluste. Aber hier steht noch viel mehr auf dem Spiel: die ewige Zukunft von Menschen. Sie müssen dringend das Friedensangebot Gottes hören. Zugegeben, die Arbeitsplatzbeschreibung dafür klingt wenig attraktiv: Der Auftrag ist gefährlich, bedeutet Verzicht und Fokussierung (V. 3-5). 72 lassen sich senden. Dabei müssen sie keine Einzelkämpfer sein (V. 1), dürfen Versorgung annehmen und auf Distanz gehen, wenn sie auf Ablehnung stoßen. Ihre Botschaft ist Friedensbotschaft: Gott baut sein ewiges Reich des Friedens und durch Jesus dürfen Menschen Teil davon werden und schon jetzt Zeichen seiner Macht erleben (V. 9). Bis heute braucht Gott solche „Erntehelfer“, mit der gleichen Würde und Autorität wie damals (V. 16). Bin ich bereit, mich senden zu lassen?

„Darum bittet den Herrn der Ernte, dass er Arbeiter aussende in seine Ernte.“ *Lukas 10,2*

Grund zum Jubeln

Lukas 10,17-24 **Dienstag, 18.**

Die Freude der Jünger ist verständlich: Sie erleben die Kraft Gottes. Jesus hilft ihnen dabei, die Erlebnisse einzuordnen. Sie sind Teil des Siegeszuges gegen Satan (hebr. Widersacher), den Jesus bei der Versuchung in der Wüste begonnen hat und am Kreuz vollendet. Was Jesus sieht (V. 18), ist vermutlich eine prophetische Schau auf Karfreitag (vgl. Joh 12,31). Gleichzeitig macht er deutlich, was noch viel mehr Grund zur Freude bietet als persönliche Erlebnisse: Ihre Namen stehen im Himmel geschrieben. Sie werden ewiges Leben im Reich Gottes haben (vgl. Off 21,27). Nicht was sie im Namen von Jesus tun, sondern was Gott ihnen schenkt, ist entscheidend. Manchmal sehne ich mich nach stärkeren Zeichen der Macht von Jesus. Heute bin ich dankbar für das größte Geschenk, durch Jesus einen Platz im Himmel zu haben.

„Freut euch aber, dass eure Namen im Himmel geschrieben sind.“
Lukas 10,2

Nächstenliebe 2.0

Lukas 10,25-37 **Mittwoch, 19.**

Im Gleichnis vom barmherzigen Samariter zeigt uns Jesus, wie Nächstenliebe konkret aussieht: Sie lässt sich im Alltag von der Not anderer unterbrechen, schaut hin und nicht weg, fühlt mit und hilft, wo es möglich ist. Dabei werden im Gleichnis soziale und religiöse Grenzen überwunden. Juden und Samariter waren einander verhasst. Die Nächstenliebe sprengt diese Grenzen. Immer wieder wird in der Auslegungsgeschichte außerdem in Jesus selbst der Samariter gesehen: Auch von ihm heißt es, er „sah“ und es „jammerte“ ihn (Mt 9,36). Er hat die Not von uns Menschen überwunden. Manchmal überfordert mich die viele Not in der Welt, die ich auf unzähligen Kanälen wahrnehme. Heute möchte ich dankbar sein für die Barmherzigkeit von Jesus und fragen, wo ich sie im Kleinen weitergeben kann.

„So geh hin und tu desgleichen.“ *Lukas 10,37*

Du hast die Wahl!

Lukas 10,38-42 **Donnerstag, 20.**

Das ist hart für Marta. Statt ihren Einsatz wertzuschätzen und sie zu unterstützen, wird sie von Jesus getadelt. Maria hingegen verhält sich ungehörig, lässt ihre Schwester im Stich und überschreitet soziale Grenzen: Einer Frau war es nicht gestattet, bei Männern zu sitzen, gleich gar nicht als Schülerin eines Lehrers. Wichtig: Jesus tadelt nicht den Einsatz von Marta. Jesus lässt sich an anderer Stelle gerne dienen. Aber er macht deutlich, dass Maria in diesem Moment die richtige Wahl getroffen hat. Jesus nachzufolgen steht immer wieder in der Spannung zwischen dem Innehalten und Hören auf Jesus und dem Dienst für ihn. Jesus stellt klar: Wir haben dabei immer wieder die Wahl. Zugleich betont er, was wirklich notwendig ist (V. 42). Das möchte ich persönlich hören: „Eins aber ist not [...]“ und heute bewusst wählen.

„Eins aber ist not. Maria hat das gute Teil erwählt [...]“ Lukas 10,42

Mit Jesus beten

Lukas 11,1-4 **Freitag, 21.**

Beten, wie geht das? Mit dieser Frage tritt ein Jünger an Jesus heran. Jesus gibt ihm und uns das Vaterunser an die Hand. Schon mit der Anrede „Vater“ (aramäisch: Abba) werden wir in die liebevolle Nähe Gottes eingeladen. In den ersten beiden Bitten lernen wir, zuerst an Gottes Ziele und Pläne für die Welt und unser Leben zu denken. Sein Wort will unser Leben gestalten. Wenn Jesus wiederkommt, werden Sünde, Tod und Teufel endgültig besiegt sein. Mit der Bitte um das tägliche Brot vertrauen wir Gott unsere kleinen und großen Sorgen an. Ein gutes Beziehungsklima mit Gott und unseren Mitmenschen schafft die Bitte um Vergebung. Schutz und Bewahrung erbitten wir in manchen Anfechtungen und Kämpfen. Mit dem Vaterunser schenkt uns Jesus ein Gebet, in dem alles drinsteckt, was wir zum Leben und Sterben benötigen.

„Sondern ihr habt einen Geist der Kindschaft empfangen, durch den wir rufen: Abba, lieber Vater!“ *Römer 8,15b*

Erwartungsvoll beten

Lukas 11,5-13 **Samstag, 22.**

Jesus knüpft hier direkt an das Vaterunser an und ermutigt die Jünger und uns mit den zwei Beispielgeschichten zum Beten. Wir dürfen mit unserer Notlage und unseren Zweifeln zu Gott kommen wie zu einem guten Freund. Er hat rund um die Uhr ein offenes Ohr für uns. Wir dürfen mit Ausdauer dranbleiben. Jesus vergleicht Gott mit einem Vater, der seinen Kindern gute Gaben schenkt. Noch viel mehr wird uns der Vater im Himmel nur Gutes geben. Das kann auch manchmal ganz anders aussehen, als wir es gedacht haben. Es wird sich aber immer segens- und hilfreich für unser Leben auswirken. Auf jeden Fall bleibt unser Gebet nicht an der Decke hängen, sondern findet eine Antwort. Besonders die Bitte um den Heiligen Geist wird von Jesus gern erhört. So werden wir neu vergewissert, seine Kinder zu sein.

„Wer zu mir kommt, den werde ich nicht hinausstoßen.“
Johannes 6,37b

Wochenspruch

Heute, wenn ihr seine Stimme hört, so verstockt eure Herzen nicht. *Hebräer 3,15*

Prüfend beten

Psalm 15 **Sonntag, 23.**

Auch wenn wir zu dem lebendigen Gott durch Jesus vertrauensvoll „Vater“ sagen dürfen, so haben wir es doch nicht mit einem harmlosen alten Gott oder einfach nur einem Kumpel zu tun. König David ahnt etwas von der Heiligkeit Gottes und zitternd stellt er die Frage: „Wer darf überhaupt in deiner Nähe und bei dir zu Gast sein?“ Das Zelt – die Stiftshütte – und der Berg stehen hier für die Gegenwart Gottes. Diese Orte hat Gott damals seinem Volk als Begegnungsmöglichkeit geschenkt. Die Antwort Gottes ist wie ein Spiegel, der David und uns vorgehalten wird. Wir werden anhand einiger Gebote Gottes eingeladen zu prüfen, ob unser Reden mit unserem Handeln übereinstimmt. Keiner von uns könnte da bestehen. Wie gut, dass wir durch Jesus jederzeit eine offene Tür bei Gott haben. Seine Vergebung erneuert uns täglich.

„Weil wir denn nun, Brüder und Schwestern, durch das Blut Jesu den Freimut haben zum Eingang in das Heiligtum.“ Hebräer 10,19

Jesus ist der Sieger

Lukas 11,14-26 **Montag, 24.**

Jesus heilt einen stummen und geplagten Menschen. Der Geheilte kann wieder reden und mit seiner Umgebung in Kontakt treten. Die Gegner von Jesus behaupten, er stünde mit dem Teufel im Bund, und fordern ein neues Wunder. Jesus reagiert ruhig und sachlich: Kein Bereich kämpft mit sich selbst, um sich zu zerstören. Wenn das der Widersacher Gottes tun würde, würde er sich ja selbst vernichten. Das macht keinen Sinn. Jesus dagegen braucht nur einen Finger zu rühren und schon muss der Teufel weichen. Wenn wir uns Jesus anvertrauen, sind wir aus alten Bindungen zu einem neuen Leben befreit. Dann dürfen wir uns täglich betend unter seinen guten Schutz stellen (z. B. mit Luthers Morgensegen: „Stell deine Engel um uns, damit der böse Feind keine Macht an uns findet“, s. S. 263).

„Er hat die Mächte und Gewalten ihrer Macht entkleidet und sie öffentlich zur Schau gestellt und hat einen Triumph aus ihnen gemacht in Christus.“ Kolosser 2,15

Was wirklich zählt

Lukas 11,27-32 **Dienstag, 25.**

Was Jesus sagt und tut, löst bei den Menschen Begeisterung aus. Der spontane Ausruf der Frau aus dem Volk zeigt das. Nicht nur Jesus, sondern auch seine Mutter, ja, alle, die mit ihm in Berührung kommen, sind selig zu preisen. Doch Jesus richtet den Blick auf das Wesentliche. Nicht Bewunderung oder Begeisterung tragen durch, sondern das Eine: Gottes Wort aufnehmen, bewahren und tun. Und so schärft er es der ganzen Menschenmenge ein: Alle Zeichen und Wunder, die er vollbringt, haben dieses eine Ziel: die Menschen zur Umkehr zu bewegen. In seinem Kommen ist Gottes königliche Herrschaft angebrochen. Jesus ist mehr als Jona oder ein anderer Prophet. Er ist das Wort Gottes in Person. Auf ihn zu hören und ihm zu folgen ist, was wirklich zählt.

„Das Wort ward Fleisch und wohnte unter uns, und wir sahen seine Herrlichkeit, eine Herrlichkeit als des eingeborenen Sohnes vom Vater, voller Gnade und Wahrheit.“ *Johannes 1,14*

Was das Leben hell macht

Lukas 11,33-36 **Mittwoch, 26.**

Immer wieder spricht Jesus über Licht und Finsternis. In einer Welt ohne elektrisches Licht ist der Unterschied zwischen Tag und Nacht krass. Selbst eine kleine Öllampe kann einen ganzen Raum erhellen, wenn sie richtig platziert ist. Unsinnig wäre es jedoch, sie unter einem Eimer zu verstecken. Das Licht der Lampe offenbart, was ansonsten verborgen wäre.

Der Unterschied zwischen Hell und Dunkel gilt auch beim Menschen. Was verborgen ist, soll sichtbar gemacht werden. Das Auge als Fenster der Seele lässt das Licht herein. Es offenbart aber auch, was im Menschen ist. Wenn sein Inneres dunkel ist, ist auch das Auge trübe. Jesus lässt hier offen, was genau unser Inneres verdunkelt und was es hell macht. Doch seine Zuhörer wissen, dass bei ihm Klarheit und Wahrheit zu finden sind.

„Ich bin das Licht der Welt. Wer mir nachfolgt, der wird nicht wandeln in der Finsternis, sondern wird das Licht des Lebens haben."

Johannes 8,12

Was wahre Gerechtigkeit bedeutet

Lukas 11,37-54 **Donnerstag, 27.**

Zwei Gruppen sind es, mit denen Jesus diskutiert: Pharisäer und Gesetzeslehrer. Sie waren bei den einfachen Leuten angesehen aufgrund ihres ernsthaften Bemühens, das Gesetz Gottes genau zu erfüllen. Anders als die herrschende Klasse der Sadduzäer waren sie volksnah und ansprechbar. Auf ihr Urteil konnte man sich bei Fragen des Glaubens und des praktischen Lebens verlassen. Kein Wunder, dass sie Anstoß nahmen am Verhalten von Jesus – und noch mehr an seinen Worten. Jesus bricht hier nicht das Gesetz, doch folgt er nicht ihren davon abgeleiteten Vorschriften. Vor allem macht er deutlich, dass zwischen ihren Worten und Taten eine gewaltige Kluft besteht. Er ruft sie auf zu einer besseren Gerechtigkeit, die im Innern beginnt und dann das ganze Leben umfasst.

„Das ist aber das Gericht, dass das Licht in die Welt gekommen ist, und die Menschen liebten die Finsternis mehr als das Licht, denn ihre Werke waren böse." *Johannes 3,19*

Höllenangst?

Lukas 12,1-12 **Freitag, 28.**

Wann hast du das letzte Mal eine Predigt über die Hölle und den Teufel gehört? Lange her – und das ist richtig so. Wir werden dem Gegenspieler Gottes nicht die Ehre antun und ihn zum Inhalt unserer Verkündigung machen. Doch für Jesus sind der Satan und sein finsteres Reich Realitäten. Er warnt uns davor. Er verschweigt nicht, dass es eine Entscheidung zwischen Himmel und Hölle gibt. Der Teufel kann uns hier schon das Leben zur Hölle machen – aber wenn unser Leben dort endet, dann Gute Nacht!

Sogar dann, wenn es uns schwerfällt, uns für Jesus zu engagieren, steht er uns durch den Heiligen Geist zur Seite. Aber es bleibt unsere Entscheidung, ob wir uns in der Öffentlichkeit für Ihn stark machen. Keine Höllenangst verbreiten, sondern Freude auf den Himmel, das ist unser Job!

„Dazu ist erschienen der Sohn Gottes, dass er die Werke des Teufels zerstöre." *1. Johannes 3,8*

Monatsspruch März

Wenn bei dir ein Fremder in eurem Land lebt, sollt ihr ihn nicht unterdrücken.

3. Mose 19,33

Wem gehört mein Wohlstand?

Lukas 12,13-21 **Samstag, 1.**

Eine interessante Geschichte. Sollte der wohlhabende Bauer denn sein Getreide verrotten lassen? Es war doch sinnvoll, nachhaltig und zielführend, dass er neue Speicher bauen ließ. Dagegen hat Jesus ja nichts, sondern dass er den Vorrat für sich und seine Sicherheit gebunkert hat. Wie hätte wohl Jesus gern die Geschichte weitergeführt? Dass der wohlhabende Mensch seinen ihm unverdient zugefallenen Reichtum verteilt, andere daran beteiligt und nicht nur sein sattes Auskommen etabliert. Er hätte vielleicht keinen Tag länger gelebt, aber er wäre für viele Bedürftige ein echter Nothelfer und ein leuchtendes Beispiel gewesen. So meint es Jesus: Nicht das Anhäufen von Sicherheiten und Wohlstand machen uns reich, sondern das, was wir um der Menschen willen ins Reich Gottes investieren. Wo komme ich in dieser Geschichte vor?

„Niemand lebt davon, dass er viele Güter hat.“ *Lukas 12,15b*

Wochenspruch

Seht, wir gehen hinauf nach Jerusalem, und es wird alles vollendet werden, was geschrieben ist durch die Propheten von dem Menschensohn. *Lukas 18,31*

Mut zum Beten

Psalm 6 **Sonntag, 2.**

Unter Christen in Europa wird vielfach die Meinung vertreten: Man darf Gott nur anrufen, wenn man dazu „würdig“ ist – also wenn das Leben okay und die Kollekte reichlich gegeben ist, wenn ein feierlicher Anlass oder ein Todesfall eingetreten ist. Der Psalmbeter (hier David) macht Mut, nicht auf seine Stimmung oder Äußerlichkeiten zu achten, sondern sich vor Gott so zu geben, wie einem zumute ist. Da ist es egal, ob Tränen oder Verzweiflung ihm den Mund verschließen, ob er eher schreien will oder ihm das persönliche Leid wohlgeformte Worte verhindert. Wir müssen nicht die Starken spielen, denen jederzeit ein Halleluja über die Lippen kommt. Wir dürfen vor Gott echt sein, auch mit unseren negativen Stimmungen – und das ist doch eine gute Nachricht!

„In allen Dingen lasst eure Bitten in Gebet und Flehen mit Danksagung vor Gott kundwerden.“ *Philipper 4,6*

Kleingläubig?

Lukas 12,22-34 **Montag, 3.**

Was bedeutet das eigentlich? Glaube wie ein Kind? Ein schwacher Glaube? Glaube wie ein Angsthase? In den Beispielen, die Jesus anführt, geht es um das Vertrauen. Vertraue ich ihm, auch wenn die Zeiten schwieriger werden? Vertraue ich, auch wenn die Versorgung mal nicht mehr funktioniert? Komme ich in Panik, wenn mein gewohnter Wohlstand infrage gestellt wird? Als sich die Corona-Pandemie in Deutschland ausbreitete, begannen die Menschen zu hamstern: Nudeln, Öl, Klopapier – eben, was zum Überleben helfen sollte: Klopapier! Wie viel mehr wäre es in dieser Zeit nötig gewesen, Kranke (bei allen Vorsichtsmaßnahmen) zu besuchen, Sterbende nicht allein zu lassen und bei Nachbarn zu fragen, was sie dringend benötigen! Christen haben am Telefon mit verängstigten Menschen gebetet und so Schätze gesammelt, die jede Pandemie überstehen.

„Wo euer Schatz ist, da wird auch euer Herz sein.“ *Lukas 12,34*

Jahreslosung 2025

„Prüft alles und behaltet das Gute!"

(1. Thessalonicher 5,21)

Kannst du dich darauf verlassen?

Der Irrtum hält sich hartnäckig: Glauben sei nicht Wissen. Das eine widerspräche dem anderen. Wer etwas weiß, der brauche es nicht zu glauben. Und wer glauben müsse, würde sich damit vom Wissen abwenden.

Die Wissenschaft hat erkannt, dass auch sie nicht ohne Vorannahmen auskommt. Sie muss auf etwas vertrauen, was sie selbst nicht beweisen kann. Und der christliche Glaube ist keine Flucht ins Ungewisse. „Prüft alles" – verlasst euch nicht einfach auf Meinung, Gerücht, Gefühl oder Tradition. Diese Dinge können hilfreich sein, aber auch in die Irre führen. Nur weil jemand etwas meint oder fühlt, ist es nicht die Wahrheit. Es ist dadurch noch nicht eine zuverlässige Grundlage für das Leben.

Die entscheidende Frage ist: Kannst du dich darauf verlassen? Auch an den schwereren Tagen, mit den belastenden Erfahrungen, wenn sich Gefühle verdunkeln und Meinungen verflüchtigen. Wenn's darauf ankommt. Hält der Glaube dann stand? Oder zerbröckelt er in Glaubensbrocken, die ich von irgendwo übernommen habe. Ist es **mein** Glaube geworden, mit dem ich Erfahrungen gemacht und den ich mit biblischen Zeugnissen zusammengebracht habe? Im Vertrauen darauf, dass der Gott der Bibel der gleiche ist, der mich in meinem Leben begleitet.

„Behaltet das Gute." – Das, was sich bewährt hat, was Halt gibt und Zuversicht weiterzugehen und Neues zu wagen. Gut ist, was zum Leben hilft. Auch zum geistlichen Leben. Halte ich es fest? Bewusst. Persönlich und in der Gemeinschaft der mit mir Glaubenden. Wir müssen von dem Guten im Glauben mehr erzählen, dann entsteht eine Resonanz zwischen unseren Erfahrungen, entsteht christliche Gemeinschaft. Wir sind so vergesslich. Die Erfahrungen von heute werden so schnell durch die Erfah-

rungen von morgen überlagert. Wir müssen es wachhalten, um neue Erfahrungen zu machen. Damit das Gute in unserem Leben und unserem Glauben wächst.
Das Wissen, das der Glaube vermittelt, ist nicht exakt das Gleiche wie das Wissen, das die Wissenschaft hervorbringt. Aber der Glaube bewährt sich im Leben – wenn man alles prüft und das Gute bewahrt. (HN)

In Bereitschaft

Lukas 12,35-48 **Dienstag, 4.**

Im Beispiel Jesu geht es um die Wirtschaftsleitung einer Großfamilie. Das trifft wohl nur noch für wenige Familien in Europa zu. Vielleicht eher um die Betriebsleitung eines mittelständigen Unternehmens. Vorbereitet sein für die Steuerprüfung, für Revision des Mutterkonzerns. Aber auch das wird die wenigsten von uns treffen. Warum dann solche Beispiele? Jesus meint unsere Einstellung zu seinem Kommen. Eindeutig redet er davon, dass er ein zweites Mal auf unsere Erde kommt, um abzurechnen. Nicht wie die Steuerbehörde, aber wie einer, der uns Menschen materielle Gaben und Begabungen anvertraut hat. Der Zeitplan ist nicht bekannt, deshalb rät uns Jesus, in Bereitschaft zu sein. Jederzeit bereit, ihn zu empfangen und dann überrascht zu sein, wie demütig und freundlich die „Abrechnung“ vor sich gehen wird. Man kann sich freuen!

„Kommt her, ihr Gesegneten meines Vaters.“ *Matthäus 25,34*

Eintracht – unbedingt! Aber nicht um jeden Preis

Lukas 12,49-53 **Aschermittwoch, 5.**

Oha, Jesus, was soll das? Gibt es nicht schon genug Streit und Hass? Was du sagst, ist eine Zumutung. Das will ich nicht lesen, hören oder leben. Wir brauchen mehr Miteinander. Und nun auch noch du? Wobei: Jesus sagt hier nicht, er sei gekommen, um

Streit und Hass zu bringen, sondern Entzweiung oder Zwietracht bzw. Zweitracht. Wenn es um ihn geht. Eintracht ist der friedliche Zusammenhalt z.B. in einer Gruppe oder einer Familie. Dafür schlägt hoffentlich unser Herz. Aber wie handeln wir da, wo es um Jesus geht? Wo ist es eventuell auch erforderlich, deutlich Position als Christin bzw. Christ zu beziehen? Sich zu Jesus zu stellen und nicht um des lieben Friedens willen zu schweigen. Das kann (falsche) Eintracht stören, auch in der Familie.

„Jesus sagt: Wer nicht mit mir ist, der ist gegen mich; und wer nicht mit mir sammelt, der zerstreut." *Matthäus 12,30*

In Ordnung bringen

Lukas 12,54-59 **Donnerstag, 6.**

Wenn das nur so einfach wäre, Jesus: „Könnt ihr denn nicht selbst erkennen, was Gott jetzt von euch will"? Wer erinnert sich noch an: „What would Jesus do?" Viele trugen Armbänder mit den vier Buchstaben wwjd, um sich im Alltag in herausfordernden oder ganz gewöhnlichen Situationen zu fragen, wie Jesus jetzt handeln würde.

Eigentlich weiß ich es ja auch – meistens zumindest. So wie ich weiß, dass ich mich vor zu viel Sonne schütze, genug trinke oder ausreichend schlafe. Das Leben in Ordnung zu bringen, darum geht es. Was kann das für heute bedeuten? Mit wem muss ich noch was klären? Hinsichtlich des ganzen Lebens gilt: Ich darf, ich soll in Ordnung bringen. Gott ermutigt und befähigt mich dazu. Es lohnt sich und ist eigentlich logisch. So zumindest sieht es Jesus. Ich will seine Perspektive teilen – heute und morgen.

„Lasst die Sonne nicht über eurem Zorn untergehen." *Epheser 4,26*

Am Ende meiner Zeit

Lukas 13,1-9 **Freitag, 7.**

Die „Warum-Frage“ ist so alt wie die Menschheit. Und immer wieder hoffen wir auf eine endgültig zufriedenstellende Antwort. Selbst Jesus gibt sie nicht. Vielleicht, weil sie uns nur selten wirklich weiterbringt? Nein, er bagatellisiert nicht die erlittene Not, die eindrücklich und konkret beschrieben ist. Er fühlt mit. Doch er richtet den Fokus auf etwas Größeres. Das „Wie“ ist nicht von Bedeutung, zuletzt werden wir alle sterben und uns alle vor Gott für unser Leben verantworten müssen. Eine beängstigende Vorstellung? Für mich eine heilsame: Gott bringt unser Leben zum Ziel. Wir müssen uns verantworten, ja, aber wir haben dabei Jesus an unserer Seite. Und es ist entlastend, denn nicht wir bewerten abschließend, sondern er. Könnte das nicht mal wieder ein Gesprächsthema sein? Am Ende wartet Gott auf alle.

„Denn wir müssen alle offenbar werden vor dem Richterstuhl Christi.“
2. Korinther 5,10

Nicht nur auf die anderen schauen

Lukas 13,10-17 **Samstag, 8.**

Eine der zahlreichen Heilungen Jesu – wie so häufig am Sabbat. Auffallend ist die Argumentation Jesu. Er hält seinen Kritikern den Spiegel vor, sodass diese am Ende beschämt vor allen anderen dastehen. Denn wie selbstverständlich erledigen auch die Frömmsten am Sabbat Lebensnotwendiges für sich oder ihre Tiere. Wir staunen über das Wunder und Jesu kraftvolle Argumentation.

Noch mehr beschäftigt mich der Blick in den Spiegel. Ehrlicherweise fühle ich mich selbst ertappt. Wie oft meine ich, es besonders korrekt nehmen zu müssen – bei anderen – und verliere mich aus dem Blick? Wenn ein Finger meiner Hand auf eine andere Person zeigt, zeigen gleichzeitig drei auf mich selbst. Ich will weniger schnell urteilen heute und mich mit denen freuen, die kleinere oder größere Wunder erleben.

„Du siehst den Splitter im Auge deines Gegenübers. Bemerkst du nicht den Balken in deinem eigenen Auge?“ *Matthäus 7,3*

Wochenspruch
Dazu ist erschienen der Sohn Gottes, dass er die Werke des Teufels zerstöre. *1. Johannes 3,8b*

Du siehst es doch

Psalm 10 **Sonntag, 9.**

Arroganz und Selbstherrlichkeit, Mutwillen und Rücksichtslosigkeit von gewissenlosen Geschäftemachern, Kriminellen im Internet und Straßenbanden heute kann man kaum besser beschreiben und beklagen, als der Psalmist es für seine Zeit getan hat. Kann unsereiner in seiner Ohnmacht eindringlicher an Gott appellieren als er? „Du siehst es doch! Greif ein!“ – Dass dem Treiben gewissenloser und nur auf ihren Vorteil bedachter Menschen ein Ende gesetzt wird, ist die Hoffnung aller Bedrängten, Geschundenen und Eingeschüchterten. Es kann nicht dem Willen Gottes entsprechen, dass solches Tun ungeahndet bleibt. Es kann dem, der Menschen zur Gemeinschaft geschaffen und fähig gemacht hat, nicht gleichgültig sein. Solche Gewissheit schafft Widerstandskraft und Geduld.

„Hasst das Böse, hängt dem Guten an. Seid fröhlich in der Hoffnung, geduldig in Trübsal, beharrlich im Gebet.“ *Römer 12,9.12*

Das dritte Buch Mose (Levitikus)

In der christlichen Lesart der 5 Bücher Mose steht das dritte Buch, Levitikus, eher am Rande. In der jüdischen Lesart der Tora ist das Buch als „Buch der Priester“ die Mitte der Tora.
Die christliche Abwertung wird damit begründet, dass durch

Jesus die alttestamentlichen Opfer keine Bedeutung mehr hätten. Außerdem wird unterstellt, dass die alttestamentlichen Opfer doch nur Versuche seien, Gott für die eigenen Zwecke einzuspannen.

Die jüdischen Ausleger suchen dagegen den bleibenden Sinn hinter den Aussagen der Tora. So gelten die Opfer, die in Kap. 1-8 beschrieben werden, auch heute noch, obwohl der Ort, an dem geopfert werden soll, der Tempel in Jerusalem, zerstört ist. Das Gebet tritt jetzt an die Stelle der Opfer – aber die Opfervorschriften helfen, das Gebet in seiner Vielfalt zu verstehen.

Kap. 1–10: die Bestimmungen des Kultes

1–7: Die verschiedenen Opferarten, die Gott seinem Volk gibt, damit die Menschen in unterschiedlichen Lebenssituationen die Beziehung zu Gott suchen können. Das gilt für den Einzelnen wie auch für das Volk. Ursprünglich wurden die Opfer am Heiligtum – dem Zelt der Begegnung und später am Tempel – dargebracht.

8–9: Die Einsetzung Aarons und seiner Söhne zu Priestern. Die geistliche Grundlage des Priestertums.

10: Die Verfehlung von Nadab und Abihu. Eine Warnung vor einem leichtfertigen Umgang mit dem Priesteramt. Einer der wenigen erzählenden Texte des Buchs.

Kap. 11–15: rein und unrein

Leitlinien, um zwischen rein und unrein zu unterscheiden: von reinen und unreinen Tieren, dem Umgang mit Wöchnerinnen bis zum „Aussatz“ an Menschen und Gegenständen. Kultische Vorschriften, die sich aber auf das alltägliche Leben beziehen.

Kap. 16: der Yom Kippur

Die Feier des großen Versöhnungstages, an dem die Sünden des Volkes des vergangenen Jahres getilgt werden. Das geschieht durch die rituelle Reinigung des Altars durch das Blut eines Ziegenbockes und durch den „Sündenbock“, der in die Wüste geschickt wird.

Kap. 17-26: das Heiligkeitsgesetz

Weil Gott heilig ist, soll auch sein Volk heilig sein. „Ich bin der HERR, der euch heiligt, der euch aus Ägyptenland geführt hat, um euer Gott zu sein. Ich bin der HERR" (22,32-33). Dadurch, dass Gott sein Volk befreit hat, ist Israel in den Bereich der Heiligkeit Gottes aufgenommen. Deshalb soll das Leben des Volkes diese Beziehung widerspiegeln. Das Heiligkeitsgesetz gibt dazu sehr bestimmte und vielschichtige Anweisungen.

Den mag ich riechen!

3. Mose 1,1-9 **Montag, 10.**

Begegnungen mit anderen Menschen haben immer eine sinnliche Seite: Man sieht einander an und gibt einander die Hand oder umarmt sich. Ist dabei der Geruch des anderen störend, geht man auf Abstand. – Begegnungen mit Gott haben in der alten Welt auch eine sinnliche Komponente: Dem Unsichtbaren begegnet man mit einem materiellen Geschenk. Opfer ist Kommunikation mit der Gottheit über Dinge. So wie wir heute bei Besuchen Blumen oder Schokolade mitbringen. Wichtig zu wissen: Nicht der Mensch beginnt diese Begegnung, sondern Gott will sie so. Diese Weise des Zusammentreffens ist, richtig durchgeführt, ihm wie ein lieblicher Geruch. Es ist gut, mit Gott sinnlich zu kommunizieren: in Gebetshaltungen, an einem bestimmten Ort oder mit einer Gabe für die Bedürftigen.

„Da trat eine Frau zu ihm, die hatte ein Glas kostbares Salböl und goss es auf sein Haupt." *Matthäus 26,7*

Kleider machen Leute

3. Mose 8,1-13 **Dienstag, 11.**

Gott ist und bleibt unsichtbar, aber wenn seine Verehrer mit ihm in Beziehung treten, soll etwas zu sehen sein. Wenn Gott in der Gemeinschaft verehrt, gelobt, angefleht werden soll, braucht es Anleitung durch eine bestimmte Person. Die soll man erkennen können als von Gott für diesen Dienst beauftragt: der Priester. Wie die Uniform eines Polizisten oder Bahnschaffners wirkt die Kleidung als Ausdruck von Kompetenz und Amtsgewalt. Das kann und darf nicht jeder. Hier sind es die Söhne Aarons, des „Sprachrohrs“ von Mose, die feierlich eingesetzt werden. So gewinnt die Beziehung des Volkes zu seinem Gott eine schöne und klare Gestalt. Sie ordnet den feierlichen Gottesdienst, nimmt ihm jede Beliebigkeit, störende und irritierende Unklarheit.

„Freund, wie bist du hier hereingekommen und hast doch kein hochzeitliches Gewand an?“ *Matthäus 22,12*

Gott schätzt den vorbereiteten Geist

3. Mose 9,1-24 **Mittwoch, 12.**

Sieben Tage lang wurden Aaron und seine Söhne am Eingang der Stiftshütte (vgl. 8,33) mit göttlicher Vollmacht für ihren Dienst erfüllt. Nun soll die Gemeinschaft mit Gott von allen erfahren werden. Was auf den ersten Blick wie ein großes Schlachtfest aussieht, soll Wert und Bedeutung dieser Gemeinschaft zeigen. Hier fließt viel Blut, das als Sitz des Lebens allein Gott gehört und nicht von Menschen genossen werden darf: Im Sündopfer wird der Unterschied zwischen Gottes Heiligkeit und den schuldbeladenen Menschen deutlich. Im Brandopfer wird die völlige Hingabe an Gott sinnenfällig – alles für ihn. Das Dankopfer zeigt überschwänglich die Freude an Gottes Zuwendung. Schließlich erscheint Gott im Feuer, das die Opfergaben verzehrt, aber nicht die Menschen.

„Gutes zu tun und mit anderen teilen, vergesst nicht; denn solche Opfer gefallen Gott.“ *Hebräer 13,16*

Sündenbock – wozu?

3. Mose 16,1-22 **Donnerstag, 13.**

Bei Unheil oder Unglück wird meist schnell ein „Sündenbock“ benannt. Als Quelle des Unheils soll er ausgestoßen werden, damit die Gemeinschaft Frieden findet. Dieses Vorgehen missversteht den großen Versöhnungstag. Im biblischen Ritus wird die eigene

Sünde des Volkes benannt und symbolisch ausgestoßen. Nur an diesem Tag darf der Hohepriester das Allerheiligste betreten und dem unsichtbar thronenden Gott begegnen. Danach werden einer der beiden Ziegenböcke zum Sündopfer des Volkes und dem anderen durch Aufstemmen der Hände symbolisch alle Übertretungen übertragen und in die Wildnis außerhalb der menschlichen Siedlung, in den Bereich des Wüstendämons Asasel geführt. So erlaubt Gott einen Neuanfang.

„Jesus hat es nicht nötig, zuerst für die eigenen Sünden Opfer zu bringen und dann für die des Volkes; denn das hat er ein für alle Mal getan, als er sich selbst opferte." *Hebräer 7,27*

Ihr sollt nicht …

3. Mose 18,1-6.19-24 **Freitag, 14.**

Gott hat sich Israel als Volk erwählt. „Ich bin der HERR" – viermal wird dieser Anspruch Gottes auf sein Volk wiederholt, viele weitere Male folgen (Kap. 18-19). An diesem Anspruch hängt alles, was Gott den Israeliten gebietet und verbietet. Denn das Verhalten seines Volks soll widerspiegeln, wer und wie Jahwe ist – auch indem sich die Israeliten anders verhalten als die Nachbarvölker. Konkret werden hier sexuelle Verhaltensweisen verboten. Gott fordert von seinem Volk ein auch im sexuellen Bereich reines Leben, und das Reinheitsgesetz garantiert Israel Gottes Nähe. Viele dieser sexuellen Verbote kennen wir heute noch in unserer (christlichen) Kultur. In christlicher Freiheit vom kultischen Reinheitsgesetz bin ich aber zugleich herausgefordert: Wer an Gott glaubt, lebt anders. Wie kann ich heute so leben, dass klar wird, dass Gott mein Herr ist?

„Ich bin der HERR, euer Gott." *3. Mose 18,2*

Heilig leben?!

3. Mose 19,1-18 **Samstag, 15.**

Weil Gott heilig ist, soll auch sein Volk heilig sein (V. 1). Zum heiligen Leben gibt Gott den Israeliten weitere Anweisungen. Wie ein Refrain begründet „Ich bin der HERR" die einzelnen Gebote. Hier wird benannt, was es heißt, ein Leben zu führen, das Gottes Heiligkeit entspricht. Das fängt beim Verhalten gegenüber den Eltern an und zeigt sich im Umgang mit Schwachen, Nachbarn und Mitmenschen. Alle Bereiche des Lebens sollen zeigen, dass Israel heilig lebt. Zusammengefasst zeigt sich die Liebe zu Gott in der Nächstenliebe (V. 18). Gott lieben und den Nächsten lieben wie sich selbst, das Doppelgebot der Liebe, wurde in Israel als Zusammenfassung aller Gebote verstanden. Auch Jesus gebietet das (Lk 10,27). Daher bete ich oft: Lass mich meinen Mitmenschen heute mit deiner Liebe begegnen.

„Denn das ganze Gesetz ist in dem einen Wort erfüllt: Liebe deinen Nächsten wie dich selbst!" Galater 5,14

Wochenspruch

Gott aber erweist seine Liebe zu uns darin, dass Christus für uns gestorben ist, als wir noch Sünder waren. Römer 5,8

Nicht an uns vorbei

Psalm 25 **Sonntag, 16.**

Der Beter dieses Psalms steht mit dem Rücken zur Wand und bittet um Gottes Hilfe in Not: „Zeige mir deinen Weg, lehre mich, leite mich." Diese Aussagen kommen immer wieder. Für uns eine Einladung, Gott um Leitung und Führung zu bitten. Aber der Beter weiß auch, dass erlebte Not manchmal auch mit einem selbst zu tun hat. Er weiß, was Irrwege und eigene Pfade sind, die kein gutes Ende nahmen. Er weiß, was Sünde und Schuld bedeuten (V. 7a.11.18b). Gott um Hilfe zu bitten und sich von ihm helfen zu lassen, heißt immer auch, seinen Beitrag zu leisten, das eigene

Verhalten zu hinterfragen und ggf. zu verändern. Gott wirkt in unserem Leben, aber manchmal nicht an uns vorbei, sondern mit und durch uns.

„Erforsche mich, Gott, und erkenne mein Herz; prüfe mich und erkenne, wie ich's meine Und sieh, ob ich auf bösem Wege bin, und leite mich auf ewigem Wege." *Psalm 139,23.24*

Du bist unser Herr!

3. Mose 19,31-37 **Montag, 17.**

„Jesus ist der Herr" (Röm 10,9), bekannten die ersten Christen und wiederholten dieses Bekenntnis in der Feier des Gottesdienstes. Wenn hier der Anspruch Gottes „Ich bin der Herr" auf jedes Verbot oder Gebot folgt, so wäre die liturgische Antwort darauf das Bekenntnis: „Ja, du bist unser Herr." Ein solches Bekenntnis hat Konsequenzen im Verhalten; das haben die vorausgehenden Verse bereits gezeigt. Hier geht es nicht mehr nur um das soziale und wirtschaftliche Verhalten der Israeliten, sondern auch um den guten Umgang mit den Ausländern, die bei ihnen wohnen. Weil Gott die Israeliten aus der Knechtschaft in Ägypten erlöst hat, sollen sie nun ihrerseits gut mit denen umgehen, die bei ihnen als Fremde leben. Wer selbst Befreiung und Erlösung erfahren hat, der kann gut mit denen umgehen, die als Fremde unter uns leben.

„Ich bin ein Fremder gewesen und ihr habt mich aufgenommen." *Matthäus 25,35*

Gottes Fürsorge

3. Mose 25,1-12 **Dienstag, 18.**

Gelegentlich sehen wir bei Spaziergängen brach liegende Felder. Zur Verbesserung des Bodens entscheiden sich heute noch Landwirte dafür, einen Acker ein Jahr lang ruhen zu lassen. Den Israeliten befiehlt Gott, jedes siebte Jahr die Felder und Weinberge nicht zu bestellen, sondern dem Land ein Sabbatjahr zu gewähren. Denn Gott allein ist Schöpfer des Menschen und Besitzer des Landes. So wie Gott den Menschen am siebten Tag einen Ruhetag gibt, befiehlt er Israel, in jedem siebten Jahr das Land nicht zu bebauen und nach 7-mal 7 Jahren den verschuldeten Israeliten die Schuld zu erlassen und sie freizulassen. Ruhejahr und Erlassjahr zeigen Gottes Fürsorge für seine Schöpfung – und waren eher Wunsch als Wirklichkeit in Israel. Sie erinnern uns aber daran, dass alles, was wir haben, eine Gabe des Schöpfers ist.

„Danket dem HERRN, denn er ist freundlich, und seine Güte währet ewiglich.“ *1. Chronik 16,34*

Schuld erlassen

3. Mose 25,35-43 **Mittwoch, 19.**

Heute noch müssen in manchen Ländern Menschen ihre Arbeitskraft verkaufen, um ihre Schulden zu bezahlen. Als Herr Israels fordert Gott sein Volk dazu auf, so zu leben, dass auch der Arme leben kann. Wer einem armen Israeliten Geld leiht, soll ein zinsloses Darlehen geben, und für seine Arbeitskraft soll der Schuldner einen Lohn erhalten, ja sogar im Erlassjahr aus der Schuldknechtschaft freikommen. Denn Arme und Reiche gehören zum einen Volk Gottes, das er aus Ägypten geführt hat.
Weil Gott mir in Jesus Christus alles geschenkt hat, kann ich großzügig sein gegenüber dem Mitmenschen, der mir etwas schuldet. Ob ich Notleidende in meiner Stadt unterstütze oder für einen Schuldenerlass für die Länder der Zwei-Drittel-Welt eintrete, Möglichkeiten, großzügig zu sein, gibt es viele.

„Hättest du dich da nicht auch erbarmen sollen über deinen Mitknecht, wie ich mich über dich erbarmt habe?“ *Matthäus 18,33*

Einführung in das Lukasevangelium s. S. 8

Wir müssen reden

Lukas 18,31-43 **Donnerstag, 20.**

Es geht um Kommunikation. In der Leidensankündigung und in der Heilungsgeschichte. Jesus redet Klartext, die Jünger verstehen gar nichts. Es wird noch nicht einmal von einer Reaktion der Jünger berichtet.

Bei der Heilung geht die Kommunikation dagegen vom Blinden aus. Die Hürden, die andere ihm in den Weg legen, sind für ihn kein Hindernis. Er weiß, was er will, und kann Jesu Frage auch klar beantworten. Die Heilung ist auch ein Akt der Kommunikation. Jesus heilt den Blinden nur durch Worte.

Wir sehen: Kommunikation ist nicht immer einfach. Aber sie ist eine wesentliche Grundlage für unsere Beziehung zu Jesus Christus. Er spricht zu uns und wir können ihn ansprechen. Das führt zu einer doppelten Chance, mit ihm ins Gespräch zu kommen. Es gibt Situationen, da kommt von uns nichts, da ist er für uns da. Seine Ankündigungen gelten auch dann, wenn wir gar nichts verstehen. Wir können uns jederzeit an ihn wenden. Lassen wir uns nicht aufhalten, von wem auch immer.

„Als er aber näher kam, fragte er ihn.“ *Lukas 18,40*

Blickkontakt mit Jesus

Lukas 19,1-10 **Freitag, 21.**

Der Mensch kann Gott nicht ins Auge sehen. Gott ist heilig. Gott zeigt sich uns aber in Jesus Christus, sodass wir einen Zugang über diesen Weg zu ihm haben können. Zachäus will Jesus sehen, gar nicht so einfach, wenn andere dem Kleinen die Sicht versperren. Maulbeerbaum und Kletterkünste helfen.

Blickkontakt mit Jesus. Ein Wunsch Jesu, Freude bei Zachäus und Tischgemeinschaft sind die Folgen. Alles durch Blickkon-

takt mit Jesus. Blickkontakt verwandelt. Einen reichen Zöllner in einen Nachfolger von Jesus Christus. Der Blick von Jesus ist nicht harmlos und nicht folgenlos. Er sieht uns an.
Das ist der einzige Weg zur Rettung. Dafür ist Jesus Christus auf die Welt gekommen. Er sucht, was verloren ist. Lassen wir uns auf dem Maulbeerbaum unseres Lebens von ihm finden.

„Und als Jesus an die Stelle kam, sah er auf und sprach zu ihm."
Lukas 19,5

Am Ende noch mal anpacken

Lukas 19,11-27 **Samstag, 22.**

Es geht nach Jerusalem. Viel Zeit bleibt nicht mehr. Das spüren alle Beteiligte. Das Reich Gottes scheint unmittelbar bevorzustehen. Jetzt geht es darum, die letzten Stunden und Tage zu nutzen und zu handeln.
Das erfordert aber zwei grundlegende Eigenschaften: Wir müssen willens sein zu handeln – und wir müssen fähig sein zu handeln. Nicht jeder kann beides gleich gut, das weiß auch Jesus. Nicht alle wollen. Schon gar nicht, ein Risiko einzugehen. Dann lieber auf Nummer sicher gehen. Aber bitte nicht unter den eigenen Fähigkeiten und Möglichkeiten bleiben.
Von jedem wird gefordert, aber niemand wird überfordert. Bei allen wird am Ende ein Blick darauf geworfen, ob gehandelt wurde. Dieses „ob" ist wichtiger als das rechnerische Ergebnis. Also Fähigkeiten nutzen! Nichts zu tun, ist auf jeden Fall die falsche Entscheidung.

„Es sind verschiedene Kräfte; aber es ist ein Gott, der da wirkt alles in allem." *1. Korinther 12,6*

Wochenspruch
Wer die Hand an den Pflug legt und sieht zurück, der ist nicht geschickt für das Reich Gottes. *Lukas 9,62*

Prädikat besonders wertvoll – künstlerisch und inhaltlich

Psalm 34 **Sonntag, 23.**

Psalm 34 ist ein sogenannter Alphabet-Psalm, eine besondere poetische Kunstform der Psalm-Dichtung, die jeden Vers oder Abschnitt mit einem Buchstaben in der Reihenfolge des hebräischen Alphabets beginnt. Als einer von nur insgesamt acht Alphabet-Psalmen ist er ein seltenes formales Kunstwerk. Neben der formalen Raffinesse ist die symbolische Bedeutung nicht zu unterschätzen – so unterstreicht das Motiv „von A bis Z" das Gewicht und die ganzheitliche, umfassende Gültigkeit der getroffenen Aussagen. Im vorliegenden Dankpsalm ist es der Dank für Errettung aus großer Not und die damit verbundene Zusage für uns. Aber auch die klare Anweisung, was hierfür von uns gefordert ist: „Lass ab vom Bösen und tue Gutes; suche Frieden und jage ihm nach!" (V. 15) Ganzheitlich und umfassend in der Tat...

„Er wende sich ab vom Bösen und tue Gutes; er suche Frieden und jage ihm nach." *1. Petrus 3,11*

Es ist an alles gedacht

Lukas 19,28-40 **Montag, 24.**

Wenn es auf den Höhepunkt eines Festes zugeht: bloß nichts versemmeln! Hoffentlich geht alles gut. Haben wir an alles gedacht? Was ist, wenn etwas dazwischenkommt? An alle Genehmigungen gedacht? Was ist, wenn andere dagegen sind?
Wie gut ist es, wenn dann einer die Fäden in der Hand hält, an alles denkt und alle möglichen Einwände – und vor allem die Antworten darauf – im Voraus kennt. Wie Jesus hier. Wir dürfen darauf vertrauen, dass Jesus genau weiß, was er will. Und dass er genau das Richtige tut. Das, was in der Situation angemessen ist. Und sich das dann alles auf die überträgt, die mit dabei sind und die mit anpacken.
Klar, es wird Fragen geben, wenn wir für Jesus im Einsatz sind. Auch Kritik. Man wird sich über uns beschweren. Na und? Auch

daran wurde gedacht. Wenn wir schweigen sollten, werden die Steine schreien. Ob das dann ein Wohlklang sein wird?

„Geht hin in das Dorf, das vor uns liegt." *Lukas 19,30*

Eine neue Zeit

Lukas 19,41-48 **Dienstag, 25.**

Bisher ging es noch relativ ruhig zu, auf dem Weg nach Jerusalem. Vieles war wohl geordnet. Jetzt wird es langsam ernst, emotional und es geht zur Sache. Die Händler im Tempel sind doch vom Hohenpriester legal beauftragt. Und sie sind wichtig, denn ohne ihre Arbeit gibt es keinen Opferbetrieb im Tempel. Und sie verschaffen den Besuchern von auswärts die einheimische Währung, um Opfertiere kaufen zu können. Das ist doch alles in Ordnung, eine sehr lange Tradition. Mit dem Einzug von Jesus in Jerusalem bricht aber eine neue Zeit an. Es stehen Veränderungen an. Jesus fordert dafür den Platz ein, der ihm zusteht. Das kann nur im Haus seines Vaters sein, im Tempel. Er ist jetzt und dort der Mittelpunkt. Was wird sich ändern? Jetzt steht das Gebet im Mittelpunkt. Und seine tägliche Lehre. Der Weg zu Gott geht über Jesus Christus. Das ist wirklich eine neue Zeit, die hier anbricht.

„Und er lehrte täglich im Tempel." *Lukas 19,47*

Fangfragen

Lukas 20,1-8 **Mittwoch, 26.**

Warum sollten wir Jesus ernst nehmen? Schließlich ist er eine wandelnde Provokation: Ohne besonderen Status, entsprechende Ausbildung und ohne nach Erlaubnis und den Auswirkungen zu fragen, macht er ungebremst sein Ding. Nun möchte die elitäre Gesellschaft Jesus öffentlichkeitswirksam eine Falle stellen. Am Ende hätten sie ihn als „Fake" intellektuell zerpflückt oder könnten ihn bei Pilatus belasten. Aber Jesus durchschaut ihre Motive. Seine Gegenfrage beinhaltet die Chance, sich selbst infrage zu stellen, eigene Wünsche, Überzeugungen und Bestrebungen zu reflektieren und ehrlich zu werden. Doch die, die so viel Wert auf ihre Klugheit legen, weichen aus mit einem peinlichen „Ich weiß es nicht!“ Sie scheuen einen Shitstorm oder die Konsequenzen aus der Frage: „Warum habt ihr ihm nicht geglaubt?“

„Wir wissen aber, dass der Sohn Gottes gekommen ist und uns Einsicht dafür gegeben hat, damit wir den Wahrhaftigen erkennen.“

1. Johannes 5,20a

Blick in den Spiegel

Lukas 20,9-19 **Donnerstag, 27.**

Jesus beantwortet die offen gebliebene Frage nach seiner Bevollmächtigung mit einem Gleichnis, das sich den Zuhörern damals sofort erschließt: Der von Gott gepflanzte Weinberg steht für das Volk Israel. Die Weingärtner sind die Führungsschicht des Volkes, welche in großer Freiheit verantwortungsvoll Leitung ausüben soll und doch die verliehene Macht missbraucht. In der Schilderung vom Verweigern der Abgabe und der Misshandlung der Boten hält Jesus den Verantwortlichen einen Spiegel vor: Skrupellos und selbstherrlich wollen sie sich an die Stelle des Besitzers setzen und schrecken sogar vor der Ermordung des geliebten Sohnes nicht zurück. Glasklar spiegelt Jesus menschliche Abgründe, um uns zur Selbsterkenntnis zu verhelfen. Lassen wir uns darauf ein?

„Oder verachtest du den Reichtum seiner Güte, Geduld und Langmut? Weißt du nicht, dass dich Gottes Güte zur Buße leitet?“

Römer 2,4

Eine etwas andere Steuerberatung

Lukas 20,20-26 **Freitag, 28.**

Was für eine infame Inszenierung, um Jesus mit seinen eigenen Mitteln zu schlagen. Anstatt sich an dem ein Beispiel zu nehmen, der sich in seinem Leben und seiner Lehre aufrichtig und ohne

Menschenfurcht an der Wahrheit und an Gottes Willen ausrichtet, wollen die religiösen Führer diese Haltung ausnutzen, um ihn in die Falle zu locken. Steuerzahlung wäre Kooperation mit den verhassten heidnischen Besatzern und letztlich ein Verrat am ersten Gebot. Steuerverweigerung könnte den Römern als Anstachelung eines Aufstands angezeigt werden. Jesus spielt gesellschaftliche Verpflichtung und Gehorsam gegenüber Gott nicht gegeneinander aus, sondern fügt sie zusammen. Gott geben, was wir ihm schuldig sind, schließt den Einsatz für unsere Nächsten in Gesellschaft, Politik und Öffentlichkeit mit ein, auch wenn es uns etwas kostet.

„Er aber sprach zu ihnen: So gebt dem Kaiser, was des Kaisers ist, und Gott, was Gottes ist.“ *Lukas 20,25*

Leben vor dem Tod

Lukas 20,27-40 **Samstag, 29.**

Die Frage der Sadduzäer ist eigentlich keine. Mit einem konstruierten Fallbeispiel wollen sie nur geschickt die Auferstehungslehre ihrer Gegner ab absurdum führen und weiter zur Lagerbildung gegenüber Jesus beitragen. Doch Jesus stellt eine Perspektive über dieses Leben hinaus nicht im Geringsten infrage. Allerdings nicht in einer Version „Irdisches Leben, verbesserte und erweiterte Version 2.0“. Die Vorzeichen und Dimensionen werden andere sein, als wir sie uns je vorstellen könnten. Es geht aber auch nicht um Spekulationen und Hypothesenbildung, sondern darum, unser Leben jetzt und hier entsprechend zu gestalten. Leben mit Ewigkeitshorizont bedeutet, dass ich in der Ausrichtung auf Jesus heute die Möglichkeiten nutze, die er für mich bereit hat.

„Leben wir, so leben wir dem Herrn; sterben wir, so sterben wir dem Herrn. Darum: Wir leben oder sterben, so sind wir des Herrn.“
Römer 14,8

Wochenspruch
Wenn das Weizenkorn nicht in die Erde fällt und erstirbt, bleibt es allein; wenn es aber erstirbt, bringt es viel Frucht.
Johannes 12,24

Willkommen zu Hause!

Psalm 84 **Sonntag, 30.**

Die „Söhne Korach" waren so etwas wie Lobpreisleiter im Tempel in Jerusalem. Mit den Gebeten und Liedern, die wir als Psalmen kennen, halfen sie der Gemeinde, Gott zu loben, zu preisen und anzubeten. Was sie sangen und beteten, war nicht nur ihr „Job", sondern es kam von Herzen. Der Psalm beginnt mit einem begeisterten Staunen darüber, im Tempel sein zu dürfen – und damit bei Gott selbst. Der Beter wird von einem tiefen Verlangen nach der Nähe zum „Herr der Heerscharen" erfüllt. Nicht nur der schöne Tempel begeistert, nicht die erfüllenden Gottesdienste sind es allein, sondern es ist der allmächtige Gott selbst, nach dem das Herz Verlangen hat. Uns Menschen kann nichts Besseres passieren, als in der Gegenwart Gottes anzukommen. Lasse ich mich von dieser Freude anstecken?

„Freuet euch in dem Herrn allewege, und abermals sage ich: Freuet euch!" *Philipper 4,4*

Jetzt mal Tacheles!

Lukas 20,41-47 **Montag, 31.**

Am Ende des Kapitels bringt Lukas die ganze Auseinandersetzung nochmals auf den Punkt: Mit ihren ausgeklügelten Fragen wollten die Gegner Jesus zum Schweigen bringen. Nun schweigen sie, denn Jesus rückt ihre verdrehten Denkschemata zurecht: Sie streben nach Macht statt nach Vollmacht, setzen auf Schein statt auf Sein. Sie missbrauchen ihre Stellung und leben auf Kosten anderer. So sind sie es, die ein Fake-Profil haben: Hüter, vor denen man sich hüten soll, während Jesus sich als Christus, Sohn

Gottes, Herr über alles Leben und sogar den Tod, erweist. Jesus lädt ein, den Zuschauerstatus in dieser Kontroverse zu verlassen und sich zu positionieren. Ihm gebührt unsere Hingabe mit allen Konsequenzen.

„Aber weh euch Pharisäern! Denn ihr gebt den Zehnten von Minze und Raute und allem Kraut und geht vorbei am Recht und an der Liebe Gottes. Doch dies sollte man tun und jenes nicht lassen.“
Lukas 11,42

Monatsspruch April
Brannte nicht unser Herz in uns, da er mit uns redete?
Lukas 24,32

Nicht die Menge macht's!

Lukas 21,1-4 **Dienstag. 1.**

Jesus ist mit seinen Jüngern im Tempel. Er sieht, wie Reiche und Arme ihre Opfer in einen der 13 Opferkästen legen; Opfer gehörten schon im Alten Testament zum Gottesdienst dazu. Die Beziehung mit Gott ist ein Geben und Nehmen. Eine arme Witwe legt „2 Scherflein" (wörtl.: „Lepton") ein; das war die kleinste jüdische Kupfermünze, also etwa 2 Cent. Die arme Frau wird für uns zum Vorbild, denn die Reichen blieben auch nach ihrem Opfer reich. Aber die Witwe gab mit ihren 2 Cent alles, was sie hatte. Wenige Tage später gab auch Jesus mit seinem Opfer alles, was er hatte – nämlich sich selbst. Er opferte sich und trug damit unsere Sünde ans Kreuz – aus Liebe zum Vater. Ganz wie die Witwe.

„Ich ermahne euch nun, Brüder und Schwestern, durch die Barmherzigkeit Gottes, dass ihr euren Leib hingebt als ein Opfer, das lebendig, heilig und Gott wohlgefällig sei. Das sei euer vernünftiger Gottesdienst." *Römer 12,1*

Das kommende Ende

Lukas 21,5-19 **Mittwoch. 2.**

Der Tempel gehörte zu den herrlichsten Bauwerken der Antike. Doch im Jahre 70 n.Chr. erfüllte sich die Prophezeiung Jesu. Im römisch-jüdischen Krieg wurde Jerusalem samt Tempel nahezu komplett zerstört. Die Frage nach dem Datum für das Ende beantwortet Jesus nicht – auf die Frage nach den Umständen geht er jedoch ausführlich ein. Ganz zentral weist Jesus auf die größte Gefahr hin: die Verführung (V. 8). Denn die Verführung zerstört die Gemeinde Jesu. Mit ihr wird die Verfolgung der Gemeinde einhergehen. Jesus sagt das alles nicht, um den Jüngern Angst zu machen, sondern um sie zur Wachsamkeit zu ermahnen. Wer sich aber an Jesus hält, den will er bewahren (V. 18f).

„Wer überwindet, soll mit weißen Kleidern angetan werden, und ich werde seinen Namen nicht austilgen aus dem Buch des Lebens, und ich will seinen Namen bekennen vor meinem Vater und vor seinen Engeln.“ *Offenbarung 3,5*

Das große Finale: Jesus kommt wieder!

Lukas 21,20-28 **Donnerstag, 3.**

Das Zentrum des Glaubens ist weder ein Ort (Jerusalem) noch ein Kult (Gottesdienst), sondern eine Person: Jesus. Je näher die Welt ihrem Ende zusteuert, desto entscheidender wird sein, woran unser Herz und unser Glaube hängen. Für Juden und jüdische Christen war es unvorstellbar, dass es Jerusalem oder den Tempel einmal nicht mehr geben würde. Wenn es so weit ist, müssen sich die Menschen entscheiden, woran sie ihr Herz hängen: an Äußerlichkeiten, an Traditionen oder an den Retter? In der Gegenüberstellung von Vergehen und Kommen macht Jesus deutlich, dass die gesamte Schöpfung samt dem Kosmos der Vergänglichkeit unterworfen ist. Allein Jesus, der Herr, Retter und Erlöser, ist der Kommende und Bleibende. Als Christen warten wir nicht auf die kommenden Katastrophen, sondern auf den, der uns erlösen wird: Jesus.

„Himmel und Erde werden vergehen; aber meine Worte werden nicht vergehen.“ *Lukas 21,33*

Überschrift

Lukas 21,29-38 **Freitag, 4.**

Jesus hat seine Rede über das kommende Ende mit einer Mahnung zur Achtsamkeit begonnen (V. 8f) – mit der gleichen Mahnung schließt er seine Rede ab. Unser Textabschnitt lenkt unseren Blick auf *das* Kommende, das Reich Gottes (V. 31), und *den* Kommenden, den Retter und Erlöser Jesus Christus. Die Kennzeichen für Jesu Wiederkunft werden genauso deutlich sein, wie die aufblühende Natur im Frühling (V. 29-31). Auf diese Kennzeichen sollen wir achten (V. 36).

Jesu Rede von der Endzeit hat einen fröhlichen Grundton. Am Ende werden nicht die großen Konflikte, Krisen und Katastrophen die Welt beherrschen, sondern der Sieg Gottes und das ewige Leben der Erlösten. Als Christen werden wir nicht vor einem Scherbenhaufen stehen, sondern vor dem Menschensohn. Das Ziel allen Glaubens und Lebens ist Jesus selbst. Auf was richtest du dein Leben aus?

„Ja, ich komme bald. – Amen, komm, Herr Jesus!“ Offenbarung 22,20

Eine tragische Gestalt

Lukas 22,1-6 **Samstag, 5.**

Judas ist sicher die tragischste Person der Passionsgeschichte. Der Satan nimmt ihn gefangen und doch bleibt rätselhaft, warum er seinen Freund verrät. Judas ist Täter und Opfer. So mächtig ist der Widersacher Gottes, dass er Menschen in seine Gewalt bringt und zum Bösen verführt. Damals bei Judas und heute. Vielleicht fragen wir uns manchmal, warum Menschen böse und unmenschlich handeln. Und wer könnte für sich selbst garantieren? Dass nicht auch wir in den Sog des Bösen hineingeraten und uns nicht mehr befreien können. Die einzige Kraft, die stärker ist als die Macht des Bösen, ist Gottes Gnade. Gott macht sich in Jesus auf die Suche nach uns verlorenen Menschen, um uns zu retten (vgl. Lk 15,3-7). Darin liegt die Hoffnung für unser Leben. Ob dies auch Hoffnung für Judas bedeutet, müssen wir Gott überlassen.

„Aber der Herr ist treu; der wird euch stärken und bewahren vor dem Bösen.“ 1. Petrus 5,8

Wochenspruch

Der Menschensohn ist nicht gekommen, dass er sich dienen lasse, sondern dass er diene und gebe sein Leben als Lösegeld für viele. Matthäus 20,28

Völlig am Ende

Psalm 22,1-22 **Sonntag, 6.**

Völlig am Ende ist der Psalmbeter. Ganz unten in der Tiefe ist er angekommen. Und doch klammert er sich daran fest, dass Gott stärker ist. So ehrlich können wir beten und Gott unser Leben vor die Füße werfen. Psalm 22 bildet zugleich den Hintergrund dafür, wie die Evangelien über die Kreuzigung von Jesus berichten. Immer wieder wird auf Psalm 22 verwiesen, um zu erklären, was mit Jesus geschieht: wenn z.B. seine Kleider verteilt werden. Damit wird deutlich: Am Kreuz erfüllt sich etwas, wovon schon Psalm 22 spricht. Gottes Plan kommt zum Ziel, indem Jesus stirbt. Jesus erlebt sogar, was es bedeutet, sich von Gott verlassen zu fühlen – wie es auch Psalm 22 beschreibt. In die tiefste Tiefe geht Jesus, damit wir uns sicher sein können: Gott lässt uns in keiner Tiefe unseres Lebens allein. Selbst wenn wir völlig am Ende sind, ist Jesus da.

„Mein Gott, mein Gott, warum hast du mich verlassen?“

Matthäus, 27,46

Hintergrund: Unerwarteter Trost in den Psalmen

Der Psalter ist das große Gebet- und Trostbuch der Christenheit. Hier schütten David und die anderen Psalmisten Gott rückhaltlos ihr Herz aus. Wir begegnen echten Menschen, echtem Leid, echtem Vertrauen. Wir lernen, dass wir all unsere Not Gott entgegenschreien dürfen. Er wendet sich nicht ab.

Der unerwartete Trost kommt aus einer anderen Richtung. In seinem Buch „Das Gespräch mit Gott: Beten mit den Psalmen“ schildert C. S. Lewis ein Problem, das er hatte, als er zum Glauben fand. Das waren die ständigen Aufforderungen, Gott zu preisen, die er bei den Christen hörte, und auch das Psalmenbuch ist bekanntlich voll davon. Die erste Assoziation ist nicht sehr

vorteilhaft: eine Berühmtheit, ein Diktator, ein König, umgeben von einer Horde von Schmeichlern, die ihm schamlos nach dem Munde reden. Ein Herrscher, der scheinbar darauf angewiesen ist, dass man ihn mit Komplimenten überschüttet, ja der es einfordert. Nero singt und der Applaus nimmt kein Ende.
Aber so ist es nicht gemeint. Es gibt ein Lob, das keine Schmeichelei ist. Wenn wir verliebt sind, können wir nicht aufhören, von unserer Liebsten zu reden. Haben wir ein Steckenpferd, dann wollen wir uns mit Gleichgesinnten austauschen. Hören wir einen unwiderstehlichen Witz, dann brennt es uns unter den Nägeln, ihn weiterzuerzählen. Es gibt eine Freude, die gerade dadurch vollkommen wird, dass wir sie in Worte fassen. Gott ist nicht auf unser Lob angewiesen. Aber uns tut es gut. Gerade, wenn uns nicht danach zumute ist. Wir sollen Gott nicht aus Zwang loben. Wir dürfen darin eine Quelle des Trostes für uns entdecken. Loben zieht nach oben. (JK)

Ein besonderer Moment

Lukas 22,7-23 **Montag, 7.**

Ein besonderer Moment muss dieses Abendessen gewesen sein. Das Passamahl hatten die Jünger schon oft gefeiert. Aber die Worte, mit denen Jesus Brot und Kelch deutet, waren besonders: „für euch gegeben". Auch für uns kann das Abendmahl ein besonderer Moment sein, weil uns Jesus im Abendmahl begegnet. In der Kirchengeschichte wurde wohl kaum über etwas so hart gestritten wie über das Abendmahl: Sind Leib und Blut symbolisch oder wörtlich zu verstehen? Entscheidend ist: Jesus lädt uns an seinen Tisch ein und spricht uns zu: „für dich!" Das ist das Besondere beim Abendmahl. Das Abendmahl ist ein persönliches Versprechen, das Jesus uns gibt: „Ich habe mein Leben für dich gegeben." Wenn wir das Brot essen und aus dem Kelch trinken, können wir es sogar schmecken, dass sein Versprechen gilt!

„Gott aber erweist seine Liebe zu uns darin, dass Christus für uns gestorben ist, als wir noch Sünder waren." *Römer 5,8*

Nichts gelernt

Lukas 22,24-30 **Dienstag, 8.**

Gerade noch hat Jesus mit seinen Jüngern das Abendmahl gefeiert, aber sie haben nichts gelernt von ihm. Er spricht davon, dass er sein Leben gibt für andere, sie aber streiten um den ersten Platz. Diese Erfahrung wird manchen Eltern bekannt vorkommen: wenn Kinder nicht zuhören und Eltern denken: „Eben erst mache ich den Mund zu ..." Die Jünger von Jesus sind keine abgehobenen Heiligen, sondern Menschen wie wir, die menschlich denken und von Gott und seiner Welt manchmal so wenig verstehen. Mit genau solchen Menschen baut Jesus sein Reich. Die großzügige Liebe Gottes schließt auch unsere Grenzen und dunklen Seiten ein. Und sie kann uns verändern: wenn wir davon berührt werden, wie Jesus uns begegnet. Wie wollen wir heute anderen mit unserem Leben dienen?

„Denn auch der Menschensohn ist nicht gekommen, dass er sich dienen lasse, sondern dass er diene und sein Leben gebe als Lösegeld für viele." *Markus 10,45*

Ich halte, weil ich gehalten werde

Lukas 22,31-38 **Mittwoch, 9.**

Neben Judas ist Petrus eine weitere tragische Gestalt der Passionsgeschichte. Was er niemals von sich erwartet hätte, geschieht: Er lässt Jesus im Stich. Und doch endet seine Geschichte nicht tragisch, sondern am Ende steht ein Neubeginn. Dass Petrus zurückkommt zu Jesus, liegt nicht an ihm, sondern an Jesus. Jesus hält an ihm fest und holt ihn zu sich zurück. Der frühere Bundespräsident Johannes Rau hatte ein eindrückliches Lebensmotto: „Ich halte stand, weil ich gehalten werde." Dies war ursprünglich der Wahlspruch der Bekennenden Kirche in der NS-Zeit. Wenn's drauf ankommt, können wir, wie Petrus, vielleicht nicht für uns garantieren. Aber wenn wir uns schon nicht auf uns selbst verlassen können, dann doch auf Jesus. Denn es ist seine Hand, die uns hält. Wir können uns an Jesus festhalten, weil er uns hält.

„Sind wir untreu, so bleibt er treu; denn er kann sich selbst nicht verleugnen." *2. Timotheus 2,13*

Durchhalten! Dranbleiben!

Lukas 22,39-46 **Donnerstag, 10.**

Es wird eng. Krisenmodus. Jesus spürt es, für sich selbst – aber auch für seine Jünger. Jetzt gibt es nur noch eine Option: „Betet!" Nicht etwa, weil das Gebet garantiert, dass der Kelch an einem vorübergeht. Aber betend bleibt man dran an Gott. „Nicht mein Wille, sondern dein Wille geschehe!" Ob der Kelch nun vorübergeht oder ob man ihn bis auf den Grund leeren muss. Entscheidend ist, dass man an Gott dranbleibt und nicht in Anfechtung fällt und ein mögliches dunkles Schicksal einen Keil zwischen mich und Gott treiben lässt. Beten heißt dranbleiben an Gott. Jesus geht gestärkt aus dem Gebet hervor. Dranbleiben an Gott gibt Kraft zum Durchhalten für die schwierigen Wege, für die kaum zu bewältigenden Aufgaben.

„Dennoch bleibe ich stets an dir; denn du hältst mich bei meiner rechten Hand." *Psalm 73,23*

Sich nicht von der Finsternis bestimmen lassen!

Lukas 22,47-53 **Freitag, 11.**

Wenn wir in die Enge kommen, versuchen wir uns zu befreien. Das ist normal. Die Frage, die sich aber stellt, ist die: Lassen wir uns von der Finsternis bestimmen und schlagen zurück, fahren die Ellbogen aus, schlagen drauf, versuchen uns um jeden Preis durchzusetzen? Oder bleiben wir unserem Weg mit Gott treu? Einer der Jünger zieht das Schwert und versucht, sich und die anderen aus der Enge zu befreien. Koste es, was es wolle. Er ist bereit, andere dafür zu verletzen. Aber Jesus bleibt seinem Weg treu. Er lebt, was er gelehrt hat. Er verbindet und heilt – auch jetzt noch, wo er mit dem Rücken zur Wand steht. Durch sein Gebet im

Garten Gethsemane hat er die Kraft, seinen Weg der Liebe auch in der Situation weiterzugehen, in der die Finsternis die Oberhand gewinnt.

„Liebt eure Feinde; tut wohl denen, die euch hassen. Segnet, die euch verfluchen; bittet für die, die euch beleidigen.“ *Lukas 6,27+28*

Versagen

Lukas 22,54-62 **Samstag, 12.**

Manchmal ist es zum Heulen: Unser Enthusiasmus für Jesus, für Gott, endet ganz schnell, wenn wir dadurch etwas zu verlieren haben. Was hatte Petrus dick aufgetragen: „Herr, ich bin bereit, mit dir ins Gefängnis und in den Tod zu gehen“ (Lk 22,33). Und jetzt, einen Tag später, leugnet er sogar, Jesus zu kennen. Totales Versagen. Er rennt hinaus und kann nur noch heulen. Hatte Jesus nicht gesagt: „Wer mich verleugnet vor den Menschen, den werde ich auch verleugnen vor meinem Vater im Himmel“ (Mt 10,33). War es nun für Petrus gelaufen? Doch das ist das Tröstende: Gottes Weg mit Petrus endet nicht. Gottes Gnade und Treue sind größer als unser Versagen. Als der Auferstandene begegnet Jesus Petrus wieder, nimmt ihn wieder auf und macht ihm klar: Du gehörst dennoch zu mir!

„Sind wir untreu, so bleibt er treu; denn er kann sich selbst nicht verleugnen.“ *2. Timotheus 2,13*

Wochenspruch

Der Menschensohn muss erhöht werden, auf dass alle, die an ihn glauben, das ewige Leben haben. *Johannes 3,14b.15*

Vom Ziel her denken!

Psalm 22,23-32 **Palmsonntag, 13.**

Heute ist Palmsonntag und wir erinnern uns an Jesu Einzug in Jerusalem, der in starkem Kontrast zu dem steht, was dann kommt. „Gelobt sei, der da kommt, der König, in dem Namen des Herrn! Friede sei im Himmel und Ehre in der Höhe!", rufen die Menschen (Lk 19,38). Der Tag ist wie eine Brücke hin zur Auferstehung, die Jesu Leiden ins richtige Licht rückt. Auch der 22. Psalm ist so eine Brücke. Jesus wird ihn am Kreuz beten: „Mein Gott, mein Gott, warum hast du mich verlassen?" (Mk 15,34; Ps 22,1). Nach intensiven Klageworten in der ersten Hälfte des Gebets findet der Beter aber zu neuer Gewissheit, dass Gott ihn erhört hat. Und wie sich in den Klageworten des Psalms (V. 1-22) Jesu Leiden widerspiegelt, so kann man in den Worten des Lobes (V. 23-31) die Konsequenzen von Jesu Auferstehung erkennen.

„Musste nicht der Christus dies erleiden und in seine Herrlichkeit eingehen?" *Lukas 24,26*

Bekennen!

Lukas 22,63-71 **Montag, 14.**

Jesus bekennt sich: Er ist Gottes Sohn! Dass damit mehr gemeint ist, als dass alle Menschen als Geschöpfe oder durch den Glauben Töchter und Söhne Gottes sind, kann man am Widerstand des Hohepriesters und der Schriftgelehrten sehen. Jesu Bekenntnis hat für sie den Charakter einer Gotteslästerung, die den Tod verdient (vgl. Mk 14,64). Es geht also um Jesu Anspruch, dass in ihm, als Sohn Gottes, Gott selbst gegenwärtig ist. Und entweder ist dies ein ungeheurer Akt der Selbstüberhebung, die es abzulehnen gilt, oder es ist wahr. Wir glauben, dass Gott mit der Auferstehung Jesu Bekenntnis bewahrheitet hat. Damit wird Jesu Bekenntnis zum Fundament unseres Bekenntnisses zu ihm, dass er unser Herr und Gott ist (Joh 20,28).

„Denn wenn du mit deinem Munde bekennst, dass Jesus der Herr ist, und glaubst in deinem Herzen, dass ihn Gott von den Toten auferweckt hat, so wirst du gerettet.“ *Römer 10,9*

Das Urteil ist längst gefallen

Lukas 23,1-12 **Dienstag, 15.**

Der Senat mit 71 jüdischen Führern hatte eine klare Mission: Jesus, der unbequeme Wanderprediger, muss endgültig weg. Ein politisches Todesurteil durch Pilatus, den römischen Gouverneur, musste erwirkt werden – auch mit Verleumdung und Lüge. Religiöse Motive galten beim römischen Stadthalter wenig. Deshalb bringen die raffinierten Gesetzeslehrer ihre Anklage auf eine politische Ebene. Sie behaupten, Jesus verbiete dem Kaiser, Steuern zu zahlen. Er wiegele das Volk auf und will selbst König sein. Das heißt: Sie behaupten, Jesus sei ein Zelot, ein Terrorist gegen Rom, wie andere Kämpfer aus Gamla in Galiläa. Also muss Jesus auch aus römischer Sicht weg. Man muss dem juristisch geschulten Pilatus zugutehalten: Drei Mal hat er die Unschuld von Jesus öffentlich festgestellt. Diese Tatsache ist wichtig für unseren christlichen Glauben: Jesus wurde als Unschuldiger verurteilt.

„Er selbst hat unsere Schuld mit seinem Körper an das Kreuz getragen.“ *1. Petrus 2,24*

Dennoch verurteilt!

Lukas 23,13-25 **Mittwoch, 16.**

Pilatus ist unter dem Druck der religiösen Fanatiker und des sensationslüsternen Herodes eingeknickt – ein schwacher Politiker. Dennoch wurde er zum Werkzeug Gottes im größten Liebesdrama der Weltgeschichte: Gott selbst gab seinen einzigen Sohn ans Kreuz, damit wir ewiges Leben gewinnen! Was für ein Kontrast: Jesus geht still leidend den Passionsweg. Er erträgt Unrecht, Spott und brutale Gewalt – für uns. Er ist der Friedefürst. Auf der anderen Seite das große Geschrei des Volkes. Hass gegen Jesus, den Retter der Welt. Dazwischen fragt der feige Stadthalter Pilatus öffentlich: „Was hat Jesus denn Böses getan?" Auch wenn er seine Hände in Unschuld gewaschen hat, spricht er sein brutales Fehlurteil: „Kreuzigt ihn!" Die Frage heißt: Von welchen Stimmen lassen wir uns bestimmen? Von den Stimmen des Unglaubens oder von den Liebestönen der Vergebung? Jesus öffnet uns durch seine Liebe eine neue Zukunft.

„Durch seine Wunden sind wir geheilt." *Jesaja 53,5*

Auf dem Leidensweg durch die Stadt

Lukas 23,26-31 **Gründonnerstag, 17.**

Jesus wird durch die Via Dolorosa hinausgeführt zur öffentlichen Hinrichtungsstätte außerhalb der Stadtmauern Jerusalems. Menschen, die mit ihm unterwegs waren, leiden sehr. Wir sehen nichts Schönes mehr an diesem Jesus Christus. Alle Kraft ist weg, sodass er unter dem Querbalken des Kreuzes zusammenbricht. Simon aus Kyrene – ein Ausländer aus dem heutigen Libyen – wird jetzt zum Kreuzträger. Hier leuchtet kurz ein großes Geheimnis des Kreuzesgeschehens auf. Das Heil, das Jesus Christus durch sein Sterben bewirkt hat, gilt nicht nur für Jerusalem und Israel, sondern es ist Rettung für die ganze Welt. Sein Leiden und Sterben gilt auch uns heute. Das Gericht, das uns treffen sollte, hat er auf sich genommen hat. Sein Erbarmen ist immer größer. Was für ein Glück!

„Er war der Allerverachtetste, dass man das Angesicht vor ihm verbarg." *Jesaja 53,3*

Die Zeitenwende am Kreuz

Lukas 23,32-49 **Karfreitag, 18.**

Mit zwei Verbrechern wird Jesus gekreuzigt – die grausamste römische Exekutionsart. Das Volk war live dabei – zur Abschreckung. Ein Realitykrimi für Gaffer. Spott und Erniedrigung treffen Jesus tief. In der dunkelsten Stunde zeigt Jesus seine ganze Liebe. Er bittet seinen himmlischen Vater um Vergebung für seine Feinde. Er verspricht dem reuigen Übeltäter mitten in Todesschmerzen das Paradies. Hier, mitten im menschlichen Tiefpunkt, zeigt sich Jesus als wahrer König und Sieger über Hölle, Tod und Teufel. Der Vorhang zum Allerheiligsten im Tempel zerreißt. Die Tür zum Vaterherzen Gottes ist nun für jeden von uns offen. Voller Vertrauen befiehlt sich der sterbende Jesus in die guten Vaterhände Gottes. Der Hauptmann erlebt eine persönliche Sternstunde und manche Zuschauer wachen auf. Wer an diesem Karfreitag genau hinschaut, der erkennt die Bedeutung des Kreuzes für sein persönliches Leben.

„Jesus sagt: Liebet eure Feinde und bittet für die, die euch verfolgen!“
Matthäus 5,4

Eine echte Überraschung

Lukas 23,50-56 **Samstag, 19.**

Wir erleben einen reichen und frommen Mann aus der jüdischen Oberschicht, der auch nach dem Tod zu Jesus Christus steht. Als Mitglied im Hohen Rat konnte er die Kreuzigung nicht aufhalten. Jetzt zeigt er großen Mut: Er geht zu Pilatus und bittet den römischen Prokurator um den Leichnam des Gekreuzigten. Er weiß nicht, wie Pilatus reagieren wird. Josef von Arimathäa will Jesus die letzte Ehre erweisen und bietet dafür sein eigenes, noch unbenutztes Felsengrab an. Hier am Grab sehen wir echte Jesusfreunde. Sie halten über das Sterben hinaus treu zu Jesus. Nach dem Sabbat wollen sie ihn würdevoll beerdigen. Die Frage heißt heute: Wie zeigen wir unsere Liebe zu unserem Herrn Jesus Christus, auch in den schweren Momenten des Lebens? Wir wissen und glauben: Das Grab ist bei Jesus nicht das Ende – Osterhoffnung ermutigt uns!

„Ich habe dich einen kleinen Augenblick verlassen, aber mit großer Barmherzigkeit will ich dich sammeln.“ *Jesaja 54,7*

Wochenspruch

Christus spricht: Ich war tot, und siehe, ich bin lebendig von Ewigkeit zu Ewigkeit und habe die Schlüssel des Todes und der Hölle.
Offenbarung 1,18

Ladies first

Lukas 24,1-12 **Ostersonntag, 20.**

Am Ostermorgen sind es zuerst die Frauen, die von Jesu Auferstehung erfahren. Ihr Tun ist tief menschlich und von Trauer geprägt: Sie kommen, um Jesu Körper zu salben – ein Akt der Liebe und des Respekts. Doch sie finden etwas Göttliches vor: Das Grab ist leer, Jesus ist auferstanden. Die Frauen erkennen als Erste, dass das Grab, der Ort ihrer Trauer, nun leer ist. Die wahre Verbindung zu Jesus finden sie nicht mehr an einem Grab, sondern in der lebendigen Begegnung mit den Menschen. Impuls: Bin ich bereit, wie die Frauen am Ostermorgen, meine Hoffnungslosigkeit zu überwinden und die lebendige Gegenwart Jesu in meiner Welt zu suchen und zu feiern?

„Sie aber erschraken und neigten ihr Angesicht zur Erde. Da sprachen die zu ihnen: Was sucht ihr den Lebenden bei den Toten?“
Lukas 24,5

Jesus geht auch Holzwege mit

Lukas 24,13-35 **Ostermontag, 21.**

Zwei Nachfolger Jesu, die nicht zum engsten Jüngerkreis gehörten, wählen einen anderen Weg als die Frauen und Petrus: Sie laufen nicht zum Grab, sie laufen weg – weg von Jerusalem und weg von ihrer Trauer und den enttäuschten Erwartungen. Auf ihrem Weg nach Emmaus erleben sie, dass sich Jesus auch mit den Enttäuschten und Zweifelnden auf den Weg macht. Er hört ihnen zu wie ein guter Seelsorger und gibt ihnen die Zeit, die sie brauchen, bis sie erkennen können, wer sie da begleitet. Der falsche Weg wird zum richtigen, weil Jesus ihn mitgeht, um Umkehr zu ermöglichen. Impuls: Gab es schon Situationen in meinem Leben, wo ich mich vom Kreuz entfernen musste, um das Kreuz erkennen zu können?

„Und es geschah, als sie so redeten und einander fragten, da nahte sich Jesus selbst und ging mit ihnen." *Lukas 24,15*

Zu schön, um wahr zu sein?

Lukas 24,36-49 **Dienstag, 22.**

Die Begegnung der Jünger mit dem auferstandenen Jesus stellt ihre Vorstellungen auf die Probe. Sie sehen ihn nicht als den Auferstandenen, sondern vermuten einen Geist, eine Sinnestäuschung – so sehr sind ihre Herzen von Trauer und Zweifel beschwert. Die Idee, dass Jesus wirklich auferstanden sein könnte, scheint ihnen zu schön, um wahr zu sein. Sie fürchten, erneut enttäuscht zu werden. Doch Jesus zeigt sich ihnen in seiner körperlichen Gestalt, nicht als Geist, sondern als Mensch. Er isst vor ihren Augen, nicht aus Hunger, sondern um zu beweisen, dass er es wirklich ist. Er setzt damit ein deutliches Zeichen seiner leiblichen Auferstehung. Impuls: Gab es in meinem Leben Momente, in denen ich zweifelte, weil die Hoffnung zu groß erschien?

„Und als er das gesagt hatte, zeigte er ihnen die Hände und seine Seite. Da wurden die Jünger froh, dass sie den Herrn sahen."
Johannes 20,20

Abschied und Aufbruch

Lukas 24,50-53 **Mittwoch, 23.**

Die Zeit der Trauer ist vorbei, Freude bricht sich Bahn. Die weltweite Mission der Kirche beginnt mit Freude und Gottes Segen. Jesus ist auferstanden und nicht mehr an die Grenzen eines menschlichen Körpers gebunden. Wo immer man ihn anbetet, ist er präsent. Jesus, Freude und Segen – das ist das wahre Fundament der Kirche. Mehr braucht es nicht. Strukturen, Gebäude, Strategien und Methoden sind vielleicht notwendig und manchmal auch hilfreich, aber sie sind niemals der Kern der Kirche. Impuls: Spüre ich diese Freude noch? Was kann mir helfen, die Freude am lebendigen Christus wieder neu zu entdecken und zu erleben?

„Sie aber beteten ihn an und kehrten zurück nach Jerusalem mit großer Freude und waren allezeit im Tempel und priesen Gott."

Lukas 24,52-53

Der Kolosserbrief

Der Brief an die Kolosser weicht in Sprache, Wortwahl und theologischen Themen von den anderen Paulusbriefen ab. Darum ist es bei diesem Brief besonders wichtig, die ihm eigene Thematik zu beachten. Sein Thema ist die Warnung vor einer Philosophie, „die der Überlieferung der Menschen und den Elementen der Welt folgt und nicht Christus" (2,8). Worin genau diese Mischung von Philosophie und Religion besteht, die sich in der Gemeinde von Kolossä ausgebreitet hat, ist nicht mehr auszumachen. Im Zentrum scheinen die Weltelemente zu stehen – Erde, Luft, Wasser, Feuer, Äther –, die die Welt und das Leben der Menschen bestimmen. Man ordnet sich ihnen unter, indem man bestimmte Vorschriften und Regeln einhält und besondere Festtage begeht.
Jesus Christus ist den Weltelementen überlegen und darum ist das Evangelium von ihm dieser religiösen Philosophie überlegen. Wer zu Jesus Christus gehört, muss sich nicht den Weltelementen beugen. Die Gemeinde, der Herrschaftsbereich von Jesus Christus, ist allen Mächten und Gewalten entzogen. Christus ist das Ebenbild Gottes. Durch ihn ist alles geschaffen worden. Er ist das Haupt der Gemeinde; der Erste, der auferstanden ist. Durch Christus wird Gott die ganze Schöpfung versöhnen (1,15-20). Dieser Christushymnus ist das theologische Zentrum des Briefes.

Die Christen sollen nicht wieder in die alten Gewohnheiten und Abhängigkeiten zurückfallen (2,20), sondern sollen sich an dem herrschenden Jesus Christus orientieren (3,1-3). Noch ist diese Herrschaft Christi verborgen, wodurch falsche Lehren in die Gemeinde eindringen können, aber mit der Wiederkunft Jesu wird sie für alle sichtbar werden (3,4). Diese grundsätzlich andere Lebensorientierung sollen die Christen im persönlichen, gemeindlichen (3,5-17), aber auch familiären Leben (3,18-4,1) erkennbar leben. „Verhaltet euch weise gegenüber denen, die draußen sind, und kauft die Zeit aus“ (4,5). (HN)

Dank für die gute Frucht

Kolosser 1,1-8 **Donnerstag, 24.**

Das Evangelium, das „Wort der Wahrheit“ (was nicht überlegenes Wissen oder Richtigkeit meint, sondern Gottes rettende Wirklichkeit), ist unterwegs: Es „kommt“ und „bringt Frucht“, es „wächst“. In der Gemeinde in Kolossä, einer für ihre Wollproduktion bekannten Kleinstadt, sind Glaube, Liebe und Hoffnung gewachsen (vgl. 1Kor 13,13) – Grund zum Danken! Darauf blicken Paulus und Timotheus. Sie beginnen nicht mit den Problemen, der falschen Lehre, um die es auch noch gehen wird, sondern mit dem Dank für die Frucht des Evangeliums. Dass da in uns und um uns immer wieder auch anderes wächst, wie Unkraut unter dem Weizen (Mt 13,24ff), gehört zur Realität. Aber wie beten wir? Suchen wir den Glauben, die Liebe, die Hoffnung – oder sehen wir auf das Negative? Die Haltung wird uns prägen, auch unsere Kritik.

„Ich will ein Neues schaffen, jetzt wächst es auf, erkennt ihr's denn nicht?“ *Jesaja 43,19*

Bitte um Frucht und Wachstum

Kolosser 1,9-14 **Freitag, 25.**

Zuerst der Dank, dann die Fürbitte. Beide Male ist vom Hören die Rede, das dem Gebet vorausgeht. Hinhören, um konkret beten zu können (übrigens: allezeit, unablässig – mehr eine Haltung als eine Handlung). Aber *was* da für die Gemeinde erbeten wird, scheint die Latte richtig hoch zu hängen: ... in *aller* Weisheit, *ganz* zu Gefallen, *jedes* gute Werk, mit *aller* Kraft, zu *aller* Geduld. Ist das nicht zu hoch gegriffen? Eine Reaktion könnte sein: Wer soll das schaffen? Dem werde ich nie entsprechen. Ebenso verhängnisvoll ist christliche Überheblichkeit, als ob wir als Christen das alles schon hätten und lebten. Deshalb ist die Erinnerung so wichtig: Der Grund für das Gelingen liegt nicht in dir! „Tüchtig" bist du allein durch den Vater, der errettet, versetzt („verpflanzt"), erlöst, vergibt. Aber durch ihn bist du's, aus *der* Freude heraus darf's wachsen!

Jesus sagt: „Ich habe für dich gebeten, dass dein Glaube nicht aufhöre."
Lukas 22,32

Das ist das A und das O

Kolosser 1,15-20 **Samstag, 26.**

Der heutige Abschnitt enthält Aussagen über Jesus, die zu den umfassendsten und tiefsten in der Bibel gehören. Im weiteren Verlauf des Briefs wird es um „Mächte und Gewalten" gehen, „Elemente der Welt", denen die Christen in Kolossä in ihrem Leben Raum geben. Weil sie so verführerisch sind mit beeindruckenden Erfolgsversprechen, weil man ihnen doch ohnehin ausgeliefert ist, oder einfach, weil es schick ist (machen doch alle!). Aber sie machen unfrei und abhängig. Ein urchristlicher Hymnus, ein Christuslied in zwei Strophen, wird dem entgegengesungen: Sieh doch, Christus ist vor aller Zeit, über allen diesen Mächten. Ja, wirklich alles, was ist, gehört in seine Machtsphäre. In ihm ist die Fülle, Ostern ist die Mitte, *alles* kommt von ihm her und läuft auf ihn zu. Lass dich nicht mit kurzlebigen Pseudoargumenten abspeisen.

„Fürchte dich nicht! Ich bin der Erste und der Letzte und der Lebendige."
Offenbarung 1,17

Wochenspruch

Gelobt sei Gott, der Vater unseres Herrn Jesus Christus, der uns nach seiner großen Barmherzigkeit wiedergeboren hat zu einer lebendigen Hoffnung durch die Auferstehung Jesu Christi von den Toten. *1. Petrus 1,3*

Wie die neugeborenen Kinder

Psalm 116 **Sonntag, 27.**

Das Herz ist voll Freude und Dank über die erlebte Rettung. Das Leben fühlt sich an wie neugeboren. Wie passend zum heutigen Sonntag! Das Dankopfer, hebr. *Toda* (V. 17, vgl. 3 Mo 7,11-17), wurde im Tempel vor versammeltem Volk dargebracht. Für solche Anlässe sind viele Psalmen entstanden, Klage- und Danklieder, manchmal als zwei Teile in einem Psalm (Ps 22!). Denn dabei wird der Gang durchs „finstere Tal" bedacht, an die Klage erinnert und die Erlösung aus der Not als neues Leben in der Gemeinschaft gefeiert. Zuerst wird der „Kelch des Heils" erhoben, dann kommt neben dem Schlachtopfer für das Mahl auch Brot zum Einsatz. Brot und Wein und der staunende Dank „Du hast meine Bande zerrissen" (V. 16) – es ist wie ein Vorausbild, ja schon eine Ausdeutung des Abendmahls. Eucharistie heißt nichts anderes als „Danksagung"!

„Jesus dankte und brach's und sprach: Das ist mein Leib für euch."
1. Korinther 11,24

Vom Gottesfeind zum Gottesfreund

Kolosser 2,21-23 **Montag, 28.**

In seinem Buch „Lebenszeichen aus der Steinzeit" erzählt Missionar Helmut Bentz von seinem abenteuerlichen Vorstoß durch die Urwälder Westpapuas zu dem unerreichten Volk der Yalis. Die Annäherung an die misstrauischen Krieger, die ihre Feinde verspeisen, ist schwierig. Als der Missionar von einem vergifteten Pfeil getroffen wird, entgeht er nur knapp dem Tod. Doch schließlich gelingt es ihm, dem Völkchen voller Hass und Angst das Evangelium des Friedens zu bringen. Darauf sind wir auch angewiesen. Denn was wir von Natur aus leben, ist Fremdheit und Feindschaft gegenüber Gott. Jener Mann, der sich am Kreuz von unserer Sünde durchbohren lässt, bringt uns Versöhnung und Freundschaft mit Gott. Allerdings kommt es darauf an, dass wir diese Freundschaft vertiefen, gestalten und festhalten bis zum letzten Atemzug.

Jesus sagt: „Ihr seid meine Freunde, wenn ihr tut, was ich euch gebiete." *Johannes 15,14*

Mitleiden und mitsiegen

Kolosser 1,24-29 **Dienstag, 29.**

Mein Sohn kehrt eben von einem Ironman-Wettkampf zurück: 2 km schwimmen, 90 km radeln, 21 km laufen. Nonstop, 5 Stunden Vollgas. Hunderte von Wettkampfteilnehmern tummeln sich auf der Strecke. Wahrscheinlich hilft es zu spüren, dass die anderen genauso am Kämpfen, Leiden und Beißen sind. Paulus ist als Missionar nie schmerzfrei unterwegs. Die Reisestrapazen, der Spott und die Feindseligkeiten setzen ihm heftig zu. Das muss so sein für Nachfolger von Jesus, die seinen Leidensweg ein Stück weit nachvollziehen. Paulus kann sich sogar freuen, weil er sich umso gewisser ist, den richtigen Weg zu gehen. Der Gemeinde ist ein Ironman-Wettkampf durch eine gegen Gott aufgebrachte Welt verordnet. Alle aus dem Gemeinde-Team sind dazu herausgefordert mitzuleiden. Sie werden am Ende auch mitsiegen.

Jesus sagt: „Wenn euch die Welt hasst, so wisst, dass sie mich vor euch gehasst hat." *Johannes 15,18*

Die Schatzkiste

Kolosser 2,1-5 **Mittwoch, 30.**

Ein Künstler aus dem Iran besucht jahrelang unseren Glaubenskurs für Flüchtlinge. Er denkt ausführlich nach über den Unterschied zwischen den Religionen: Bahai, Islam und Christentum. Er kommt zum Ergebnis, dass der Jesusweg das Beste sei. Er lässt sich taufen. Seine Mutter kann am Taufgottesdienst teilnehmen. Sie ist für einige Wochen aus dem Iran zu Besuch gekommen. Die muslimische Mutter liest während ihres Aufenthalts ständig in der Bibel. Sie erzählt ihrer Tochter begeistert von ihrer Lektüre. Die Geschichte von dem Mann, der im Sturm auf dem See Genezareth Wind und Wellen bedroht, ist ihr neu. Dass der Nazarener am Kreuz sein Leben dafür gibt, damit wir nicht untergehen in einem Meer von Sünden, bringt sie zum Staunen. Menschen aus Persien machen uns aufmerksam: Wisst ihr, welche Schatzkiste ihr habt?

Jesus sagt: „Ich bin der Weg und die Wahrheit und das Leben."

Johannes 14,6

Monatsspruch Mai

Zu dir rufe ich, HERR; denn Feuer hat das Gras der Steppe gefressen, die Flammen haben alle Bäume auf dem Feld verbrannt. Auch die Tiere auf dem Feld schreien lechzend zu dir; denn die Bäche sind vertrocknet.

Joel 1,19-20 (E)

Liebe zur Weisheit

Kolosser 2,6-10 **Donnerstag, 1.**

Von Philosophen kann man etwas lernen, z.B. durch die bekannte Anekdote von den drei Sieben des Sokrates. Als ihm jemand etwas erzählen will, fragt er, ob die Mitteilung auch wahr, gut und notwendig sei. Wenn sie unsicher, negativ und überflüssig ist, möchte er sie nicht hören. Wie viel bleibt nach dieser Prüfung noch von den Fernsehnachrichten übrig? Doch Philosophie (wörtl. „Liebe zur Weisheit") kann das Denken auch verführen. Die Philosophin Judith Butler behauptet, es gäbe weder Mann noch Frau, sondern nur eine durch Tradition geprägte Rolle männlich und weiblich, in die man hineingepresst werde. Das ist so nicht haltbar und auch in der Wissenschaft umstritten. In der Einseitigkeit widerspricht es dem Wort Gottes. Nur wer dem Gotteswort der Bibel und Christus folgt, findet echte, kritische, orientierende Weisheit.

Jesus sagt: „Wer diese meine Rede hört und tut sie, der gleicht einem klugen Mann, der sein Haus auf Fels baute." Matthäus 7,24

Operation bei vollem Bewusstsein

Kolosser 2,11-15 **Freitag, 2.**

Die Ärzte stellen bei einem Patienten fest, dass die Galle von Krebsknoten durchsetzt ist. Sie entfernen das Organ, damit die Wucherungen nicht weiter um sich greifen. Bei einem anderen Patienten diagnostizieren sie akute Herzschwäche. Sie pflanzen einen Herzschrittmacher ein, der für einen verlässlichen Herzschlag sorgt. Jesus Christus operiert den Menschen, der vom Krebsschaden der Sünde verseucht ist. Und zwar bei vollem Bewusstsein. Was schädlich ist, muss sterben. Wir dürfen es immer wieder in den Tod von Jesus Christus hineingeben, so wie die Krümel in die Wasserspirale im Spülbecken. Was Gott gefällt, soll in Erscheinung treten und wachsen. Wir hängen uns immer wieder an Jesus Christus, den Auferstandenen, der uns in das neue Leben voller Frieden, Freude und Schaffenskraft emporzieht.

„Sind wir aber mit Christus gestorben, so glauben wir, dass wir auch mit ihm leben werden.“ *Römer 6,8*

Religion der Regeln oder der eine Retter?

Kolosser 2,16-23 **Samstag 3.**

Regeln können hilfreich sein. Wenn z. B. alle Christen die Gemeinderegel von Jesus beachten, dass wir auf eine Verstimmung nicht mit Gerede und Mails hinter dem Rücken des Kritisierten reagieren, sondern zuallererst ein Vieraugengespräch suchen, danach ein Gespräch zu dritt (Mt 18,15). Doch es gibt Menschen, deren Lebensinhalt offenbar darin besteht, möglichst viele Regeln aufzustellen und sie möglichst penibel einzufordern. Das originale, befreiende Christentum kann zu einer einengenden Religion der Regeln verbogen werden. Damals engten Vorschriften für Speisen und Feiertage die Freiheit des Glaubens ein, Heute passen sich theologische Aussagen den gerade herrschenden Denkweisen an, sodass die Botschaft von der Freiheit in Christus verdunkelt wird. Die Alternative dazu ist die Konzentration auf den Retter Christus. Seine Gnade genügt. Der Glaube genügt.

Jesus sagt: „Wenn euch nun der Sohn frei macht, so seid ihr wirklich frei.“ *Johannes 8,36*

Wochenspruch

Christus spricht: Ich bin der gute Hirte. Meine Schafe hören meine Stimme, und ich kenne sie und sie folgen mir, und ich gebe ihnen das ewige Leben. *Johannes 10,11a.27–28a*

Ich bin gemeint

Psalm 23 **Sonntag, 4.**

Die geballte Nennung von Worten wie „ich“, „mein“, „mir“ fällt auf. Sie zeigen, wem sich David zugehörig fühlt. Wem er vertraut. Und was er mit Gott als seinem Hirten erlebt. Es geht um alltägliche

Versorgung und subjektives Wohlbefinden, um gute Führung und individuelle Bewahrung – sowie um Trost und erfülltes Leben. David erlebt seinen Gott hautnah. Gott ist für ihn nicht allgemein der Hirte, sondern sein Hirte.
In Joh 10,14 sagt Jesus: „Ich bin der gute Hirte und kenne die Meinen, und die Meinen kennen mich." So geht Christsein! Ich begegne Menschen, die gehören zu einer christlichen Gemeinschaft und arbeiten engagiert mit. Wenn ich sie nach ihrem Glauben und ihrer Jesusbeziehung frage, reagieren sie verlegen. Doch genau darum geht es: Kenne ich Jesus persönlich? Kann ich bekennen: Jesus ist mein Hirte?

„Thomas antwortete und sprach zu ihm: mein Herr und mein Gott!"
Johannes 20,28

Der Blick nach oben

Kolosser 3,1-4 **Montag, 5.**

Den Blick zu heben, sich aufzurichten, sich nach oben auszustrecken, ist nicht nur eine hilfreiche körperliche Übung. Es ist auch ein geistliches Prinzip. Paulus ruft dazu auf, sich nicht von alltäglichen, irdischen Dingen bestimmen zu lassen, sondern sich an Christus zu orientieren. Die Anziehungskraft der Erde versucht auch im Glauben, unser Denken und Handeln zu beeinflussen. Deshalb müssen wir immer wieder an den Blickwechsel erinnert werden. Wer mit Jesus Christus lebt, ist mit ihm und durch ihn ein völlig neuer Mensch. Deshalb sollen wir unser Leben an ihm ausrichten – nicht *damit* wir es Gott recht machen, sondern *weil* wir durch Jesus Christus gerettet sind und jetzt schon zu Gott gehören.

„So sind wir ja mit ihm begraben durch die Taufe in den Tod, auf dass, wie Christus auferweckt ist von den Toten durch die Herrlichkeit des Vaters, so auch wir in einem neuen Leben wandeln." Römer 6,4

Ablegen

Kolosser 3,5-11 **Dienstag, 6.**

Alte Gewohnheiten loszulassen ist bisweilen weit schwieriger, als den Beruf oder den Wohnort zu wechseln. Deshalb richtet Paulus die Aufmerksamkeit bewusst auf die Dinge, die das menschliche Miteinander oft prägen: Ichbezogenheit, Hartherzigkeit, Gier, Herabsetzung anderer, böse Worte und Taten, Lügen, Ausgrenzung. Das passt mit einem Leben in der Gemeinschaft mit Gott nicht zusammen. Weil uns diese Dinge aber immer wieder beeinflussen, bedarf es wohl einer besonderen Anstrengung, dagegen anzugehen. Paulus verwendet deutliche Worte, um klarzumachen, dass hier eine willentliche Aktion gefordert ist. Trennt euch entschieden von dem, was euch beherrscht! Legt es ganz bewusst ab! Das wird uns in dieser Welt nicht völlig gelingen – aber wir sollten es täglich neu einüben.

„Legt von euch ab den alten Menschen mit seinem früheren Wandel, der sich durch trügerische Begierden zugrunde richtet." Epheser, 4,22

Anziehen

Kolosser 3,12-17 **Mittwoch, 7.**

Paulus hat die Dinge benannt, die abgelegt werden sollen. Jetzt fordert er dazu auf, neue Verhaltensweisen wie Kleider anzuziehen. Menschen, die in einer Beziehung mit Gott leben, gestalten ihr Leben anders. Alles, was sie sagen und tun, soll im Namen des Herrn Jesus geschehen. Ist das nicht eine hoffnungslose Überforderung? Sicher – das schafft niemand. Deshalb wird der Blick auf Gott gerichtet (V. 12). Er ist es, der durch seine Erwählung und durch seine Liebe die Voraussetzung schafft. Wer sich regelmäßig von seinem Wort leiten lässt, wer ihm mit einer Herzenshaltung des Dankes begegnet, wer von seiner Gnade singt, lernt und übt diese Lebensgestaltung. Und wer darin versagt, dem gilt die Zusage, dass Gott vergibt (V. 13) und dass er seinen Frieden schenkt (V. 15).

„Seid aber untereinander freundlich und herzlich und vergebt einer dem andern, wie auch Gott euch vergeben hat in Christus."

Epheser 4,32

Im Alltag mit Jesus leben

Kolosser 3,18 – 4,1 **Donnerstag, 8.**

Wie ein Leben in Gemeinschaft mit Gott gelingt, zeigt sich im unmittelbaren Lebensumfeld. Die Familie, der Freundeskreis, das berufliche Umfeld sind der Ort, an dem Liebe sichtbar wird. Paulus lebt in einer antiken Kultur mit legitimierter Sklaverei und hierarchischen Lebensbezügen. Diese Sozialordnung greift er nicht an. Seine Grundaussage aber ist: Lasst euch in euren Beziehungen von Jesus Christus leiten – ihr Frauen und Männer, ihr Kinder und Väter, ihr Sklaven und Herren. Denn ihr seid alle gleichberechtigte Gotteskinder. Das gilt auch heute noch in einer anderen Gesellschaftsordnung, mit völlig anderen Rollenverständnissen. Erhebt euch nicht übereinander, sondern gestaltet euer Leben und eure Beziehungen mit der Liebe, die sich hingibt und andere höher achtet als sich selbst.

„Ein neues Gebot gebe ich euch, dass ihr euch untereinander liebt, wie ich euch geliebt habe." *Johannes 13,34*

Aufbauend reden

Kolosser 4,2-6 **Freitag, 9.**

Eine gesalzene Rede ist keine gepfefferte, scharfe, gar wütende Rede – und eine freundliche Rede ist kein 08/15-Gesäusel. Eine mit Salz gewürzte Rede ist ganz bei dem Gesprächspartner. Sie tut ihm gut. Eine solche Redeweise macht neugierig. Sie steigert das Verlangen, mehr zu hören. Sie weckt mit starken und interessanten Gedanken die Aufmerksamkeit des anderen. Sätze, die vor Aussagekraft und Lebensnähe sprühen. Eine würzige Rede hält negative Entwicklungen auf und hilft, problematische Verhaltensweise zu überwinden, indem sie klare Perspektiven aufzeigt und zu neuen Schritten ermutigt. Wie bereite ich mich auf das nächste Gespräch vor?

„Lasst kein faules Geschwätz aus eurem Mund gehen, sondern redet, was gut ist, was erbaut und was notwendig ist, damit es Segen bringe denen, die es hören.“
Epheser 4,29

Beziehungen pflegen

Kolosser 4,7-18 **Samstag, 10.**

Sind mir Beziehungen eher lästig oder benötige ich stabile Kontakte für mein Leben? Als von Gott geschaffene Gemeinschaftswesen verlangen wir nach Mitmenschen; gleichzeitig, so ist mein Eindruck, gelingt vielen die liebevolle Gestaltung von Beziehungen immer weniger. Paulus dagegen scheint die Pflege seines Beziehungsnetzwerkes zu gelingen. Einzelne Personen werden ausführlich und wertschätzend gegrüßt. Dazu gehören gegenseitige Informationen und Anteilnahme. Es wird füreinander gebetet und gemeinsam gearbeitet. Das Miteinander wird bestimmt von Treue und Fürsprache. Wichtig ist die Übereinstimmung in wesentlichen Fragen und Zielen. Die Kontakte sollen trösten und ermutigen. Paulus braucht diese Gemeinschaft für sein Leben und für seine Missionsarbeit – und wir?

„Sie bleiben aber beständig in der Lehre der Apostel und in der Gemeinschaft und im Brotbrechen und im Gebet.“
Apostelgeschichte 2,42

Wochenspruch
Ist jemand in Christus, so ist er eine neue Kreatur; das Alte ist vergangen, siehe, Neues ist geworden. *2. Korinther 5,17*

Eine Hochzeit weist über sich hinaus

Psalm 45 **Sonntag, 11.**

Wie ist wohl die Stimmung auf der Prominentenhochzeit? Ein kleiner Chor im Tempel von Jerusalem besingt mit diesem fröhlichen Königspsalm die Hochzeit eines Königs. Die Braut wird zum König geführt (V. 15-16). Dem König wird Durchsetzungskraft gewünscht. Er ist ein Gesegneter Gottes! Der Beter dieses Psalms hat mehr gesagt, als er ahnte: Im Hebräerbrief (1,8.9) werden die Verse 7-8 auf Jesus gedeutet; sie weisen über einen irdischen König hinaus. Mit der Braut sind die an Jesus Glaubenden gemeint. Sie werden Jesus zugeführt und mit ihm vereinigt werden (1Thess 4,16-18). Auch ich bin eingeladen. Habe ich die Einladung zu dieser Hochzeit schon angenommen?

„Glücklich darf sich nennen, wer zum Hochzeitsfest des Lammes eingeladen ist!“ *Offenbarung 19,6b (HfA)*

Das Buch Joel

Das Thema des Buchs Joel ist „der Tag des HERRN“ (hebräisch jom jahwe). Der Gerichtstag Gottes über sein Volk Israel (z. B. Am 5,18; Zef 1,7) und über die Völker (z. B. Jes 13,6; Obd 15). Was bei anderen Propheten nur kurz angerissen worden ist, wird im Buch Joel in zwei Gottesreden entfaltet. Zuerst als Rückblick auf eine katastrophale Heuschreckenplage und eine Dürre in Israel, die zum Sinnbild des „Tags des HERRN“ wird (Joel 1-2). Dann als Ausblick auf den endgültigen „Tag des HERRN“ über alle Völker und die Bedeutung Israels (Joel 3-4).

Joel 1-2: Eine Heuschreckenplage als Mahnung

Der Prophet erinnert an eine Heuschreckenplage, die zu einer furchtbaren Dürre geführt hat (1,1-19). Mit dem Klageruf: „O weh des Tages! Denn der Tag des HERRN ist nahe und kommt wie ein Verderben vom Allmächtigen“ (1,15), stellt der Prophet dieses Bild eines verdorrten Landes in den Kontext des Gerichtes Gottes über sein Volk. Es wird „ein finsterer Tag, ein dunkler Tag, ein wolkiger Tag, ein nebliger Tag sein“ (2,2), den der Prophet mit kriegerischen Bildern ausmalt (2,1-11). Aber noch ist Zeit, umzukehren und Buße zu tun (2,12-17). Gott wird sein bußfertiges Volk verschonen. Er wird es segnen. Sein Volk wird in einem fruchtbaren Land wohnen (2,18-27).

Joel 3-4: Gottes Gericht über die Völker und das Heil Israels

Joel 3: Vor dem endgültigen „Tag des HERRN“ wird Gott seinen Geist „über alles Fleisch“, d.h. alle Menschen, ausgießen (3,1). Die Geistbegabten werden alle Menschen zu Jahwe rufen, denn: „Wer des HERRN Namen anrufen wird, der soll errettet werden“ (3,5). Gottes Geist bewahrt vor dem Gericht Gottes – wenn sich die Menschen dem HERRN, Jahwe, zuwenden.

Joel 4: Der kommende „Tag des HERRN“ bedeutet das Gericht über die Völker und zugleich das Heil für Israel. Die Völker, die sich gegen Israel wenden, werden von Gott gerichtet (4,12). „Und der HERR wird aus Zion brüllen und aus Jerusalem seine Stimme hören lassen, dass Himmel und Erde erbeben werden“ (4,16). Die Länder der Völker – Ägypten und Edom (4,19) – werden vertrocknen, aber Israel wird in einem fruchtbaren Land leben (4,18). „Und der HERR wird wohnen in Zion.“ (4,21) (HN)

SOS: Save our souls!

Joel 1,1-20 **Montag, 12.**

Über die Person von Joel („Jahwe ist – der wahre – Gott“) ist zwar kaum etwas bekannt. Doch sein Buch ist ein aufwühlendes Posaunensignal an sein Volk (vgl. 2,1.15), das ihm als Prophet aufgetragen ist (V. 1): Der „Tag Jahwes“ drängt heran. An ihm spricht der lebendige Gott das abschließende Urteil über alle Welt und damit auch über sein Volk. Doch dieser Tag liegt nicht in ferner Zukunft am Ende der Zeiten, sondern wirft bereits in der Gegenwart seine Schatten voraus. Eine alles zerstörende Heuschreckenplage ruiniert das Leben aller Bewohner gleichermaßen und macht sogar die Opfergottesdienste im Tempel unmöglich (V. 9.13). Dringend notwendig ist jetzt eines: Umkehr – ein „heiliges Fasten“ der gesamten Gemeinde. Denn das zeigt an: „Wir wollen zurück zu dir, unserem Gott!"

„Wer weiß, ob Gott nicht umkehrt und es ihn reut und er sich abwendet von seinem grimmigen Zorn, dass wir nicht verderben." Jona 3,9

Ein Tag wie kein anderer

Joel 2,1-11 **Dienstag, 13.**

Die schreckliche Naturkatastrophe der Heuschreckenplage erweist sich angesichts der letzten Katastrophe am eigentlichen Tag Jahwes lediglich als Vorbote: Ein alles verwüstendes Feindesheer macht sich gegen Israel auf. Die Ordnung des Kosmos fällt ins Chaos: Sonne, Mond, Sterne werden finster (V. 10). Erschütternd ist, dass diese Macht der Zerstörung „sein Heer", Gottes Heer, ist (V. 11). Das „verzehrende Feuer", das vor ihm hergeht, zeigt: Gott selbst ist da (vgl. 2Mo 24,17). Noch einmal soll in Jerusalem Alarm geschlagen und zum Fasten als Zeichen der Umkehr ermahnt werden (V. 15).
Im 9. Kapitel der Offenbarung des Johannes ist erneut von diesem rätselhaften Heer der Zerstörung, das die Menschheit in Angst und Schrecken versetzt, die Rede. Doch auch hier ist das Ziel – für uns und alle Welt – klar: Umkehr! (Offb 9,20.21)

„Johannes der Täufer ruft aus: Tut Buße, denn das Himmelreich ist nahe herbeigekommen!" Matthäus 3,2

Wählt doch das Leben!

Joel 2,12-17 **Mittwoch, 14.**

Mitten in höchster Bedrohung ruft Gott seinem Volk in Erinnerung, wer der Gott ist, mit dem es Israel schon immer zu tun hat: „Er ist gnädig, barmherzig, geduldig und von großer Güte, und es gereut ihn bald die Strafe." Diese überwältigende Beschreibung seines Wesens ist keine vereinzelte Randbemerkung, sondern wird an markanten Stationen im AT hörbar: 2Mo 34,6.7; Jona 4,2;

Ps 86,15; 103,8; 145,8; Neh 9,17. So ist unser Gott! Wo sein Volk zu ihm umkehrt und wieder neu seine umfassende Hilfe erwartet, kehrt auch er sich – o Wunder! – seinem Volk wieder zu! Wo der Gottesdienst nicht nur äußerlich korrekt abläuft, sondern das ganze Herz erfasst (V. 12.13), lässt er erneut seinen Segen sprudeln – bis heute!

„Meinst du, dass ich Gefallen habe am Tode des Gottlosen, spricht Gott der HERR, und nicht vielmehr daran, dass er sich bekehrt von seinen Wegen und am Leben bleibt?“ *Hesekiel 18,23*

Auf diesen Gott können wir bauen!

Joel 2,18-27 **Donnerstag, 15.**

Dass Gott tatsächlich von großer Güte ist, erweist er in der zweiten Hälfte des Joelbuchs (2,18–4,21): Was durch die Heuschreckenplage vernichtet wurde, füllt er durch seinen überreichen Segen wieder auf. Wo die Freude durch Jammer erstickt wurde (1,8.11.12.16), kehrt der fröhliche Dank an Gott zurück (V. 23). Zuletzt wird auch das alles verwüstende Feindesheer aus dem Norden unschädlich gemacht.

Seien es leidvolle Ereignisse im persönlichen Bereich oder apokalyptische Entwicklungen in der weiten Welt – Gott verfolgt in allem *ein* Ziel: „Ihr sollt's erfahren [...], dass ich, der HERR, euer Gott bin, und sonst keiner mehr“ (V. 27).

Was zunächst an Israel gerichtet war, soll nun die Christus-Gemeinde als Ganze wissen: Die Welt taumelt nicht einer todbringenden Zukunft entgegen, sondern wird gehalten in der Hand ihres Schöpfers, Erlösers und Vollenders.

„Siehe, ich mache alles neu!“ *Offenbarung 21,5*

Ein Name rettet

Joel 3,1-5 **Freitag, 16.**

Ganz verschiedene Ereignisse werden hier in einem Atemzug genannt: Gott gießt seinen Geist aus – er stellt die Natur auf den Kopf – der Tag des HERRN kommt – der Name dieses Herrn rettet. Doch wie bei einem Gemälde entdeckt man erst aus einem gewissen Abstand, was sich im Vordergrund und was sich im Hintergrund befindet, wie also die einzelnen Geschehnisse zusammengehören. Jesus Christus kommt und plötzlich wird deutlich: Der rettende Name lautet „Jesus". Den Namen anzurufen heißt: Jesus zu vertrauen. Wer bekennt: „Jesus ist mein Herr", ist am Tag des Gerichts geborgen. Und er ist heute schon mit Gott verbunden durch den Heiligen Geist. Denn seit Pfingsten ist Gottes Geist nicht nur einigen wenigen vorbehalten (wie etwa Propheten, Königen, Priestern), sondern allen, die an Jesus glauben.

„Denn wer mit dem Herzen glaubt, wird gerecht; und wer mit dem Munde bekennt, wird selig." *Römer 10,10*

Gott schafft Recht

Joel 4,1-21 **Samstag, 17.**

Über lange Zeit hinweg mag es so aussehen, als kümmere sich Gott nicht um sein Volk. Doch der Eindruck täuscht. Alle Welt geht auf den „Tag des HERRN" zu. Dort wird abschließend festgestellt, was recht war und was nicht. Auch das Unrecht gegenüber Israel kommt auf den Tisch. Alle Anstrengungen der Feinde, Gottes Volk zu besiegen, werden fehlschlagen. Denn Gott selbst wird bei seinem Volk wohnen.

Aus dem Blickwinkel des Neuen Testaments ist Feindschaft gegen Gott mehr als ein Kampf mit Schwertern: Feind ist, wer Gottes Sohn, Jesus Christus, ablehnt. Doch wer das tut, hat keinen, der ihn rettet und in Gottes Gericht gerecht spricht. Deshalb ist die Botschaft eindringlich: „Lasst euch versöhnen mit Gott – solange dafür noch Zeit ist!"

„Jesus Christus selbst ist die Versöhnung für unsre Sünden, nicht allein aber für die unseren, sondern auch für die der ganzen Welt."

1. Johannes 2,2

Wochenspruch

Singet dem HERRN ein neues Lied, denn er tut Wunder.

Psalm 98,1

Vertrauen gewinnen

Psalm 30

Sonntag, 18.

Wie kann ich ein solches Vertrauen auf Gott aufbauen, wie es im Psalm vor Augen geführt wird? Das Glaubenszeugnis von David ist beeindruckend. Er hat am eigenen Leib erlebt, wie es ist, von Gott gerettet zu werden, und möchte diese Erfahrung nicht mehr loslassen. Deshalb sagt er es sich selbst und ruft sich so in Erinnerung, was seinen Glauben auszeichnet. Die Psalmen wollen uns genau dazu helfen. Sie vergewissern, dass Gott an unserer Seite steht und für uns da ist. Da wir zur Vergesslichkeit neigen, benötigen wir die Erinnerung. Was kann uns dabei im Alltag helfen? Es bleiben die einfachen und wirkungsvollen Dinge: Gebet, Bibellesen, Gemeinschaft mit anderen Christinnen und Christen und unverplante Zeiten, in denen wir uns für Gottes Wirken in unserem Leben öffnen.

„Wir wissen aber, dass denen, die Gott lieben, alle Dinge zum Besten dienen, denen, die nach seinem Ratschluss berufen sind."

Römer 8,28

Die Apostelgeschichte

Zu Lukas und dem Evangelium siehe Einführung S. 8.
In der Apostelgeschichte wird erzählt, wie sich das Evangelium ausbreitet, nachdem sich in Jerusalem eine erste Gemeinde gebildet hatte (Apg 1-7). Dies geschah durch ganz unterschiedliche Dinge: durch Verfolgung (Apg 8,1.4; 11,19), auf Initiative des Heiligen Geistes (vgl. Hintergrund S. 127); durch Visionen (Apg 10), durch die Gefangennahme und Überführung von Paulus nach Rom (Apg 21-28). Dazu werden innere Konflikte der ersten Christen und drängende Fragen geklärt (in Jerusalem Apg 6; im Apostelkonzil Apg 15) und gemeinsame Strukturen aufgebaut.
Die Gemeinde Jesu kommt nicht zur Ruhe, sondern muss sich immer wieder neuen Herausforderungen stellen. Mal von außen durch eine feindliche oder zumindest widerständige Umwelt. Manchmal durch ein überraschendes Handeln des Heiligen Geistes, der alte Gewissheiten oder gut durchdachte Pläne infrage stellt. Dabei betont Lukas immer wieder die Kontinuität des Heilshandelns Gottes mit seinem Volk Israel wie auch den Neuaufbruch des Evangeliums zu den Völkern.
Zugleich müssen die ersten Christen neue Strukturen entwickeln (wie das Amt des Diakons, Apg 6), das Evangelium in neuen Zusammenhängen verkündigen (der Übergang nach Europa, Apg 16). Die ersten Christen mussten mit vehementer Ablehnung umgehen (Lystra, Apg 16; Ephesus, Apg 19), aber auch einen nicht leicht zu bewältigenden Zustrom Neubekehrter bewältigen (Jerusalem, Apg 2.6).
Dazu kamen Intrigen (Philippi, Apg 16; Jerusalem, Apg 23), eine langwierige Prozessverschleppung (Apg 14-26), aber auch Naturkatastrophen (Apg 27f), bis das Evangelium in der Person von Paulus nach Rom gelangte (Apg 28). Rom ist zwar das literarische Ziel der Apostelgeschichte, aber nicht das Ende der Bewegung der ersten Christen. Denn die Christen werden Zeugen sein für Jesus Christus „bis an das Ende der Erde“ (Apg 1,8).

Gelassen leben

Apostelgeschichte 1,1-14 **Montag, 19.**

Als Christinnen und Christen haben wir allen Grund, gelassen durchs Leben zu gehen. Wir dürfen uns auch bei großen Aufgaben und absehbaren Herausforderungen auf das Versprechen Gottes verlassen, dass er uns zur Seite steht. Wie mag es wohl den Jüngerinnen und Jüngern ergangen sein, als Jesus sie mit der guten Nachricht in die Welt gesandt hat? Sicherlich kannten sie das mulmige Bauchgefühl, das oft mit Unsicherheiten bei neuen unbekannten Situationen auftritt. Jesus spricht diese unausgesprochene Gefühlslage an und sagt uns den Heiligen Geist zu. Damit meint er, dass uns nichts und niemand wirklich aus der Bahn werfen kann, wenn wir uns auf ihn verlassen. Wir werden immer wieder zu ihm gezogen, auch wenn im Leben nicht alles wie geplant verläuft.

„Da sprach Jesus abermals zu ihnen: Friede sei mit euch! Wie mich der Vater gesandt hat, so sende ich euch." Johannes 20,21

Berufung leben

Apostelgeschichte 1,15-26 **Dienstag, 20.**

Es gibt Situationen, in denen die Entscheidung schwerfällt. Es gibt für beide Seiten gute Argumente und am Schluss muss dann doch entschieden werden. In jedem Leben gibt es wohl Situationen, die unentscheidbar erscheinen. Was können wir von diesem Bibeltext lernen? Die ersten Christen vertrauen sich ganz der Führung Gottes an. Diese Haltung bringt sie dazu, bei der Wahl von zwei hervorragend geeigneten Personen sogar das Los zu werfen. Auch heute ist uns bei gleichwertigen Konstellationen der Losentscheid als ein adäquates Hilfsmittel bekannt. In der Situation der ersten Christen geht es bei ihrer Wahl nicht um die Details der jeweiligen Kompetenzen, sondern um die Berufung durch Gott. Häufig denken wir, dass uns für mancherlei Aufgabe im Reich Gottes die Fähigkeit fehlt. Mit dieser Empfindung sind wir nicht allein. Für Gott ist dies aber nicht entscheidend. Er hat uns einfach ausgewählt.

„So sind wir, die vielen, ein Leib in Christus, aber untereinander ist einer des andern Glied." *Römer 12,5*

Jeder in seiner Sprache

Apostelgeschichte 2,1-13 **Mittwoch, 21.**

Am Schawuot, dem jüdischen Fest zum Beginn der Weizenernte, war Jerusalem voller Juden aus vielen Ländern. Ein Sprachengewirr. Und mitten in diesem Fest am 50. Tag (griech. Pfingsten) nach Passah beginnt mit den Jüngern eine ganz besondere Ernte. Dank der Übersetzungshilfe durch den Heiligen Geist werden sie von allen in ihren Muttersprachen verstanden. Bis heute ist es ein großes Geheimnis, den Menschen in ihrer Sprache, ihrer Kultur und ihrer Denkweise zu begegnen. Wie schwer bis unmöglich erscheint es uns, anderen Menschen zu bezeugen, wer Jesus Christus für uns ist. Doch der Heilige Geist schafft das Menschenunmögliche: Alle verstehen alles in ihrer Sprache. Von daher lasst uns jeden Tag mit dem Pfingstchoral von Philipp Spitta beten: „Du Heiliger Geist, bereite ein Pfingstfest nah und fern; mit deiner Kraft begleite das Zeugnis von dem Herrn. O öffne du die Herzen der Welt und uns den Mund, dass wir in Freud und Schmerzen das Heil ihr machen kund."

„Sie wurden alle erfüllt von dem Heiligen Geist und fingen an zu predigen [...]" *Apostelgeschichte 2,4*

Lasst euch erklären ...

Apostelgeschichte 2,14-21 **Donnerstag, 22.**

Die internationale Zuhörerschaft spaltet sich. Die einen staunen und fragen nach der Bedeutung des Geschehens. Die anderen spotten und vermuten, dass die Apostel schon morgens um 9 Uhr einen über den Durst getrunken hätten. Und – Hand aufs Herz – die frohe Botschaft von Jesus Christus, der für uns gestorben und auferstanden ist, klingt wirklich verrückt. Nicht nur damals. Und deswegen erklärt Petrus, was durch Jesus Christus passiert ist.

Dazu wählt er bekannte Worte vom Propheten Joel. Er holt seine Hörer ab in ihrer großen Sehnsucht nach einer gerechten Welt. Eine Zeit, in der Gott das Geschick der Welt wieder voll in seine Hände nimmt – dem „Tag des HERRN". Eine Zeit, in der alle mithilfe von Gottes Geist erkennen: Gott regiert. Sein Tag ist in Jesus Christus schon angebrochen. Ruft ihn an! Lasst euch retten!

„So steht geschrieben, und so musste der Christus leiden und am dritten Tag auferstehen aus den Toten und in seinem Namen Buße zur Vergebung der Sünden gepredigt werden allen Nationen. Fangt an in Jerusalem." *Lukas 24,46-47 (ELB)*

Zum Herrn und Christus gemacht

Apostelgeschichte 2,22-36 **Freitag, 23.**

Wer ist dieser Jesus, geboren in Nazareth? Wer ist dieser Jesus, der Stürme stillte, Brot vermehrte, Menschen heilte, lebenszerstörerische Kräfte in seine Schranken wies? Tausende Bücher wurden darüber geschrieben, unzählige Gespräche wurden geführt. Petrus nahm diese Frage schon damals in seiner ersten öffentlichen Predigt auf und erklärte, wer Jesus ist. Das ist keine neutrale Information über Jesus: Lebenslauf. Lebensführung. Lebensleistung. Ohne das Vertrauen in ihn wird man Jesus nicht wirklich verstehen. Ohne eine Lebensbeziehung zu ihm bleibt alles Wissen um Jesus an der Oberfläche. Nur der Glaube an Jesus trägt das Leben.

„Du bist der Christus, des lebendigen Gottes Sohn." *Matthäus 16,16*

Was sollen wir tun?

Apostelgeschichte 2,37-41 **Samstag, 24.**

Es gibt keine konsequentere Frage als diese, wenn uns Gottes Liebe in Jesus ins Herz getroffen hat. Und die Antwort von Petrus: Tut Buße! Ändere deine Gesinnung! Erkenne Gott als deinen Herrn an und handle danach! Bekräftige als Erstes deine Entscheidung,

Jesus zu vertrauen, indem du dich taufen lässt. Die schon getauft sind, tun gut daran, ihre Taufe immer wieder zu bestätigen.
Wir dürfen sicher sein, dass Jesus alles wegnimmt, was uns als Menschen von ihm und seiner Liebe trennt. Er vergibt die Sünden und schenkt uns seinen Geist – und damit seine Kraft, seine Liebe, seinen Glauben, seine Hoffnung. Und er will es jetzt tun, während du diese Zeilen liest. Bist du bereit? Wenn ja, dann bestätige deine Taufe in einem Gebet oder, falls du noch nicht getauft bist, suche einen Taufunterricht in einer Gemeinde auf und stelle dich dieser Frage: Was sollen wir tun?

„Als sie aber auf dem Weg fortzogen, kamen sie an ein Wasser. Und der Kämmerer spricht: Siehe, (da ist) Wasser! Was hindert mich, getauft zu werden?“ *Apostelgeschichte 8,36-37*

Wochenspruch
Gelobt sei Gott, der mein Gebet nicht verwirft noch seine Güte von mir wendet. *Psalm 66,20*

Gesegnet
Psalm 67 **Sonntag. 25.**

„Sei reich gesegnet!“, schreibe ich gerne auf Geburtstagskarten. Ich verbinde mit diesem Wunsch, dass der Person alles Gute, was Gott für sie ersehnt hat, zufließen möge. Wir dürfen davon ausgehen, dass Gott in uns Dinge und Ansichten so verwandelt, dass sie zu einem Segen oder anders gesagt zu einem Gewinn für andere werden. Das, was zurückfließt, macht uns wieder zu Gesegneten. „An Gottes Segen ist alles gelegen“ – dem alten Spruch kann man nur zustimmen. Aber können wir das auch sicherstellen? Oft lassen sich Situationen nur im Rückblick bewerten. In der Rückschau erkennen wir, wie Gott uns spürbar begleitet hat. Vielleicht wäre das jetzt auch einmal wieder eine Übung, sich der Frage auszusetzen: „Wo habe ich in den letzten Monaten Gottes Segen in meinem Leben und Umfeld wahrgenommen?“

„Gott aber kann machen, dass alle Gnade unter euch reichlich sei, damit ihr in allen Dingen allezeit volle Genüge habt und noch reich seid zu jedem guten Werk. *2. Korinther 9,8*

Einmütig

Apostelgeschichte 2,42-47 **Montag, 26.**

Ein gelebter Traum wird in diesen Zeilen beschrieben: Die Gläubigen waren bereit, ihre eigenen Bedürfnisse zugunsten der Bedürfnisse anderer zurückzustellen. Welche Einmütigkeit! Welche Gemeinschaft! Fast zu schön, um wahr zu sein angesichts der unzähligen Streitereien und Spaltungen innerhalb des Christentums. Rechthaberei und Unversöhnlichkeit binden in so vielen Gemeinden und Kirchen Kräfte und zerstören nach außen hin jegliche Glaubwürdigkeit. Doch gibt es immer wieder Aufbrüche, in versöhnter Vielfalt miteinander zu leben und großzügig das zu teilen, was Gott uns anvertraut hat. Wo kann ich heute dazu beitragen, dass Christen einmütig miteinander unterwegs sind – um Jesu Willen? Denn im sogenannten Hohepriesterlichen Gebet betete er als erste und einzige Fürbitte für die kommende Gemeinde:

„Ich bitte aber [...], dass sie all eins seien. Wie du, Vater, in mir bist und ich in dir, so sollen auch sie in uns sein, auf dass die Welt glaube, dass du mich gesandt hast." *Johannes 17,20-21*

Anders als gedacht!

Apostelgeschichte 3,1-10 **Dienstag, 27.**

Vor der „Tür zum Tempel", die „die Schöne" heißt, zeigt sich ein erbärmliches Bild. Die versammelten Kranken und Hilfebedürftigen hoffen auf etwas Linderung ihres Leids. Ein Bild dafür, wie es in unserer Welt aussieht: einerseits Schönheit und Reichtum, Eleganz und Fortschritt. Andererseits Not, Elend und der unübersehbare Wunsch, dem allen zu entfliehen. Und dann das: „Silber und Gold habe ich nicht." Mit wenigen Worten werden alle Erwartungen zerstört. Aber Petrus gibt dem Bittenden den ganzen Reichtum, der ihm anvertraut ist. Freilich etwas, womit der Bettler gar nicht gerechnet hatte. Im Namen von Jesus Christus wird er gesund. Ihm wird ein neues Leben geschenkt. Überwältigt davon, läuft, hüpft er umher und lobt Gott. Deshalb wollen wir denen, mit denen wir zusammenleben, die gute Nachricht von Christus Jesus nicht verschweigen. Er allein kann Menschen an Leib und Seele gesund machen.

„So, sage ich euch, ist Freude vor den Engeln Gottes über einen Sünder, der Buße tut." Lukas 15,10

Unangenehme Wahrheiten!

Apostelgeschichte 3,11-26 **Mittwoch, 28.**

Wenn wir an unser Versagen erinnert werden, dann ist uns das sehr unangenehm. Wir wünschen uns, dass über diese alten Geschichten lieber das „Gras des Vergessens" wachsen sollte. Noch unangenehmer ergeht es den Zuhörern des Petrus. Die Heilung des Gelähmten hat Aufmerksamkeit erregt. Und Petrus redet sofort von dem, der heilt, nämlich von Jesus. Er erinnert sie öffentlich daran, dass sie Jesus ausgeliefert und seine Hinrichtung gefordert haben. Abscheulich! Einen Mörder zogen sie dem Sohn Gottes vor. Beschämend! Aber Jesus Christus ist auferstanden. Petrus und Johannes sind Zeugen dafür. Veränderung ist möglich, wenn wir umkehren. Wer Jesus glaubt, seine Schuld vor Gott eingesteht und um Vergebung bittet, dem wird vergeben. Der wird mit einem neuen Leben beschenkt, das der Tod nicht mehr zerstören kann. Haben Sie das neue Leben mit Jesus schon ergriffen?

„Und es soll geschehen: Wer des HERRN Namen anrufen wird, der soll errettet werden." Joel 3,5a

Ein Lied geht um die Welt!

Psalm 47 **Christi Himmelfahrt, 29.**

Viele Lieder haben ein sehr kurzes Verfallsdatum. Was heute noch ein „Ohrwurm“ ist, will morgen schon niemand mehr hören. Das Lied aber, das die Völker der Erde einmal singen werden, bejubelt, wie Gott durch seine Gnade die Welt gerettet hat. Das Neue Testament spricht eindrücklich davon. Gott wirft alle menschliche Schuld und Sünde auf Jesus, „der von keiner Sünde wusste“ (2 Kor. 5,21). An unserer Stelle stirbt Jesus am Kreuz. Gott aber hat ihn auferweckt. Er lebt und schenkt denen neues Leben, die ihm ihr Leben anvertrauen. Wenn wir also über Gott reden, haben Überheblichkeit oder Stolz keinen Platz. Wir alle sind allein durch Gottes Gnade gerettet. Einmal wird ein großer Chor von Menschen aller Sprachen, Stämme, Völker und Nationen die Gnade Gottes besingen. Deshalb wollen wir dafür sorgen, dass Menschen zum Glauben an Jesus Christus finden. Und der Chor neue Stimmen erhält.

„Darum will ich dir danken, HERR, unter den Völkern und deinem Namen lobsingen“. *Psalm 18,50*

Erleben, was Jesus versprochen hat

Apostelgeschichte 4,1-12 **Freitag, 30.**

Durch die Begegnung mit dem Evangelium von Jesus Christus wird das Leben auf eine neue Grundlage gestellt. Wer diese Erfahrung macht, will davon weitersagen. Petrus und Johannes machen bei ihrer ersten Verkündigung eine doppelte Erfahrung. Menschen hören zu und vertrauen in großer Zahl Jesus Christus. Kaum haben die beiden „Amen“ gesagt, landen sie vor dem Hohen Rat. Dieser wendet sich gegen die junge Christengemeinde. Der Anspruch des Evangeliums ist zu allen Zeiten unbequem für Menschen, die ihr Leben nicht ändern wollen. Es ist daher wichtig, dass wir im Glauben verwurzelt bleiben und sagen können:

„Und in keinem andern ist das Heil, auch ist kein andrer Name unter dem Himmel den Menschen gegeben, durch den wir sollen selig werden.“ *Apostelgeschichte 4,12*

Jesu von Nazareth ist unsere Motivation

Apostelgeschichte 4,13-22 **Samstag, 31.**

Das Evangelium kurzgefasst: Jesus ist Gottes Sohn. Er wurde gekreuzigt und Gott hat ihn zum Leben erweckt. Der auferstandene Christus steht durch den Heiligen Geist allen zur Verfügung. Eine neue Art der Beziehung zu Gott ist möglich. Diese Geschichte von Gottes Gnade und Liebe gilt es zu erzählen.

Der Hohe Rat will gerade dies unterbinden. Das ruft den Protest der Apostel hervor. Aus Treue zu Jesus verweigern sie dem Hohen Rat den Gehorsam und machen deutlich: Ob man etwas zu sagen hat, wenn man gefragt wird, hängt nicht vom Bildungsgrad ab, sondern davon, ob man Jesus nachfolgt. Jesus von Nazareth ist unsere Motivation. Er hat uns gerufen und auf den Weg gebracht. Er ist es, dem wir unsere Gaben verdanken, der uns die Kraft zum Reden und Handeln gibt.

„Wir können's ja nicht lassen, von dem zu reden, was wir gesehen und gehört haben.“ *Apostelgeschichte 4,20*

Monatsspruch Juni

Mir aber hat Gott gezeigt, dass man keinen Menschen unheilig oder unrein nennen darf.

Apostelgeschichte 10,28 (E)

Wochenspruch

Christus spricht: Wenn ich erhöht werde von der Erde, so will ich alle zu mir ziehen. *Johannes 12,32*

Gott ist meine Lebenskraft

Psalm 27 **Sonntag, 1.**

Ein Beter fühlt sich gemobbt, verlassen und vielfach bedrängt. Es ist für ihn wie ein Vernichtungskrieg. Sein Gottvertrauen gerät ins Wanken. Trotzdem schöpft er Zuversicht aus der Beziehung zu Gott. Welche Erfahrungen er mit Gott hat, welche Hoffnungen er auf ihn setzt, welche Gedanken ihn bewegen, bringt er im Gottesnamen zur Sprache: der Herr – mein Licht – mein Heil – meine Lebenskraft. Er pocht auf den Beistand Gottes. Er weiß, dass er darauf keinen Anspruch hat, und doch bricht sich die Gewissheit Bahn, dass Gott für ihn ist. Er spürt: Zwischen seinem Erleben im Alltag und der Erfahrung, dass Gott hilft, liegt ein unablässiges Suchen. So ruft er: „Lass dich sehen, Gott, ich brauche dich. Ich bleibe dran an dir, bleibe du auch dran an mir." So schaut er getröstet in die Zukunft.

„Der HERR ist meines Lebens Kraft; vor wem sollte mir grauen?"
Psalm 27,2

Mutig verkündigen

Apostelgeschichte 4,23-32 **Montag, 2.**

Das Ziel der Apostel nach ihrer Freilassung ist die Gemeinde. Sie berichten von der Auflage des Hohen Rats. Die Gemeinde bricht nicht in Wehklagen aus. Sie zerstreut sich nicht und erarbeitet keine Strategie, um Anhänger zu mobilisieren. Die junge Gemeinde betet – um die richtige Perspektive. Mit Psalm 2 legt die Gemeinde ihre Not vor Gott. Sie weiß, dass sich die Geschichte Jesu auch mit ihrem Leiden fortsetzt. Ihr Anliegen ist, dass sie sich darin bewährt. So bittet die Gemeinde um äußere Redefreiheit und um inneren Mut, das Evangelium von Jesus zu sagen.

Wenn es bei uns darum geht, das Evangelium von Jesus Christus weiterzusagen, kann man viel Schüchternheit und den Rückzug ins Private erleben. Bitten wir Gott: „Erneure den inneren Mut, dein Wort ‚mutig – stark – beherzt' zu verkündigen."

„Und nun, Herr, sieh an ihr Drohen und gib deinen Knechten, mit allem Freimut zu reden dein Wort." *Apostelgeschichte 4,29*

Geberlaune

Apostelgeschichte 4,32-37 **Dienstag, 3.**

Mutig, klar und einladend verkündigen die Apostel das Evangelium so, dass es Menschen verändert. Das hat Folgen: Wo zuvor jeder um sich selbst kreiste, herrscht jetzt selbstlose Freundlichkeit. Wer sich nur selbst bediente, bedient nun die anderen. Christen geben jetzt ihr Geld für diejenigen, die zu wenig zum Leben haben. Wo fällt die Gemeinde durch ihren radikalen Lebensstil öffentlich auf, sodass sie Stadtgespräch wird? Alles hängt am Heiligen Geist. Er macht uns wichtig, was Jesus getan hat. Wo die Sorge um uns selbst weicht, erwacht Großzügigkeit. Plötzlich sehen wir überhaupt erst den anderen, der Hilfe braucht und Mangel leidet. Wir denken über unser Geld nach und investieren in Projekte des Reiches Gottes, in Projekte mit Ewigkeitswert.

„Auch nicht einer sagte von seinen Gütern, dass sie sein wären, sondern es war ihnen alles gemeinsam." *Apostelgeschichte 4,32*

Billige Gnade – oder zwei Herren dienen

Apostelgeschichte 5,1-11 **Mittwoch, 4.**

Die Gemeinde kommt in der Realität an: „Wie wollen wir im Blick auf die Ewigkeit im Hier und Jetzt leben?" Ihre Antwort ist: ganz im und aus Vertrauen. In der bunten Mischung der Gemeinde droht Besitz zum Streitthema zu werden. Und das wird offensiv angegangen: Es wird geteilt. Die Gemeinde lebt ganz aus der Erwartung, dass Gott schon für alles sorgen wird. Aus diesem Anspruch fallen zwei heraus – die wollen beides: in der Gemeinde (angesehen) sein und eine Rückversicherung haben. Sie geben zwar eine Menge – aber dort, wo Gott ruft, geht es letztlich um die Frage, ganz auf ihn zu setzen, nur ihm zu vertrauen. Dies rückt als Thema in den Fokus: Das Falsche darf keinen – gar keinen – Platz finden (und das wird hier erschreckend deutlich). Das Leben aber schon – dafür geben ja alle, damit sie alle zusammen zu leben haben.

„Niemand kann zwei Herren dienen." *Matthäus 6,24*

Ewiges Leben statt ewiger Jugend

Apostelgeschichte 5,12-16 **Donnerstag, 5.**

Die erste Gemeinde erlebt Gott hautnah. Da bleibt kein Platz für Halbheiten – es geht um Leben und Tod. Gestern um Tod – dort, wo Menschen sich Gott zwar genaht, aber doch einen eigenen Weg gesucht haben. Und heute geht es um Leben: nicht nur um ewiges Leben als Ziel, sondern zuerst um das Leben hier. Um gesund sein und werden. Die Gemeinde erlebt, dass in Gottes Nähe etwas passiert. Heute erleben wir Gottes Nähe vielleicht weniger eindrücklich. Wir leben nicht im heilenden Schatten eines Apostels. Sich zur Gemeinde zu halten ist gut und wichtig, aber es geht nicht nur um Heilung. Es geht um mehr, als nur dabei zu sein. Wir können am Leben teilhaben – am irdischen, aber auch am ewigen Leben.

„Denn wir haben hier keine bleibende Stadt, sondern die zukünftige suchen wir." *Hebräer 14,15*

Man muss Gott mehr gehorchen als den Menschen

Apostelgeschichte 5,17-33 **Freitag, 6.**

Heute noch ein beliebter Vers. Gern genutzt als Hinweis, dass Gott längst klare Wege in der Schrift vorgegeben hat, denen wir nur Folge leisten müssten. Doch damals eckt der Satz bei denen an, die sich eigentlich doch ganz an den heiligen Schriften orientierten und die für sich allein in Anspruch nahmen, hieraus Gottes Wille weiterzugeben. Dies prallte auf die Erfahrung der Apostel, die davon erzählen müssen, dass Gott zu ihnen redet – und nicht anders konnten. Nur ihm können sie gehorchen. Sie deckten auf, dass der Hohe Rat nur ein menschlicher Vermittler war, der versuchte, dicht am Buchstaben des Gesetzes zu bleiben. Doch die Apostel bezeugten, dass Gott größer ist als das kundigste und am klügsten klingende Verständnis heiliger Schriften. Als Gott sie rief, galt für sie nur, dem Ruf Folge zu leisten.

„Man muss Gott mehr gehorchen als den Menschen."

Apostelgeschichte 5,29

Wenn guter Rat teuer ist

Apostelgeschichte 5,34-42 **Samstag, 7.**

Eigentlich war es Aufgabe des Hohen Rates, zu entscheiden. Auch unter den Römern wurde er – zumindest in religiösen Fragen – um Rat gefragt. Und über die Apostel war man sich einig: Die müssen weg! Getötet werden! In Gamaliels Ratschlag wird aber das Dilemma des Rates deutlich: Er war bemüht, ja nicht von Gottes Willen abzuweichen, bloß nichts falsch zu machen. Und doch wird am Ende gar nichts entschieden. Es blieb nur die Hoffnung: Schon früher haben sich solche Gruppierungen totgelaufen – vielleicht jetzt wieder. Und ansonsten soll sich Gottes Nähe zu ihnen doch erst einmal zeigen. Es wird gezaudert – und dabei wird deutlich: Die den Durchblick haben sollten, haben das Zeichen von Gott schlicht verpasst. Mehrfach! Schon längst hat sich Gottes Nähe zu den Aposteln erwiesen. Gerade eben erst wieder.

„Dein Wort ist meines Fußes Leuchte und ein Licht auf meinem Wege."

Psalm 119,105

Wochenspruch

„Es soll nicht durch Heer oder Kraft, sondern durch meinen Geist geschehen, spricht der HERR Zebaoth." *Sacharja 4,6b*

Die Liebe zur Schrift

Psalm 118,1-14 **Pfingstsonntag. 8.**

Psalm 118 war Martin Luthers Lieblingspsalm: „Es ist mein Psalm, den ich lieb habe" (Das schöne Confitemini, 1530). Besonders das Gefühl, sich nicht auf Menschen und weltliche Autoritäten verlassen zu können (V. 8.9), sowie die existenzielle Bedrohung und Bedrängnis (V. 10-13) müssen Luther nahegegangen sein: So ist er jahrelang mit Reichsacht und Kirchenbann belegt, muss immer wieder vor Verfolgung und Verhaftung Schutz suchen. Mit seinen Zusagen spendet der Psalm Luther wiederum Trost und Kraft: „[...] so bin ich doch besonders an diesen Psalm geraten, sodass er mein sein und heißen muss. Denn er hat sich auch redlich gar oft um mich verdient gemacht und mir aus manchen großen Nöten geholfen." Haben wir uns von der Schrift schon so berühren lassen?

„Denn was zuvor geschrieben ist, das ist uns zur Lehre geschrieben, damit wir durch Geduld und den Trost der Schrift Hoffnung haben."
Römer 15,4

Das zentrale Element

Psalm 118,15-29 **Pfingstmontag. 9.**

Psalm 118 ist nicht nur Luthers Lieblingspsalm, er markiert auch das zentrale Kapitel der Bibel (594 Kapitel davor und danach). Und ein, wenn nicht der zentrale Vers dieses Kapitels ist wiederum V. 22. Laut Luthers Confitemini fasst er „das Leiden und die Auferstehung Christi kurz zusammen. [...] Damit, dass der Stein verworfen ist, zeigt er Leiden Sterben Schmach Hohn an, unter denen Christus gelegen ist, darin aber, dass er zum Eckstein geworden ist, zeigt er Auferstehen Leben und Herrschaft in Ewigkeit an." Ein wunderbares und wirkmächtiges Bild, das auch uns zum Nachdenken anregen kann: Welche Steine mit „Eckstein-Potenzial" für unser Leben haben wir aussortiert?

„Jesus sprach zu ihnen: Habt ihr nie gelesen in der Schrift: „Der Stein, den die Bauleute verworfen haben, der ist zum Eckstein geworden. Vom Herrn ist das geschehen, und er ist ein Wunder vor unsern Augen.“ *Matthäus 21,42*

Der zweite Blick lohnt

Apostelgeschichte 6,1-7 **Dienstag, 10.**

Der Aufbau dezentraler Führungsstrukturen und deren basisdemokratische Wahl wirkt durchaus fortschrittlich. Eines aber ist in der Darstellung auffällig: Die Apostel, die Diakone – sämtliche Führungspositionen – sind durch Männer besetzt. Und das, obwohl Frauen in der Urkirche durchaus verkündigend tätig waren und Leitungsfunktionen innehatten, z. B. Phöbe als Gemeindevorsteherin und Diakonin (Röm 16,1) oder Junia als Apostelin (Röm 16,7). Bis heute wirkt die patriarchale Tradition der Antike in den (kirchlichen) Strukturen nach – nicht immer so deutlich wie im rein männlichen katholischen Priesteramt, aber doch spürbar. Umso wichtiger ist es, die Progressivität und Dynamik der Urkirche noch stärker in den Blick zu nehmen.

„Denn siehe, ich will ein Neues schaffen, jetzt wächst es auf, erkennt ihr's denn nicht?“ *Jesaja 43,19*

Vom Tod zum Segen

Apostelgeschichte 6,8-15 **Mittwoch, 11.**

Stephanus, der Protomärtyrer. Der erste Christ, der aufgrund seines Glaubens Jesus in aller Konsequenz nachfolgt. Die Parallelen sind deutlich: Er tut Wunder und Zeichen (V. 8), an seinen Worten und seiner Weisheit können auch seine Gegner nicht rütteln (V. 10); trotzdem kommt er vor den Hohen Rat und falsches Zeugnis wird gegeben (11-14). Bei alldem scheint er über den Dingen zu stehen, nicht ganz von dieser Welt zu sein (V. 15). Der nachfolgende Märtyrertod setzt eine erstaunliche Entwicklung in Gang: Zwar ist das Martyrium von Stephanus der Anfang einer ersten großen Christenverfolgung. Jedoch legen die nachfolgende Zerstreuung und die Bekehrung des Saulus wiederum die Basis für die segensreiche Entwicklung der Jerusalemer Urgemeinde zur überregionalen Urkirche.

„Gottes Wege sind vollkommen, des HERRN Worte sind durchläutert. Er ist ein Schild allen, die ihm vertrauen.“ *2. Samuel 22,31*

erinnern und festhalten

Apostelgeschichte 7,1-16 **Donnerstag, 12.**

Gotteslästerung. Mit dem schlimmsten aller Vorwürfe sieht sich Stephanus vor dem Hohen Rat konfrontiert. Erstaunlich, dass er mit keinem Wort auf diesen Vorwurf eingeht. Dabei geht es um seinen Kopf. Wenn er den Vorwurf nicht entkräften kann, droht ihm die Todesstrafe. Statt sich zu verteidigen, hält er dem Hohen Rat eine Vorlesung zur Geschichte des Volkes Gottes. Mit Abraham beginnt er. Warum tut er das? Hatten die hohen Herren diese Erinnerung nötig? Die Heilsgeschichte, an die Stephanus erinnert, läuft unweigerlich auf Jesus hin. Auch wenn Stephanus nicht mehr dazu kommt, diesen Namen auszusprechen, ist das von Beginn an deutlich. Stephanus will sich gegen diese haltlosen Vorwürfe nicht verteidigen. Er will vielmehr bezeugen, dass er zu dem Gott des Volkes Israel gehört. Ihm vertraut er sich an, auch jetzt und hier.

„Menschenfurcht bringt zu Fall; wer sich aber auf den HERRN verlässt, wird beschützt.“ *Sprüche 29,25*

ignorieren und vergessen

Apostelgeschichte 7,17-29 **Freitag, 13.**

Ein vermeintlicher Nebensatz, schnell überlesen, wird zur Hauptaussage in diesem Bibelabschnitt: „[...] bis ein anderer König in Ägypten aufkam, der nichts wusste von Josef“ (V. 18). Vermutlich hat der neue König auch gedacht, dass mit ihm die Geschichte beginnt. Das, was vor ihm war, ignoriert er. Und wir? Wir meinen, mit uns habe alles begonnen. Was war, kümmert uns nicht. Und dann wundern wir uns, dass Parolen und Handlungen, die wir längst überwunden glaubten, neu aufleben und sogar wieder gesellschaftsfähig werden, nicht nur an den Rändern der Gesellschaft. Wir verklären nostalgisch, was wir 1989, vor 35 Jahren, in der „Wendezeit" auf den Straßen abgeschafft haben. Alles vergessen? Vergessen oder verdrängt oft genug auch das, was wir mit Gott erlebt haben. Und dann meinen wir, von ihm vergessen zu sein.

„Lobe den HERRN, meine Seele, und vergiss nicht, was er dir Gutes getan hat." *Psalm 103,2*

verstehen und beherzigen

Apostelgeschichte 7,30-43 **Samstag, 14.**

Ich kann mir gut vorstellen, dass Mose sich gefragt hat: „Hat mich die Hitze im Kopf wirr gemacht? Hält mich eine Fata Morgana zum Narren?" Das hatte er noch nicht erlebt. Es braucht eine Erklärung. Die kann ihm nur Gott geben. Spätestens als er vernimmt, dass der Boden, auf dem er steht, heilig ist, dämmert es ihm: „Heilig ist nur Gott, und wenn der Boden heilig ist, dann ist Gott hier." Es wird seine Zeit gebraucht haben.
Es braucht mitunter viel Zeit, bis wir verstehen, was Gott zu uns sagt und was er von uns will. Aber dann zieht Mose seine Schuhe aus, hört Gott zu und lässt sich von ihm beauftragen. Damit kann Gottes Geschichte mit seinem Volk weitergehen, bis zu Stephanus. Es braucht immer Menschen, die Gottes Heiligkeit anerkennen, bekennen und sich von ihm senden lassen. Stephanus war einer von ihnen.

„Hier bin ich, sende mich!" *Jesaja 6,8*

Wochenspruch

Die Gnade unseres Herrn Jesus Christus und die Liebe Gottes und die Gemeinschaft des Heiligen Geistes sei mit euch allen.

2. Korinther 13,13

verzweifeln und vertrauen

Psalm 13 **Sonntag, 15.**

Ein verzweifelter Hilferuf. So steht es schon in der Überschrift dieses Psalms. Wer sich in die Lage des Beters versetzt, spürt seine Verzweiflung. Feinde bedrängen ihn. Sie rühmen sich, weil sie ihn in der Hand haben. Aber an ihnen verzweifelt er nicht. Er verzweifelt an Gott – und doch wendet er sich genau an den, von dem er sich verlassen fühlt. Das ist erstaunlich. Viele wenden sich gerade dann von Gott ab und sagen: „Wenn Gott das zulässt, kann ich nicht mehr an ihn glauben." Ganz anders der Beter des Psalms. Er vertraut Gott dennoch. Ihm ist offenbar klar, dass nur Gott ihn retten kann. Warum? Er erinnert sich an das, was er mit ihm erlebt hat. Geradezu überschwänglich ist der Schluss seines Gebetes: Sein Herz freut sich über den Gott, der so gerne hilft. Obwohl er gerade jetzt von seiner Hilfe nichts spürt.

„[...], dass denen, die Gott lieben, alle Dinge zum Besten dienen."

Römer 8,28

Ein Haus für Gott

Apostelgeschichte 7,44-53 **Montag, 16.**

Als Vater kleiner Kinder kenne ich das: Sie machen einfach nicht, was sie sollen! Sie schieben alles in den Mund – falls etwas im Hals stecken bleibt, können sie ersticken. Sie torkeln zu nahe an der Bordsteinkante – wenn jetzt ein Auto angerast kommt, wird es wirklich gefährlich. Sie greifen nach dem dampfend heißen Topf – sie werden sich heftig die Finger verbrennen. So dumm sind kleine Kinder! Dabei könnte es so einfach sein: Guckt her, achtet auf mich, hört mir zu, bleibt in meiner Nähe – dann passiert euch nichts. Gott ein Haus bauen – aus Steinen und Holz, die Gott selbst erschaffen hat!? Für so dumm hält Stephanus seine Vorfahren. Gott etwas bieten, Gott festhalten wollen!? So dumm bin ich! Dabei könnte es so einfach sein.

„Da war eine Frau mit Namen Marta, die nahm ihn auf. Und sie hatte eine Schwester, die hieß Maria; die setzte sich dem Herrn zu Füßen und hörte seiner Rede zu.“ *Lukas 10,38-39*

Lebens-Geschichte

Apostelgeschichte 7,54 – 8,3 **Dienstag, 17.**

Stephanus hat alles richtig gemacht: Er hat sich für Arme eingesetzt. Er war ein Mann voll Glaubens und Heiligen Geistes. Er war voll Gnade und Kraft, tat Wunder und große Zeichen unter dem Volk (Apg 6,1-8). Wow! Wenn ich das von mir sagen könnte. So sieht das Leben eines erfolgreichen Christen aus! Heute müssen wir uns eine unbequeme Wahrheit anschauen. Wir mussten uns das Ende von Stephanus anschauen: Sieht so das Leben eines erfolgreichen Christen aus? Wie definiere ich „Erfolg“ im Leben eines Christen? Ist mein Leben erfolgreich? Oder ganz präzise: Stehe ich auch dann noch zu Jesus Christus, wenn ich mir dadurch Nachteile einhandele?

„Richtet nicht, damit ihr nicht gerichtet werdet. Denn wie ihr richtet, werdet ihr gerichtet werden; und mit welchem Maß ihr messt, wird euch zugemessen werden.“ *Matthäus 7,1-2*

Geist für Geld

Apostelgeschichte 8,4-25 **Mittwoch, 18.**

Für Geld kann man alles haben. Simon will sich für Geld ein Stück vom Heiligen Geist kaufen. Er will etwas Besonderes sein. Mir ist auf den ersten Blick klar: Das funktioniert nicht. Es ist eine Story – weit weg von meinem Leben. Den Heiligen Geist für Geld kaufen, das wäre mir noch nie in den Sinn gekommen. Aber: Auch ich will etwas Besonderes sein, will bewundert werden. Gerade unter Christen kann man sich gut mit seinen geistlichen Leistungen schmücken: mit großen Spenden, tief theologischen Texten oder langen Gebeten. Die Magie bringt hier nichts – der Geist Gottes bringt mir nichts, wenn ich mich mit ihm schmücken will, sondern nur dann, wenn ich mich von ihm verändern lasse.

„Der Wind bläst, wo er will, und du hörst sein Sausen wohl; aber du weißt nicht, woher er kommt und wohin er fährt. So ist ein jeder, der aus dem Geist geboren ist." *Johannes 3,8*

Die Revolution

Apostelgeschichte 8,26-40 **Donnerstag. 19.**

Ein „Heide" wird Christ. Das ist damals eine Revolution. Noch revolutionärer wird die Geschichte, weil es sich um einen Äthiopier und einen Eunuchen handelt. Ein hoher Beamter einer fremden Herrscherin. Fremder konnte der Fremde nicht sein. Doch ihm gilt die Botschaft! Es ist egal, wer du bist, wie du aussiehst, was du machst und wo du herkommst. Dir gilt die Botschaft! Gestartet wird diese Revolution von Gott: Er schickt Philippus in der Mittagshitze auf die öde Straße, zufällig kommt der Mann vorbei, der zufälligerweise in Jerusalem war und im Buch der Propheten liest. Der Geist Gottes schickt Philippus diesem Wagen nach und zufälligerweise fahren sie gerade jetzt an einem Wasser vorbei, wo die Taufe stattfinden kann. Lauter „Gott gemachte" Zufälle! Und was ist notwendig, um Christ zu werden? Das Wort Gottes, die Taufe und ein Zeuge, der Gott kennt und von ihm erzählt.

„[...] so viel der Himmel höher ist als die Erde, so sind auch meine Wege höher als eure Wege und meine Gedanken als eure Gedanken."
Jesaja 55,9

Hintergrund: Wie der Heilige Geist in der Apostelgeschichte wirkt

Der Evangelist Lukas erzählt, wie der Heilige Geist die junge Christenheit durch die ersten Jahre geleitet hat. Seine Leitpersonen sind vor allem die Apostel Petrus und Paulus – aber im Hintergrund wirkt der Heilige Geist. Nicht permanent, sodass die Christen die Verantwortung für Entscheidungen auf ihn abschieben könnten. Der Heilige Geist bestimmt – in sehr unterschiedlicher Weise – an entscheidenden Stellen, wie es mit dem Evangelium von Jesus Christus weitergeht.

Pfingsten (Apg 2): Der Anfang ist aufsehenerregend und folgenreich. Charakteristisch für das Wirken des Geistes ist erstens: Der Geist verbreitet die großen Taten Gottes. Anknüpfend an Gottes Wirken in der Geschichte Israels, hat Gott jetzt durch Jesus Christus endgültig zum Heil aller Menschen gehandelt. Zweitens: Der Heilige Geist beruft und begabt Menschen, die diese Botschaft von Jesus Christus weitergeben. Drittens: Der Heilige Geist ruft eine Gemeinschaft zusammen, in der und durch die er wirkt.

Philippus (Apg 8,26-40): Der Heilige Geist führt mit Philippus und dem Kämmerer zwei Menschen auf einer Straße, „die öde ist" (V. 26), still und leise zusammen. Der Missionar Philippus vermittelt dem ausgeschlossenen Fremden das Evangelium von Jesus Christus. Der erste, unbemerkte Schritt aus dem jüdischen in das heidnische Umfeld.

Cornelius (Apg 10; 11-18): Offiziell vollzieht sich die Öffnung des Evangeliums für die Heiden durch die Predigt von Petrus vor dem römischen Hauptmann Cornelius und der bei ihm versammelten Menschen. Wie zuvor in Jerusalem fällt auch in Cäsarea der Heilige Geist auf die zum Glauben gekommenen Zuhörer (10,44-48; 11,15-18) und bestätigt damit den kirchengeschichtlich bedeutsamen Übergang des Evangeliums zu den Heiden.

Antiochia (Apg 13,1-3): In einem Gottesdienst in Antiochia – in der Gemeinde, in der Juden- und Heidenchristen so zusammenlebten, dass sie zum ersten Mal „Christen" genannt wurden (11,16) –

bestimmt der Heilige Geist Barnabas und Paulus zu Missionaren. Damit beginnt in der Apostelgeschichte die planmäßige Missionsarbeit unter Juden und Heiden.

Europa (Apg 16,6-10). Nachdem der Heilige Geist zweimal die Pläne von Paulus und seinen Begleitern verhindert hatte (V. 6-7), erhält Paulus in einem Traum eine neue Wegweisung nach Europa (V. 9-10). Die einzige Stelle, an der der Heilige Geist nicht einfach die gut durchdachten Pläne der Missionare bestätigt, sondern sie verhindert und der Mission von Paulus eine ganz neue (Himmels-)Richtung gibt: das unbekannte Europa anstelle des vertrauten Kleinasiens.

Der Heilige Geist leitet die ersten Christen – und fordert sie dabei immer wieder heraus. Oft verunsichert er sie zuerst, nötigt sie, Entscheidungen zu treffen, und bestätigt anschließend den neuen Weg, den die Christen eingeschlagen haben. (HN)

Vom Saulus zum Paulus

Apostelgeschichte 9,1-9 **Freitag, 20.**

Die sprichwörtlich gewordene Lebensveränderung vom „Saulus zum Paulus" ist sprachlich ein Mythos. Saulus wird auch nach dem Erlebnis vor Damaskus weiterhin Saulus und Paulus genannt. Je nachdem, in welchem Kontext er sich bewegt. Kein Mythos ist, dass die Begegnung mit Jesus ihn im wahrsten Sinne des Wortes umhaut. Er fällt vom Pferd und findet so den Weg. Er wird blind und bekommt dadurch den Durchblick. Der fanatische Verfolger wird zum hingegebenen Nachfolger. Was für ein Wunder!

Wir begegnen heute selten „schnaubenden" Verfolgern des Christentums. Aber vielleicht fällt dir ein Mensch ein, bei dem es ein großes Wunder wäre, wenn er ein Nachfolger werden würde. Glaubst du, dass Jesus diesem Menschen begegnen könnte? Traust du dich, dafür zu beten, dass dieser Mensch ein Leben mit Jesus beginnt?

„Gott will, dass alle Menschen gerettet werden und sie zur Erkenntnis der Wahrheit kommen." *1. Timotheus 2,4*

Ja, aber …

Apostelgeschichte 9,10-19a **Samstag, 21.**

Wenig überraschend ist Hananias nicht begeistert, als Gott ihn zum bekanntesten Christenverfolger am Platze schickt. Er hat gute Gründe, diesem Saulus, dem sein schlechter Ruf vorauseilt, nicht freiwillig in die Arme zu laufen. Aber Gott lässt sein „Ja, aber …" nicht stehen. Er macht ihm klar, dass er weitersehen kann, einen größeren Plan hat und Paulus darin eine wichtige Rolle spielen wird. Hananias gehorcht und wagt es. Der Rest der Geschichte schreibt Geschichte: die des größten Gemeindegründers der ersten Christen.

Mit welchem „Ja, aber …" hindere ich Gott daran, durch mich zu wirken? Zu wem schickt er mich? Wen möchte Gott heute durch mich heilen und erfüllen? Traue ich mich, ihn zu fragen, mein „Ja, aber …" zur Seite zu schieben und ihm zu gehorchen?

„Seid ihr dafür Zeugen." *Lukas 24,48*

Wochenspruch

Wer euch hört, der hört mich; und wer euch verachtet, der verachtet mich. *Lukas 10,16a*

ER-hört!

Psalm 28 **Sonntag, 22.**

David hat Gott Bitten vorgetragen, die kühn und konkret zugleich waren. Er hat sich Zeit genommen, um Gott zu erklären, warum er so betet. Ab V. 6 ändert sich aber der Ton. Jetzt lobt er Gott: *„Auf ihn hat mein Herz vertraut, und mir wurde geholfen."* Wie kann er das wissen? Wir erfahren nichts darüber. Aber eine große Zuversicht, dass Gott Gebete hört und erhört, spricht daraus. Und vermutlich haben auch Lebenserfahrungen dazu beigetragen. Mancher Rückblick hilft dabei, dass wir so zuversichtlich beten lernen. Vielleicht sollten wir uns zukünftig Folgendes beim Beten angewöhnen: Wir können Gott im Voraus danken, dass er uns geben wird, worum wir gebeten hätten, wenn wir wüssten, was er weiß. Und so ein vertrauensvolles Beten verändert grundlegend unsere Haltung, sodass *„mein Herz fröhlich ist"* (V. 7).

„Sorgt euch um nichts, sondern in allen Dingen lasst eure Bitten in Gebet und Flehen mit Danksagung vor Gott kundwerden! Und der Friede Gottes, der höher ist als alle Vernunft, wird eure Herzen und Sinne bewahren in Christus Jesus." *Philipper 4,6-7*

Neue Perspektiven

Apostelgeschichte 9,19b-31 **Montag 23.**

Paulus verliert keine Zeit. Sofort fängt er an, von Jesus zu erzählen. Wichtig ist, dass er dabei seine sehr gute jüdische Bildung nicht verleugnet. Im Gegenteil. Er hat jetzt verstanden, wie Gottes Weg mit seinem Volk in Jesus sein Ziel findet. Jetzt kann er nicht abwarten, diese neue Perspektive allen zu verkünden. Das stößt auf wenig Gegenliebe. Seine Vergangenheit und die neue Art zu denken, stehen den Menschen im Weg.

Wie gehst du mit neuen Gedanken und Menschen um, die eine andere Vergangenheit haben als du? Bist du bereit, neue Perspektiven zu gewinnen? Müssen Menschen mit anderen Sichtweisen aus deiner Umgebung fliehen? Oder setzt du dich dafür ein, dass du und andere von ihnen lernen können?

„Das Auge kann nicht sagen zu der Hand: Ich brauche dich nicht; oder wiederum das Haupt zu den Füßen: Ich brauche euch nicht."

1. Korinther 12,21

Und du so?

Apostelgeschichte 9,32-43 **Dienstag 24.**

Die Jesus-Bewegung ist von Anfang an davon geprägt, dass Wort und Tat zusammenwirken. Die Apostel predigen das Wort und wirken Wunder. Beides gehört untrennbar zusammen und verändert das Leben der Menschen, denen sie begegnen. Den Mut,

die Kraft und die Vollmacht dafür bekommen sie durch den Heiligen Geist. – Es ist der gleiche Heilige Geist, der auch in dir wohnt, wenn du mit Jesus lebst. Heute, am 24.06.2025.
Was sehen und hören die Menschen, die dir heute begegnen? Spüren sie, dass Gottes Geist in dir wohnt? Merken sie, dass du glaubst, dass Gott heute durch dich wirken möchte? Worte. Und Taten. Und vielleicht ja sogar ein Wunder. Du wirst es nicht erleben, wenn du dich Gott nicht zur Verfügung stellst. Mut, Kraft und Vollmacht kommen dann von ihm.

Jesus spricht: „Wahrlich, wahrlich, ich sage euch: Wer an mich glaubt, der wird die Werke auch tun, die ich tue, und wird größere als diese tun."
Johannes 14,12

Behutsam vorbereitet

Apostelgeschichte 10,1-23a **Mittwoch, 25.**

Zwei Männer erleben Gottes Reden. Es sind zwei Männer, die im Alltag nichts miteinander zu tun haben. Kornelius ist römischer Offizier in einer wichtigen Hafenstadt. Er muss sehr kompetent gewesen sein, sonst hätte er nicht einen solchen Posten an diesem wichtigen Ort besetzt. Petrus, ursprünglich Fischer, ist mittlerweile als heilender Wanderprediger für Jesus unterwegs. Normalerweise liegen zwischen beiden Männern Welten. Ein Jude wie Petrus hatte nichts mit einem „unreinen" Heiden wie diesem römischen Offizier zu tun. Beide Seiten lehnten normalerweise einander ab. Doch Gott bereitet beide behutsam auf eine Begegnung vor. Vielleicht bereitet Gott dich heute auch für etwas Neues vor? Er möchte sich mit dir ins Neuland vorwagen.

„Was Gott rein gemacht hat, das nenne du nicht unrein."
Apostelgeschichte 10,15b

Kleiner Schritt, große Wirkung

Apostelgeschichte 10,23b-33 **Donnerstag, 26.**

„Ein kleiner Schritt für einen Menschen, ein großer Schritt für die Menschheit." Diesen Satz sagte Neil Armstrong, als er den Mond betrat. Der Satz passt aber auch zu unserer heutigen Geschichte. Petrus betritt als Jude das Haus des Nichtjuden Kornelius. Das war eigentlich undenkbar. Doch Petrus überwindet diese Grenze, die bisher als unüberwindbar galt. Er verdeutlicht dadurch, dass die Botschaft von Jesus für jeden Menschen gilt! Egal, ob du Heide oder Jude bist: Jesus ist für dich gestorben und auferstanden. Auch heute ziehen wir ab und an Grenzen zu Menschen, die anders sind und anders denken. Doch auch für sie ist Jesus gekommen. Vielleicht schaffst du es heute, für so jemanden aus deinem Umfeld zu beten und damit erste Grenzen zu überwinden.

„[...] aber Gott hat mir gezeigt, dass ich keinen Menschen gemein oder unrein nennen soll." *Apostelgeschichte 10,28*

Aufgeschlossen

Apostelgeschichte 10,34-48 **Freitag, 27.**

Kornelius glaubte mit seiner ganzen Hausgemeinschaft an den Gott Israels (10,2). Allerdings gehörten sie nicht zur Gemeinschaft des Volkes Israel dazu. Das war nicht möglich. Kornelius war wie einer, der sich die Nase an einem Schaufenster plattdrückt und dabei weiß, dass er das, was er da sieht, niemals bekommen wird. Die Tür ist verschlossen. Doch durch Petrus schließt Gott den Laden auf. Während der Predigt fällt der Heilige Geist auf alle im Haus. Gott verdeutlicht Kornelius dadurch: Du gehörst dazu! Du bist durch Jesus Christus Teil der Familie Gottes. Was für eine heilende und verbindende Kraft hat das Evangelium! Bete heute dafür, dass Jesus dir einen Menschen wie Kornelius zeigt. Bitte darum, dass er dir die richtigen Worte schenkt, damit Jesus den Laden für diesen Menschen aufsperrt.

„Denn ich schäme mich des Evangeliums nicht. Es ist eine Kraft Gottes." *Römer 1,18*

Veränderungen mag niemand

Apostelgeschichte 11,1-18 **Samstag, 28.**

Es muss schwer für die Judenchristen in Jerusalem gewesen sein, zu akzeptieren, dass Gott sich den Heiden zuwendet. Er tut es einfach, ohne dass diese erst Juden werden, ohne dass sich die Männer beschneiden lassen, wie sich das für das Volk Gottes eigentlich gehört. Wie sehr diese Veränderung sie bewegt, werden wir noch in Kapitel 15 entdecken. Petrus ist es wichtig, in seiner Erzählung zu betonen, dass er gar nicht anders handeln konnte, weil der Geist Gottes ihn so geführt hat. Mich beeindruckt, dass sie einander zuhören und ernst nehmen. Wir sind ebenfalls immer wieder herausgefordert, im Gespräch zu bleiben. Es ist wichtig, die Perspektive der anderen Seite verstehen zu wollen und nachzufragen. Vielleicht fällt mir jemand ein, mit dem ich mal reden sollte?

„[...] Wer war ich, dass ich Gott wehren könnte?"
Apostelgeschichte 11,17

Wochenspruch
„Kommt her zu mir, alle, die ihr mühselig und beladen seid; ich will euch erquicken." *Matthäus 11,28*

Der Droge Macht verfallen

Psalm 12 **Sonntag, 29.**

Sie zerstören, um Macht zu bekommen. Durch falsche Worte, Heuchelei, Verdrehungen und Unterstellungen zerstören sie das Vertrauen, das eine Gemeinschaft zusammenhält (V. 3-5). Durch Gewalt lassen sie die Schwächeren leiden, die Elenden, die sich nicht wehren können (V. 6). Provozierend grölen sie: „Wer ist unser Herr?“ (V. 5b). Wie sich die Zeiten gleichen: Einschüchternd ziehen Menschen durch die Straßen, lärmend, fühlen sich in der Masse stark. Und mit der Wahrheit nehmen sie es auch nicht so genau. Macht ist eine Droge – und zu jeder Zeit gibt es Süchtige, die ihr verfallen sind. Doch Gott lässt es sich nicht bieten, dass „Gemeinheit herrscht unter den Menschenkindern“ (V. 9). Gott steht auf, schafft Hilfe, „dem, der sich danach sehnt“ (V. 6). Gott setzt der zerstörerischen Macht der Menschen Grenzen.

„Ich bin der HERR!“ *2. Mose 6,2*

Hilfsbereit

Apostelgeschichte 11,19-30 **Montag, 30.**

Das Evangelium breitet sich durch Verfolgung aus. Die Gemeinde wächst so stark, dass die Jesusnachfolger einen Spitznamen bekommen: „Christen“. „Christus“, das griechische Wort für „Messias“, bedeutet „Gottes gesalbter König“. Die Christen reden so von diesem Jesus, als würden sie zum Gefolge eines großen Königs gehören. Doch sie reden nicht nur begeistert von diesem König, sondern handeln auch so, wie es dieser König vorgelebt hat. Als eine Hungersnot droht, sammeln sie selbstverständlich für die ärmeren Geschwister. Sie schauen nicht auf sich, sondern denken an die, denen es schlechter geht. Das finde ich bemerkenswert. Es ist auch für uns heute eine Inspiration und Anregung: Wo ist es an der Zeit, von mir weg und auf andere zu sehen? Wo ist es heute dran, konkret zu helfen?

„Aber unter den Jüngern beschloss ein jeder, nach seinem Vermögen den Brüdern, die in Judäa wohnten, eine Gabe zu senden.“

Apostelgeschichte 11,29

Monatsspruch Juli

Sorgt euch um nichts,
sondern bringt in jeder Lage
betend und flehend eure
Bitten mit Dank vor Gott!

Philipper 4,6 (E)

Kraftvolles Beten

Apostelgeschichte 12,1-17 **Dienstag, 1.**

Verfolgung von Christen gibt es bis in die heutige Zeit. Wie wichtig das Gebet für verfolgte Christen ist, lesen wir in diesem Bibelabschnitt. Was lerne ich darüber in diesen Versen? Zunächst stärkt der Ruf zu Gott die Gläubigen, sowohl den gefangenen Petrus als auch die in Freiheit. Dass Petrus im Gefängnis schlafen kann und geweckt werden muss, ist ein Zeichen des Friedens, der auch von Gott erbeten werden darf. Weiter lerne ich, dass unser Gebet anhaltend und ausdauernd sein soll. Im Beten steckt Kraft. Und trotzdem bin ich immer wieder überrascht, wenn mein Gebet eine kraftvolle Auswirkung hat. Ich ertappe mich dabei, wie wenig ich vom Beten erwarte. So auch die Freunde von Petrus im Bibeltext. Das tröstet mich und gleichzeitig nehme ich mir vor, mit mehr Vertrauen und Ausdauer zu beten, damit ich erwartungsvoll die Kraft des Gebets aufs Neue erfahren darf.

„Betet ohne Unterlass." *1. Thessalonicher 5,17*

Das Wort Gottes hält nichts auf

Apostelgeschichte 12,18-25 **Mittwoch, 2.**

Die Verwirrung über das Verschwinden von Petrus aus dem Gefängnis hält an. König Herodes muss erfahren, dass er der Situation nicht Herr werden kann und machtlos ist. Ein König kommt an seine Grenzen. Aus dieser Ohnmacht wird Zorn auf die Einwohner von Tyros und Sidon. Dieser wurde schon deutlich, als er seine Soldaten und Wachen abführen, das bedeutet, dass er sie hinrichten ließ. Er war gewissenlos und Menschenleben zählten für ihn nicht viel. Doch am Ende muss er erfahren, dass auch er jemanden über sich hat, der gerecht urteilt. Denn Gott lässt sich nicht spotten. Er greift ein und setzt dem König ein Ende. Was bleibt, ist das Wort Gottes, das sich weiterverbreitet, wächst und die Menschen verändert. Gott kommt zu seinem Ziel und steht zu seinem Wort – auch heute! Wie kann ich heute dazu beitragen, dass sich Gottes Wort verbreitet?

„Und das Wort Gottes wuchs und breitete sich aus.“
Apostelgeschichte 12,24

Unterscheidung der Geister

Apostelgeschichte 13,1-12 **Donnerstag, 3.**

Propheten und Lehrer haben die Aufgabe, in Gottes Auftrag zu verkündigen, zu lehren und zu handeln. Der Geist Gottes leitet sie und treibt sie an. Im Bibeltext begegnen wir auch einem falschen Propheten. Wie kann man sie von den echten unterscheiden? Wer den Heiligen Geist in sich trägt, wird sich von ihm leiten lassen. Ich finde es bemerkenswert, wie Paulus hier das Böse erkennt und auch öffentlich beim Namen nennt. Nur durch den Heiligen Geist konnte er die bösen Absichten des Zauberers erkennen. Wir lernen an dieser Stelle, dass der Heilige Geist stärker ist und zu seinem Ziel kommt: Menschen zum Glauben zu führen. Wie wunderbar, dass der Statthalter den Herrn Jesus finden durfte. Heute will ich mich vom Heiligen Geist leiten und gebrauchen lassen, dass Menschen zum Glauben kommen, auch wenn ich es nicht unbedingt mitbekomme.

„Denn wir haben nicht mit Fleisch und Blut zu kämpfen, sondern mit Mächtigen und Gewaltigen.“ *Epheser 6,12*

Erinnerung an die Geschichte

Apostelgeschichte 13,13-25 **Freitag, 4.**

Gedenktage sollen das Vergessen verhindern. Paulus wird gebeten, in der Synagoge zu sprechen. Er holt seine Zuhörer mit dem ab, was sie aus der Geschichte Israels bereits wissen. Anfangs werden viele genickt und ihm zugestimmt haben. Doch dann spricht Paulus von der jüngsten Vergangenheit. Sein Ziel ist es, dass die Juden erkennen, dass Gott seine Geschichte mit seinem Volk in Jesus weiterschreibt. Paulus tritt in die Fußstapfen von Johannes dem Täufer, der dem Messias den Weg bereitet hat. Welche Segensspuren Gottes, welche entscheidenden Eckpunkte kenne ich in meiner Lebensgeschichte? Es gibt in meinem Leben Menschen, die mir den Weg zum Glauben geebnet haben und dazu beitrugen, dass ich Gottes Handeln in meinem Leben vor meiner Bekehrung erkannt habe. Wem kann ich heute den Weg zum Glauben öffnen?

„Dieser ist Gott, unser Gott für immer und ewig. Er ist's, der uns führet.“ Psalm 48,15

Erfüllte Verheißungen

Apostelgeschichte 13,26-43 **Samstag, 5.**

Unglaubliche Dinge sind geschehen. Damals wurden sicher viele Ansichten von den Menschen ausführlich diskutiert. Auferstanden, unverweslich, Sündenvergebung – das könnten einige umstrittene Aussagen gewesen sein. Paulus greift sie auf und bezeugt ihre Wahrhaftigkeit. Er gründet seine Worte auf die Psalmen und Propheten. Der Tod ist besiegt. Die Rede von Paulus in der Synagoge geht nicht spurlos an den Juden vorüber. Sie wollen mehr wissen. Hier wird die Vollmacht durch den Heiligen Geist sichtbar, mit der Paulus spricht. Die Menschen haben einen Hunger nach dem Wort Gottes. Leider erlebe ich das in meinem Umfeld nicht so oft. Dennoch gilt es, nicht müde zu werden und den Leuten die Rettung vom Tod durch Jesus zu verkündigen. Ich nehme mir vor, die Botschaft von der Errettung noch mehr zu leben, dass andere Menschen mir zu dem Retter Jesus folgen.

„Der Herr ist wahrhaftig auferstanden.“ Lukas 24,34

Wochenspruch

Der Menschensohn ist gekommen, zu suchen und selig zu machen, was verloren ist. Lukas 19,10

Aus dem Vergessen holen

Psalm 103 **Sonntag, 6.**

Ich sehe mich, wie ich diesen Psalm viele Jahre als Schüler mitgebetet habe. Oft waren wir müde, oft unkonzentriert, aber jeden Donnerstag kam dieser Psalm dran. Er war und ist für mich eine Erinnerung: Gott verdient mein Lob. Meine ersten Gedanken können und sollen nie Gedanken des Ärgers, des Streites, der Verachtung sein, sondern Gedanken, die Gott loben. Es ist wahr: Wie viel Gutes hat Gott in meinem Leben bereits an mir getan. Das gilt bis zu diesem Tag und bleibt in Gültigkeit über meinem, ja über jedem Leben. Es ist schon so: Der Vergesslichkeit für die Wohltaten Gottes muss ich sehr bewusst die Erinnerung entgegensetzen, weil die Vergesslichkeit sozusagen natürlich ist. Wir müssen Vergessen weder lernen noch mühsam üben. Die Erinnerung aber erfordert meinen Einsatz und meine Mühe. Dazu sind wir herausgefordert.

„Ich vergesse, was dahinten ist, und strecke mich aus nach dem, was da vorne ist. *Philipper 3,13*

Missionsdienst pur!

Apostelgeschichte 13,44-52 **Montag, 7.**

Es trifft sich fast eine ganze Stadt, um die Predigt von Paulus zu hören, aber als Reaktion gibt es unter den Juden nur Neid, Widerspruch und Lästerung. Wer hätte das gedacht! Die Aussage der Jünger ist klar: Ihr konntet es euch aussuchen und habt nicht gewollt. Deshalb hat der Herr uns nun zum Licht der Heiden gemacht, damit wir das Heil bringen bis an das Ende der Erde (V. 47). Sehr viele der Heiden wurden Christen. Was machen wir in solchen Situationen, in denen wir uns entscheiden müssen? Trauen wir uns zu, uns Zeit zu nehmen für neue Fragestellungen, auch im Gebet? Uns ganz auf Gott einzustellen und uns zu freuen, dass er uns gerettet hat? Es gibt in unserer Zeit so viele Herausforderungen. Der Herr kann uns immer wieder überraschen – vielleicht auch Sie?!

„Denn so hat uns der Herr geboten: ‚Ich habe dich zum Licht der Heiden gemacht, dass du das Heil seist bis an das Ende der Erde.'"

Apostelgeschichte 13,47

Gegenwind

Apostelgeschichte 14,1-7 **Dienstag, 8.**

Paulus und Barnabas erleben die Bekehrung von vielen Juden und Griechen in der Synagoge in Ikonion. Sie lehren sie im Vertrauen auf den Herrn, der das Wort seiner Gnade bezeugt und Wunder und Zeichen geschehen lässt (V. 3). Gott handelt und lässt Wunder geschehen! Aber es formiert sich Widerstand. Zunächst gibt es nur Unruhe und Aufhetzung durch ungläubige Juden, dann kommt es zum Sturm gegen beide Missionare. Glauben heißt, Gottes Wort zu verkünden und ihn wirken zu lassen. Ihn den Menschen nahezubringen und frei und offen von ihm zu reden. Aber rechnen Sie auch mit Gegenwehr und Ablehnung. Boten Gottes bringen Unruhe und Entscheidungen in die Welt. Und das kann Folgen haben im Umgang mit anderen Menschen. Trauen Sie sich heute zu, das einmal auszuprobieren?

„Frieden lasse ich euch, meinen Frieden gebe ich euch. Nicht gebe ich euch, wie die Welt gibt. Euer Herz erschrecke nicht und fürchte sich nicht." *Johannes 14,27*

Guter Anfang, schlechtes Ende

Apostelgeschichte 14,8-20a **Mittwoch, 9.**

Wer hätte das gedacht: Die Heilung eines gelähmten Mannes in Lystra gelingt, aber sie führt zu Missverständnissen. Paulus und Barnabas, für Götter gehalten, versuchen, diese falsche religiöse Haltung zu korrigieren und erzählen den Leuten von der Größe Gottes und seinem Handeln. Vergeblich. Und dann kommen noch Juden aus den zuvor besuchten Städten hinzu und Paulus wird stattdessen gesteinigt.

Haben wir als Christen schon Situationen erlebt, die uns bis an unsere Grenzen gebracht haben? Wichtig ist es, an Gott festzuhalten und seine Hilfe zu erbitten. Sich jeden Tag seiner Gegenwart bewusst zu werden und trotz vieler Mühen zu wissen, dass er da ist und uns hält. Glaube und Gebet können Gottes Hand bewegen. Trauen Sie ihm heute zu, aus allem etwas Gutes zu machen.

„Zu ihm kommt als zu dem lebendigen Stein, der von den Menschen verworfen ist, aber bei Gott auserwählt und kostbar.“ *1. Petrus 2,4*

Gott will alle

Apostelgeschichte 14,20b-28 **Donnerstag, 10.**

Nach getaner Arbeit in vielen Orten in Kleinasien kommen Paulus und Barnabas nun in ihre Heimatgemeinde zurück. Sie rufen alle zusammen und erzählen, wie viel Gott durch sie getan hat und wie er die Tür des Glaubens für alle Heiden geöffnet hat. Was für eine Aussage! Die Botschaft von Gott und seinem Sohn Jesus Christus gilt nun für alle Menschen aller Nationen! Da wären Sie bestimmt gern dabei gewesen, hätten die Situation voller Freude miterlebt und zu begreifen versucht, was das bedeutet. Die Tür des Glaubens ist geöffnet für Groß und Klein, Familien und Freunde, Arme und Reiche, für Menschen im Krieg und auf der Straße. Gottes Wort muss weitergesagt werden, wie es gerade passt, zur Zeit oder zur Unzeit, aber in Liebe und mit Verstand. Haben Sie heute den Mut, sich diesem Auftrag anzuschließen?

„Wer kann die Wunder vergessen, die er vollbringt? Gnädig und barmherzig ist unser HERR!“ *Psalm 111,4 (NLB)*

Von Gott geliebt und gerettet

Apostelgeschichte 15,1-21 **Freitag, 11.**

Für Gott gibt es keinen Unterschied zwischen Judenchristen und Heidenchristen. Er kennt unsere Herzen und hat uns den Heiligen Geist geschenkt. Er nimmt uns an und reinigt unsere Herzen durch den Glauben an ihn. Was für ein großer und gnädiger

Gott! Wichtig ist, wie wir miteinander umgehen, aufeinander achten und uns gegenseitig zuhören. Gott will dabei sein und uns leiten. Er kennt unsere Herzen und Gedanken und hat seinen Sohn gesandt, der für uns gestorben ist – ob für Juden oder Heiden, ob für Mann oder Frau. Petrus hat als Jünger Jesu miterlebt, was er für uns getan hat. Und er hat einen Heiden, Hauptmann Kornelius aus Cäsarea, zum Glauben geführt (Kap. 10). Ob mit oder ohne Beschneidung, Gott greift ein und schenkt Rettung und Glauben. Ist das nicht wunderbar?

„Denn wir sind durch einen Geist alle zu einem Leib getauft, wir seien Juden oder Griechen, Sklaven oder Freie, und sind alle mit einem Geist getränkt.“ *1. Korinther 12,13*

Was geht (nicht)?

Apostelgeschichte 15,22-35 **Samstag, 12.**

Kongresse oder Synoden sind ab und zu nötig: um gestärkt zu werden oder Probleme zu klären. Darum ging's auch bei den ersten führenden Christen, beim Jerusalemer Konzil. Was war das Problem? Die Beschneidung! Manche meinten, sie sei heilsnotwendig. NEIN, war der „Synodenbeschluss“. Es geht allein um Jesus. Um sein „Es ist vollbracht!“. Das reicht. Doch wozu die folgenden knappen Gebote?
Christsein ist wie Ehe: Ein anderer Liebhaber bewirkt Eifersucht, zerstört die gesegnete Einheit. Deshalb geht auch Synkretismus mit anderen Religionen nicht: Entweder-oder. Auch Genuss von (rohem) Blut ist tabu. Denn im Blut ist das Leben des Menschen (1Mo 9,4). Und Jesu Blut ist die Grundlage der Versöhnung mit Gott. Im Abendmahl haben wir Teil daran. Bitten wir Gottes Geist, dass er uns in den Unsicherheiten des Alltags in alle Wahrheit führt.

„In ihm liegen verborgen alle Schätze der Weisheit und der Erkenntnis.“ *Kolosser 2,3*

Wochenspruch

Einer trage des andern Last, so werdet ihr das Gesetz Christi erfüllen. *Galater 6,2*

Selbstprüfung – nicht das letzte Wort

Psalm 7 **Sonntag, 13.**

Ist sich David seiner Gerechtigkeit wirklich so sicher? Mir ist der Wechsel zwischen Festigkeit und Schwanken, Unschuldsbeteuerung und Selbstzweifel besser bekannt, als mir lieb ist. Manchmal fühle ich mich wie Gottes letzte Bastion in einer Welt, die im Argen liegt. Und direkt daneben und manchmal sogar zeitgleich ist da der Zweifel. Bin ich wirklich, was ich so gerne von mir halte? Es ist riskant, Gott zu bitten: *Schaffe mir Recht nach meiner Gerechtigkeit.* Was, wenn da nur ein riesengroßes Defizit ist, wenn ich gar nicht so gerecht bin, wie ich mich gerne sehe? Ich lerne daran: Es kommt nicht darauf an, wie ich mich selbst sehe, was ich mir selbst bescheinige. Es kommt nicht darauf an, ob ich mich selbst für gut befinde. Das, worauf es am Schluss ankommt, ist, ob mich die Liebe Gottes findet, da, wo ich bin. Wie ich bin.

„Darum, wer meint, er stehe, soll zusehen, dass er nicht falle."
1. Korinther 10,12

Streit auf Zeit (?)

Apostelgeschichte 15,36-16,5 **Montag, 14.**

Manchmal geht's nicht anders. Da brauchen wir mal Abstand voneinander. Tief durchatmen. Die Wut am Kissen auslassen. Oder in den Laufschuhen. Aber nicht am Streitpartner. Auch Probleme werden kleiner, wenn man auf Abstand geht. Und anderes kommt in den Fokus. Bei Paulus ist es Timotheus (16,1-3). Er kann sich gezielt um ihn kümmern. Und einige Jahre später hat Paulus eine andere, positivere Sicht auf Johannes Markus (2 Tim 4,11). Des Herrn Wege sind unergründlich, aber sie führen zum Ziel. Oft auf unterschiedlichen Wegen. Nicht immer ohne Spannung. Aber immer mit Jesus, der selbst der Weg ist (Joh 14,6). Wo bist du im Konflikt mit Arbeit, Menschen, dir selbst? Vielleicht brauchst du einen gewissen Abstand. Das wird dir helfen. Wenn Jesus dabei ist.

„[...] weiche nicht, denn ich bin dein Gott. Ich stärke dich, ich helfe dir auch, ich halte dich durch die rechte Hand meiner Gerechtigkeit."
Jesaja 41,10

Umleitung!
Apostelgeschichte 16,6-15 **Dienstag, 15.**

Stopp! Umleitung nehmen! Das lieben wir so richtig: noch zügig durch den nächsten Ort, dann wären wir am Ziel. Doch dann werden wir einen Umweg geführt. Unsicherheit, neue Fragen, Stress und vielleicht Ärger stellen sich ein. Paulus und seine Begleiter waren bestimmt auch nicht begeistert. Doch sie gehorchen, lassen sich führen. Und werden beschenkt: Lydia kommt zum Glauben. Außerdem setzen sie einen historisch bedeutsamen Meilenstein: Das Evangelium bleibt nicht in Asien, sondern kommt nach Europa.
Haderst du gerade mit einer Umleitung Gottes in deinem Leben? Bedenke: Auch Jesus wurde in die Wüste geschickt. Das war Teil seines Sieges über den Teufel (Mt 4,1-11).

„Denn meine Gedanken sind nicht eure Gedanken, und eure Wege sind nicht meine Wege, spricht der HERR, sondern so viel der Himmel höher ist als die Erde, so sind auch meine Wege höher als eure Wege und meine Gedanken als eure Gedanken." *Jesaja 55,8.9*

Endstation Knast!?
Apostelgeschichte 16,16-24 **Mittwoch, 16.**

Es lief doch wie geschmiert. Und jetzt werden sie verpfiffen. Weil sie ein Unrecht beenden: Eine Frau wird von okkulten Bindungen gelöst. Und verliert ihre Fähigkeit, mit dämonischer Macht

die Zukunft vorherzusagen. Ihre Chefs verdienen kein Geld mehr mit ihr. Die Frau wird nicht mehr ausgenutzt. Doch ein Unternehmen geht pleite. Und wer zahlt die Rechnung? Natürlich: diejenigen, die das falsche Spiel beendet haben. Dafür kommen sie in den dunklen Knast. Ohne jegliche Bewegungsfreiheit.
So kann's gehen: Wir setzen uns ein für Gott. Wir nennen Unrecht beim Namen. Und werden Menschen zum Segen. Doch wir werden als die Bösen dargestellt. Kann Gott uns bewegen, wenn wir ganz unten sind?

„Sie werden euch den Gerichten überantworten, und in den Synagogen werdet ihr geschlagen werden, und vor Statthalter und Könige werdet ihr geführt werden um meinetwillen, ihnen zum Zeugnis."
Markus 13,9

Wer hätte das gedacht?!

Apostelgeschichte 16,25-40 **Donnerstag, 17.**

Mit dem deutschen Mauerfall 1989 hätte kein Bürger gerechnet. Paulus und Silas mit dem Erdbeben 49 n. Chr. auch nicht. Aber sie beten. Trotzdem. Weil sie an einen starken Gott glauben, der mit ihnen noch nicht fertig ist. Plötzlich stehen ihnen alle Türen offen. Wohin mit so viel Freiheit? Das Blatt hat sich gewendet: Ihr Peiniger fällt ihnen zu Füßen. Nun ist er ganz unten: Er merkt, dass er der Gefangene ist. Gefangener der römischen Obrigkeit und auch seiner eigenen Schuld. So werden Gefangene zu Befreiern: Paulus und Silas laden ihn zum Glauben an Jesus ein. Die Folge: Der ganze Hausstand des Aufsehers folgt dieser Einladung. Für uns Christen gilt in der Tat: „Wer zuletzt lacht, lacht am besten." Denn „die Herren dieser Welt gehen, unser Herr kommt" (Gustav Heinemann).

„Da ich den HERRN suchte, antwortete er mir und errettete mich aus aller meiner Furcht." *Psalm 34,5*

Der Philipperbrief

Paulus schreibt aus dem Gefängnis (1,13f). Zu den Philippern, der ersten Gemeinde auf europäischem Boden, hatte er von Anfang an ein besonderes Verhältnis (4,15). Sie hatte ihm durch Epaphroditus Hilfe zum Unterhalt überbringen lassen (2,25; 4,16). Dieser war bei Paulus „todkrank" geworden – sehr zum Kummer der Gemeinde (2,26.28). Nun geht es ihm besser, er kann zurückkehren und soll diesen Brief mitnehmen.

Wo Paulus gefangen gehalten wird, ist unklar. Einiges spricht für Ephesus, aber auch Rom wäre möglich. Als Abfassungszeit kämen die späten 50er- oder die frühen 60er-Jahre n. Chr. infrage. Von der Gemeinde in Philippi erfahren wir, dass sie eifrig dabei ist, das Evangelium weiterzusagen (1,14), wenn auch bei einigen Mitarbeitern selbstsüchtige Motive eine Rolle spielen. Paulus sieht das, aber ihn bestimmt die Freude, dass Gottes Botschaft auch ohne ihn ausgebreitet wird (1,18), ja durch seine Gefangenschaft die Verantwortung der Gemeinden für die Mission wächst.

Die Situation im Gefängnis ist äußerst kritisch, sodass Paulus auf beides vorbereitet ist, auf den Tod wie auf die Entlassung (1,20ff). Doch auch ein möglicher Tod kann seine Freude nicht beeinträchtigen, denn „Christus ist mein Leben" (1,21).

Neben diesen vielen persönlichen Notizen bestimmen drei Themen den Brief:

1. Die Ermahnung zur selbstlosen Einheit (2,1-4) mit dem Hinweis auf das Beispiel Jesu (2,5), wobei Paulus zur Unterstreichung einen in der Urchristenheit bekannten Christushymnus zitiert (2,6-11).
2. Die Warnung vor judenchristlichen Scharfmachern, die zusätzlich zum Glauben an Jesus eine jüdische Beschneidung und damit das Halten des jüdischen Gesetzes fordern (3,2). An seinem Leben zeigt Paulus, wie Jesus für den Glaubenden ein und alles ist (3,3-21).
3. Der eindringliche Ruf zur Freude in Christus (3,1), d. h. zu einer Freude, die nur der kennt, der ganz in und mit Christus lebt. (UB)

Fürbitte für die Glaubensgeschwister

Philipper 1,1-11 **Freitag, 18.**

Wie leidenschaftlich Paulus an die Gemeinde in Philippi schreibt! Er betet beständig für die Christen dort und denkt dabei an sie „mit Freuden" (V. 3). Die Zuversicht, die Paulus für die Gemeinde hat, ist keine naiv-menschliche. Seine Überzeugung ist vielmehr in Gott gegründet: Weil er selbst in der Gemeinde wirkt, sie stärkt und am Leben erhält, wird er sie auch in Zukunft führen – bis Jesus wiederkommt (V. 6). Es ist die wohl größte Bitte, die ich als Christ für meine Glaubensgeschwister vor Gott bringen kann: die Bitte um ein Wachstum im Glauben, das von der Liebe Jesu ermöglicht und geprägt ist. Ziel dieses Wachstums ist das Mündigwerden im Glauben und die zunehmende Erkenntnis, wie ich als Christ Gott mit meinem Leben ehren kann. Welchen Schritt kann ich heute tun, um durch mein Handeln Gott zu loben?

„Und ich bete darum, dass eure Liebe immer noch reicher werde an Erkenntnis und aller Erfahrung." *Philipper 1,9*

Das Evangelium zuerst

Philipper 1,12-18a **Samstag, 19.**

Was für ein starkes Statement! Paulus sitzt im Gefängnis, aber wir lesen von ihm keine dramatischen Schilderungen seiner Haft. Er schreibt über sein Herzensanliegen, dass das Evangelium bekanntgemacht wird. Bemerkenswert: Seine Gefangenschaft bremst ihn dabei nicht aus. Im Gegenteil! Die Haft sorgt dafür, dass viele andere Christen ermutigt werden, ihren Glauben frei zu bezeugen (V. 14). Zudem hat sich der „Fall Paulus" herumgesprochen – und den Menschen wird klar, dass er wegen Christus inhaftiert ist. Wie beruhigend, dass selbst widrige Situationen nicht verhindern können, dass sich Gottes Wort ausbreitet. In welchen Situationen kann ich den Glauben an Jesus Christus bezeugen? Wo gibt es in meinem Leben herausfordernde Umstände, die Gott dennoch gebrauchen kann, damit seine rettende Botschaft noch vielen bekannt wird?

„Denn wir predigen nicht uns selbst, sondern Jesus Christus, dass er der Herr ist." *2. Korinther 4,5*

Wochenspruch
Aus Gnade seid ihr gerettet durch Glauben, und das nicht aus euch: Gottes Gabe ist es. *Epheser 2,8*

Der prüfende Blick Gottes

Psalm 26 **Sonntag, 20.**

Inhaltlich hängen Ps 25 und 26 sehr eng zusammen. Während Ps 25 thematisiert, wie David nach eingestandener Schuld um Gottes reinigende Vergebung bittet, geht unser heutiger Psalm einen anderen Weg. Der Psalmbeter betont seine Unschuld und bittet Gott deshalb um Recht und Rettung (V. 1). David bittet seinen Gott, ihn zu prüfen. Obwohl er sich keiner Schuld bewusst ist, bittet er um Gottes Gnade (V. 11). Die Unschuld Davids wird in V. 8 indirekt begründet: die Liebe zum Gotteshaus, wo „deine Ehre wohnt" und wo Gottes Heiligkeit erkennbar wird, erfordert ein reines Gewissen und ein ebenso reines Herz (vgl. Ps 24,3 f). Wie sieht das bei mir aus? Ich will Gott aufrichtig bitten, mich und mein Leben auf blinde Flecken und Versagen zu prüfen und mich zu hinterfragen: in meinem Alltag, in der Gemeinde oder bei der Arbeit.

„Erforsche mich, Gott, und erkenne mein Herz; prüfe mich und erkenne, wie ich's meine." *Psalm 139,23*

Alles für Jesus

Philipper 1,18b-26 **Montag, 21.**

Im heutigen Abschnitt gibt Paulus einen ehrlichen Einblick in seine Gemütsverfassung im Gefängnis. Trotz der bescheidenen Lage ist er gewiss, dass ihn nichts von Gottes heilvollem Handeln an ihm trennen kann. Er sieht sich gestärkt durch das Gebet der Gemeinde und die tröstliche Gegenwart des Heiligen Geistes (V. 19). Paulus ist mit seiner ganzen Existenz ein Diener Jesu (V. 1), dem die Gemeinschaft mit Christus sowie die Ausbreitung des Evangeliums mehr bedeutet als seine eigene Situation. Seine Bereitschaft zu sterben („Sterben ist mein Gewinn", V. 21), die ihn damit sofort in die unmittelbare Gegenwart Gottes bringen würde, stellt er jedoch zurück: um den Christen in Philippi zu dienen und ihnen im Glauben beizustehen (V. 25). Die Entschlossenheit des Paulus beeindruckt mich: Wo wird in meinem Glauben sichtbar, dass ich aus Gottes Kraft lebe?

„Ich lebe, doch nun nicht ich, sondern Christus lebt in mir."

Galater 2,20

Leiden für Christus

Philipper 1,27-2,4 **Dienstag, 22.**

Paulus fordert uns heraus, dass wir die durch Christus geschenkte Freiheit im Glauben dankbar annehmen und sie zur Ausbreitung des Evangeliums einsetzen. Mitunter ist dies kein Spaziergang, sondern Kampf und Leiden. Umso wichtiger, dass wir als Nachfolger Jesu zusammenhalten „in einem Geist" (V. 27) und „eines Sinnes" (Kap. 2,2) sind. Für Paulus ist es eine Ehre, dass er für Christus leidet, weil er damit Teil der „Leidensgemeinschaft" seines Herrn wird und sein Leben deshalb immer mehr dem von Jesus gleicht. Im Bewusstsein, dass Nachfolge für uns Christen bedeutet, Christus in allem ähnlicher zu werden – in den geistlichen Gaben wie den menschlichen Leiden –, will ich bereit sein, wegen meines Glaubens Nachteile und Entbehrungen in Kauf zu nehmen.

„Sind wir aber Kinder, so sind wir auch Erben, nämlich Gottes Erben und Miterben Christi, da wir ja mit ihm leiden, damit wir auch mit ihm zur Herrlichkeit erhoben werden." *Römer 8,17*

Veränderung durch Lobpreis

Philipper 2,5-11 **Mittwoch, 23.**

Was hat der Gottesdienst eigentlich mit meinem Leben zu tun? Bei Paulus kann man beides nicht trennen. Er zitiert einen Text, den seine Leser gut aus ihren Gottesdiensten kennen, möglicherweise aus dem Lobpreis. Er beschreibt schlicht das Evangelium: Jesus Christus hat für uns auf seine göttliche Macht verzichtet, ist Mensch geworden, am Kreuz gestorben und auferstanden. Seine Demut und Liebe haben die Welt verändert. Das kann man wunderbar in Lobpreiszeiten besingen. Aber da darf es nicht aufhören. Denn echter Lobpreis verändert den Alltag. Wer im Gottesdienst begeistert von der Demut und Liebe Jesu singt und nach dem Segen all das wieder vergessen hat, macht etwas falsch. Was würde sich verändern, wenn die Lieder aus dem Gottesdienst auch in deinem Alltag klingen würden? Wie könnte deine Demut und Liebe die Welt verändern?

„Seid so unter euch gesinnt, wie es der Gemeinschaft in Christus Jesus entspricht.“ *Philipper 2,5*

Jahreslosung 2025

„Prüft alles und behaltet das Gute!“

(1. Thessalonicher 5,21)

„Du darfst!“ – „Wirklich?“

Erwachsensein – Das Wort habe ich nicht wirklich verstanden. Als sei man mit seinem 18. Geburtstag so weit in das Leben hineingewachsen, dass man sich nur noch im Kleinen ändern müsste. Das Wort setzt irgendwie einen Schlusspunkt. Fertig mit Wachsen, mit grundlegenden Veränderungen, Umgestaltungen des Lebens, Neuaufbrüchen, Loslassen. Wer er-wachsen ist, der hat es geschafft. Eine gefährliche Klippe des Lebens umrundet:

die Jugend. Die Zeit der Umbrüche, Unsicherheiten, der Unbehaglichkeit des Lebens.
Natürlich wissen wir, dass es so nicht ist. Und doch verhalten wir uns, je erwachsener wir werden (wieder so ein Selbstwiderspruch), als ob wir irgendwo im Leben stehen bleiben könnten. Um uns der Unbequemlichkeit des Sich-Veränderns zu entziehen. „Ich will so bleiben, wie ich bin." Ein ikonischer Werbeslogan. Mit dem Versprechen des beworbenen Produktes: „Du darfst!" Stimmt zwar nicht – aber fühlt sich erst mal gut an. Die Werbung ist ohnehin ein Augenöffner für unsere Sehnsüchte. So bleiben, wie ich bin.
„Prüft alles und das Gute behaltet" (1Thess 5,21), hält Paulus dagegen. Wer prüft, ist nicht fertig. Der spürt, dass es auch anders sein könnte. Der ist mit seiner Meinung noch nicht festgelegt. Das Urteil ist noch in der Schwebe: „Könnte sein – oder auch nicht." Wer prüft, ist sich noch nicht sicher, aber sucht einen Weg, wieder Sicherheit zu gewinnen. Es ist keine Unsicherheit, die lähmt, sondern eine, die motiviert. Die Gewissheit, dass etwas, was geprüft ist, eine andere Qualität hat als das, was ungeprüft übernommen wurde.
„Prüft alles. Lasst nichts aus. Auch das Unbequeme, Versteckte. Das, was mir Mühe macht, wenn ich's denn verändern würde." Paulus ist gründlich. Er möchte, dass wir alles auf den Prüfstand stellen. Dass wir uns auch im Glauben nicht ein für alle Mal festlegen, sondern offen bleiben für Gottes Fingerzeige. Für neue Sichtweisen. Neue Glaubenserkenntnisse. Wir sollen das Vertraute nicht einfach aufgeben – aber sollen uns auch nicht dahinter verschanzen.
So wenig wie wir im Leben wirklich erwachsen sind, fertig und unveränderbar, so wenig sind wir es im Glauben. Darum müssen wir immer wieder prüfen, was wir zu wissen meinen. Nur so kann unser Glaube wachsen, tiefer werden, weiter werden, lebendig bleiben. (HN)

Frage: Gott oder wir? Antwort: Ja!

Philipper 2,12-18 **Donnerstag, 24.**

Paulus ermahnt seine Leser, gehorsam zu sein und „mit Furcht und Zittern“ für ihre Seligkeit zu arbeiten. Und dann entlässt er sie scheinbar wieder aus der Verantwortung: Es ist ja Gott, der beides wirkt – das Wollen und das Vollbringen. Was denn nun? Die Antwort lautet: Ja, es ist Gottes Geist, der unseren Willen und unser Handeln lenkt. Aber er tut es nicht an uns vorbei. Und es gelingt meistens auch nicht von jetzt auf gleich. So nach dem Motto: montags gelogen, gehasst, verleumdet und betrogen. Und dienstags wie durch ein Wunder alle Feinde geliebt. Nein, Nachfolge ist ein Prozess. Und den steuert Gottes Geist durch die Ermahnungen und Ermutigungen der Bibel und unsere Entscheidungen. Deswegen: Entscheide dich heute bewusst, sein Wort ernst zu nehmen und es zu leben. Gott wird diese Entscheidung gebrauchen.

„Denn Gott ist's, der in euch wirkt beides, das Wollen und das Vollbringen, nach seinem Wohlgefallen.“ *Philipper 2,13*

Brüder und Schwestern

Philipper 2,19-30 **Freitag, 25.**

Dieser Text zeugt von der Verbundenheit zwischen Paulus, seinen Mitarbeitern und der Gemeinde in Philippi. Alle wollen voneinander wissen. Deswegen schreiben sie Briefe und besuchen sich gegenseitig. Sie freuen sich gemeinsam. Vor allem aber leiden sie miteinander, wenn es ernst wird. Paulus sitzt im Gefängnis, Epaphroditus ist schwer krank. Das alles ist leichter zu ertragen, wenn man sich in einer Gemeinschaft von Brüdern und Schwestern umbetet und getragen weiß. Und bei Auseinandersetzungen? Vielleicht fallen dir Menschen in deiner Gemeinde ein, die in manchen Fragen anders denken und glauben als du. Konzentriere dich heute nicht auf die Unterschiede, sondern nimm die anderen als Brüder und Schwestern in den Blick. Wie geht es ihnen? Wofür kannst du beten? Wie kannst du sie segnen?

„Und wenn ein Glied leidet, so leiden alle Glieder mit, und wenn ein Glied geehrt wird, so freuen sich alle Glieder mit.“ *1. Korinther 12,26*

Alles nichts wert?!

Philipper 3,1-11 **Samstag, 26.**

„Alles, was zählt, ist Christus. Alles andere trägt nicht.“ Viele von uns haben solche Sätze schon oft gehört. Vielleicht sogar selbst gepredigt. Aber können wir in der Tiefe ergreifen, was Paulus hier schreibt? Dass wirklich nichts bleibenden Wert hat – weder unsere Ehen und Familien noch unsere Begabungen, Leistungen und Erfolge? Nicht unser Ansehen und nicht einmal die Demut? Nur eins zählt: dass Jesus Christus für uns gestorben ist und wir in ihm eine Beziehung zu Gott pflegen können. Das klingt heftig. Timothy Keller hat diese tiefe Wahrheit mal in Anlehnung an Corrie ten Boom so formuliert: „Du verstehst erst, dass Jesus alles ist, was du brauchst, wenn Jesus wirklich alles ist, was du hast.“ Deswegen: Probiere es heute mal aus! Wie würde sich dein Alltag verändern, wenn Christus wirklich alles wäre, was du brauchst?

„Aber was mir Gewinn war, das habe ich um Christi willen für Schaden erachtet.“ *Philipper 3,7*

Wochenspruch

So spricht der HERR, der dich geschaffen hat, Jakob, und dich gemacht hat, Israel: Fürchte dich nicht, denn ich habe dich erlöst; ich habe dich bei deinem Namen gerufen; du bist mein!
Jesaja 43,1

In allen Lebenslagen behält Gott die Kontrolle

Psalm 21 **Sonntag, 27.**

Dieser Psalm wirkt erst einmal fremd und lebensfern. Niemand von uns ist König. Und auch der Wunsch, Gott möge die Nachkommen der Feinde vom Erdboden tilgen, ist hoffentlich kein alltäglicher Gedanke. Was können wir hier über Gott und unsere Beziehung zu ihm lernen? David ist der Ansicht, dass Gott für alles in seinem Leben zuständig ist. Das Gute und der Segen kommen von Gott. Aber ein gesegnetes Leben in der Beziehung zu Gott ist offenbar kein Leben ohne Bedrängnis und Not. David machen Feinde das Leben schwer. Und auch hier ist Gott zuständig. Das ist ganz entscheidend. Denn anstatt Böses mit Bösem zu vergelten, vertraut der König darauf, dass Gott gerecht richtet und ihm zur Seite steht. Er bringt ihm seine Aggressionen und durchbricht so den Zirkel der Rache und des Hasses. Gott hält unsere dunkelsten Seiten aus.

„Lass dich nicht vom Bösen überwinden, sondern überwinde das Böse mit Gutem.“ *Römer 12,21*

Das Ziel vor Augen haben

Philipper 3,12-16 **Montag, 28.**

Ein Sportler, der eine olympische Medaille gewinnen möchte, ordnet diesem Wunsch alles unter. Training, Gestaltung der Freizeit, Ernährung – nichts darf dieses große Ziel behindern. Ständig arbeitet er darauf zu. Das Ziel, das Paulus verfolgt, nennt er den „Siegespreis der himmlischen Berufung Gottes in Christus Jesus“. Auch er verwendet ein Bild aus dem Sport. Der Preis ist allerdings keine Medaille. Das Lebensziel des Paulus ist, einmal ganz bei Gott zu sein. Viele sind auf der Jagd: nach dem Glück, dem großen Geld, dem Partner fürs Leben. Doch das alles ist endlich. Worauf verwendest du alle Energie, wofür setzt du dich ein? So wie sportliches Training Schweiß und Tränen bedeutet, ist auch der Weg zum himmlischen Ziel mitunter hart – lohnenswerter als jede Medaille dieser Welt und doch ganz Geschenk.

„Darum sollen wir desto mehr achten auf das Wort, das wir hören, damit wir nicht am Ziel vorbeitreiben.“ *Hebräer 2,1*

Dem Vorbild folgen

Philipper 3,17-21 **Dienstag, 29.**

Vorbilder prägen unser Leben. Manche suchen wir uns selbst. Andere werden uns vorgegeben. Wenn Menschen sich selbst als Vorbild empfehlen, habe ich meist ein ungutes Gefühl, auch bei Paulus. Doch es sei ihm verziehen. Schließlich geht es ihm ja gar nicht um die eigene Person. Ähnlich wie beim Täufer Johannes ist es Jesus, für den Paulus sich ins Zeug legt. Er ist es letztlich, dem Paulus folgt. Um ihn allein geht es! Vor diesem Hintergrund ist es zu verstehen, wenn er sich hier falsche Lehrer vornimmt, die Feindschaft gegenüber dem Kreuz Christi mit einer auf das Diesseits gerichteten Gesinnung verbinden. Sie sind schlechte Vorbilder. Stattdessen müssen wir unser Leben vom Himmel, vom Ziel her, denken. Dann lässt sich auch besser verkraften, was uns in dieser Welt so viel Mühe macht.

„Befiehl dem HERRN deine Wege und hoffe auf ihn, er wird's wohlmachen." *Psalm 37,5*

Heute schon gefreut?

Philipper 4,1-9 **Mittwoch, 30.**

Mittendrin im Text steht ein sehr bekannter Aufruf: „Freuet euch in dem Herrn allewege." Damit es auch niemand überliest, wiederholt Paulus gleich noch mal: „... und abermals sage ich: Freuet euch!" Kann man Freude verordnen, vielleicht befehlen? Für's Erste klingt es so. Schnell entstehen Behauptungen wie: Ein Christ ist immer voll Freude. Ist er aber nicht. Es gibt auch Trauer, Verzweiflung, Niedergeschlagenheit. Zeiten, in denen uns nicht nach Freude zumute ist – und die genauso ihr Recht haben – gehören zum Leben. Doch dieser mitreißende Aufruf zur Freude hat ja einen Grund: Der Herr ist nahe! Seine Nähe bleibt auch dann, wenn wir traurig sind. Vielleicht soll unser Blick trainiert werden: Schau auf den Herrn! Denk dran: Er ist an deiner Seite – gerade auch dann, wenn du meinst, er sei weit weg!

„Und seid nicht bekümmert; denn die Freude am HERRN ist eure Stärke.“ Nehemia 8,10

Vielen Dank für die Spende!

Philipper 4,10-23 **Donnerstag, 31.**

Oft findet man im Briefkasten Spendenbriefe. Mal sind es bekannte christliche Werke, ein anderes Mal unbekannte kleine Vereine, die um finanzielle Unterstützung bitten. Schon die ersten christlichen Gemeinden sind auf Spenden angewiesen. Ein Steuersystem mit regelmäßigen Einnahmen ist ihnen fremd. Sie leben von der Hand in den Mund. Ist das so verkehrt? Fordert das nicht ein Gottvertrauen heraus, das man mit gesicherten Einkünften verlieren könnte? Und als „Nebeneffekt“ gibt's die Dankbarkeit. Die Worte des Paulus zeigen, wie wertvoll ihm die Unterstützung durch die Christen in Philippi ist. Schließlich bringt sich so auch Gott in Erinnerung, der letztendlich dafür sorgt, dass wir haben, was wir benötigen.

„Und er sprach zu ihnen: Als ich euch ausgesandt habe ohne Geldbeutel, ohne Tasche und ohne Schuhe, habt ihr je Mangel gehabt? Sie sprachen: nein, keinen.“ Lukas 22,35

Monatsspruch August

Gottes Hilfe habe ich erfahren
bis zum heutigen Tag
und stehe nun hier und
bin sein Zeuge.

Apostelgeschichte 26,22

Einführung in die Apostelgeschichte s. S. 106

Unterwegs im Auftrag des Herrn

Apostelgeschichte 17,1-15 **Freitag, 1.**

Wenn einer eine Reise tut, dann kann er was erzählen. Erst recht, wer mit dem Evangelium unterwegs ist. Die Verkündigung findet offene Herzen. Sie trifft aber auch auf Widerstand. Einige inszenieren stadtweite Empörung. Ihre Wut trifft diejenigen, die Paulus und Silas beherbergen. Am Ende geht es glimpflich ab. Im nächsten Ort empfängt man sie freundlicher und prüft trotzdem, was die beiden sagen. Sie „forschten täglich in der Schrift, ob sich's so verhielte". Mir gefällt der Satz. Er fordert uns auf, jede Verkündigung anhand der Bibel zu prüfen. Nicht jeder Durchreisende, der die Bibel im Mund führt, verfolgt lautere Absichten. Die aber, die wirklich unterwegs sind im Auftrag des Herrn, verdienen unseren Respekt – und brauchen unser Gebet!

„Gedenkt eurer Lehrer, die euch das Wort Gottes gesagt haben; ihr Ende schaut an und folgt dem Beispiel ihres Glaubens." Hebräer 13,7

Beweglich sein – durch hinschauen und hinhören

Apostelgeschichte 17,16-34 **Samstag, 2.**

An allen Orten, an denen Paulus wirkte, war sein Ziel stets dasselbe: den Menschen Christus nahezubringen (Apg 16,30.31). So fest Paulus dieses Ziel vor Augen hatte, so geschmeidig wählte er je nach Situation den Weg dorthin. In Athen schaut und hört er genau hin (V. 23.28) und knüpft so an Bekanntes an. Man kann es sicherlich rein sinnesphysiologisch erklären, dass wir zwei Augen, zwei Ohren, aber nur einen Mund haben. Könnte unser Schöpfer uns vielleicht darüber hinaus noch etwas sagen wollen für unser Miteinander im Allgemeinen, aber auch für unser Reden als Christen? Eine besondere „Erfolgsgarantie" gibt es trotz aller

Mühe nicht (V. 32). Dennoch: Wo sollte ich heute genauer hinsehen und hinhören, ehe ich wohlüberlegt meinen Mund öffne?

„Den Schwachen bin ich ein Schwacher geworden, damit ich die Schwachen gewinne. Ich bin allen alles geworden, damit ich auf alle Weise etliche rette." *1. Korinther 9,22*

Wochenspruch
So seid ihr nun nicht mehr Gäste und Fremdlinge, sondern Mitbürger der Heiligen und Gottes Hausgenossen.
Epheser 2,19

Beweglich sein – durch Aufblick zu Gott

Psalm 11 **Sonntag, 3.**

David und sein Königtum werden massiv bedroht. Freunde sehen die Gefahr und raten zur Flucht (V. 1). Was können die Gerechten, die sich im AT für ein faires und soziales Miteinander einsetzen, noch ausrichten, wenn die gesamten Grundlagen des gesellschaftlichen Lebens zerstört werden (V. 3)? David gewinnt Zuversicht und damit neuen Handlungsspielraum durch den Blick nach „oben" (V. 4). Für uns hat sich seit Christus manches geändert (siehe Mt 5,43-45 im Vergleich zu V. 6). Den Aufblick über notvolle Situationen hinaus jedoch (wie aktuell klingt V. 3 über die Jahrhunderte hinweg) wollen wir uns nicht verbauen lassen. Vorschlag: heute am Sonntag einmal ganz bewusst auf Nachrichten in jedweder Form verzichten und sich im Gottesdienst oder anderen Angeboten zur Gottesbegegnung eine Blickkorrektur schenken lassen.

„Denn der HERR ist gerecht und hat Gerechtigkeit lieb. Die Frommen werden schauen sein Angesicht." *Psalm 11,7*

Beweglich sein – auch bei Änderung der Windrichtung

Apostelgeschichte 18,1-22 **Montag, 4.**

Wo immer Jesus Christus verkündigt wird, muss mit Spott und Gegenwind gerechnet werden. Dies erlebt Paulus in Athen trotz aller Bemühungen, auf seine Hörer zuzugehen. Er verlässt die Stadt. In Korinth gibt es Widerstand seitens der Juden. Diesmal jedoch zieht Paulus nur „ein Haus weiter" und erfährt durch Christus selbst eine Bestätigung. Auch in Ephesus sind die Türen offen. Die Juden bitten ihn sogar zu bleiben. Dennoch zieht Paulus weiter. Auch „Erfolge" können manchmal zu falschem Stillstand führen. Paulus „muss" seinem inneren Kompass folgend (geeicht durch den Heiligen Geist) nach Jerusalem, wohl um sich erneut mit den Aposteln abzustimmen und Kollekten zu übergeben. Gebet: Herr, leite du mich, egal wie die Winde wehen!

„Es sprach aber der Herr durch eine Erscheinung in der Nacht zu Paulus: Fürchte dich nicht, sondern rede und schweige nicht!"

Apostelgeschichte 18,9

Beweglich sein – im gemeinsamen Lernen

Apostelgeschichte 18,23-19,7 **Dienstag, 5.**

Der Text berichtet von Begegnungen, die ein hohes Maß an geistiger Beweglichkeit bei allen Beteiligten erfordern. Da ist Apollos, ein Intellektueller aus Alexandrien, „unterwiesen im Weg des Herrn" (V. 25). Apollos trifft auf das Ehepaar Priszilla und Aquila, einfache Handwerker. Wie viel Mut gehört dazu, dass sie den Gelehrten ansprechen, um ausgerechnet ihm die Lehre „noch genauer" zu erklären. Wie viel Demut gehört bei Apollos dazu, dies nicht arrogant zurückzuweisen. Im zweiten Textabschnitt trifft Paulus auf Jünger in Ephesus, also in der Stadt, in der Apollos, Priszilla und Aquila gemeinsam so fruchtbar gewirkt haben. Und wieder gibt es bei den Jüngern etwas dazuzulernen. Gebet: Herr, schenke auch uns Mut und Demut zum gemeinsamen Lernen.

„Er fing an, frei und offen zu predigen in der Synagoge. Als ihn Aquila und Priszilla hörten, nahmen sie ihn zu sich und legten ihm den Weg Gottes noch genauer aus.“ *Apostelgeschichte 18,26*

Beweglich sein – und Weite leben

Apostelgeschichte 19,8-22 **Mittwoch, 6.**

Wer auf dem Weg (V. 9) ist, ist zwangsläufig beweglich. „Weg“ war das Kennwort der ersten Christen und ihrer Botschaft (Apg 9,2; 18,26; 19,23; 24,14.22), die mit einer gewissen Weite verkündigt wurde. Ganz sicher darf man nicht außer Acht lassen, dass die erste Ausbreitungsphase der Christen eine einmalige, besondere Situation war, mit einer Vielfalt von Erfahrungen (Apg 18,25: Taufe des Johannes u. Geistbegabung; 19,2.3: Taufe auf Jesus, dann Geistbegabung; 10,44: mit dem Hl. Geist beschenkt vor der Taufe; 8,15.16: Taufe auf Jesus, aber noch ohne den Hl. Geist). Aber in Weitherzigkeit sprach keiner dem anderen ab, auf „dem Weg“ zu sein. Voreilige Abgrenzungen erfolgten nicht. Eine Grenze ergab sich erst, wo der Name Jesus missbraucht wurde (V. 13). Sein Wirken ist menschlicher Verfügbarkeit enthoben, denn:

„So breitete sich das Wort aus durch die Kraft des Herrn und wurde mächtig.“ *Apostelgeschichte 19,20*

Und siehe, wir leben …

Apostelgeschichte 19,23-40 **Donnerstag, 7.**

Demetrius ergreift die Initiative: So geht es nicht weiter! Die „neue Lehre“ schädigt anerkannte Berufe und das Handwerk in Ephesus. Vielleicht ahnt er bereits, dass der christliche Glaube sich langfristig durchsetzen wird? Im Laufe von drei Monaten, die Paulus dort als Missionar verbringt, gibt es überzeugende Predigten, Heilungen, Umkehr, Zerstörung von Zauberbüchern, Menschen, die zum Glauben kommen, eine kleine Gemeinde entsteht. Der Aufruhr wird von einem klugen Bürgermeister beruhigt. Ergebnis: Das Evangelium bleibt trotzdem erhalten und die Christen haben sich etabliert – weit über die Zeit von Demetrius & Co. KG hinaus. In einer Zeit mit ständig neuen Empörungswellen über dies und das um uns herum mag uns diese Erinnerung etwas Gelassenheit verschaffen – die Sache des Evangeliums geht nicht unter, komme, was wolle. Das steht fest.

„Ich aber und mein Haus wollen dem HERRN dienen." *Josua 24,15*

Wenn einer eine Reise tut …

Apostelgeschichte 20,1-16 **Freitag, 8.**

Reiseberichte und Touren auf den Spuren des Apostels Paulus waren schon immer beliebt. Ob acht oder zehn Tage, man kann sich ausgiebig informieren – mal mit mehr, mal mit etwas weniger Komfort. Wie wäre es mit einer Tour von Troas nach Assos? Da geht der Apostel expressis verbis zu Fuß, obwohl die Reisegefährten „bequemer" per Schiff unterwegs sind. Die Ereignisse in Troas waren überwältigend. Der Fenstersturz des Eutychus und seine Auferweckung, die Gottesdienste, zu denen das Brotbrechen selbstverständlich dazugehört: alles vor dem Abschied schon am nächsten Tag. Da braucht der Apostel offenbar Zeit – übrigens wie Jesus –, um sich zurückzuziehen und das Geschehene zu reflektieren. Im Gebet und in der Stille. In Gemeinschaft beten, das ist in Troas der Fall gewesen. Allein und unterwegs mit Gott im Gespräch sein, das zeigt uns Paulus. Beides gehört zusammen.

„Der HERR behütet dich!" *Psalm 121,5*

Letzte Worte

Apostelgeschichte 20,17-38 **Samstag, 9.**

Paulus hat den Kirchenvorstand aus Ephesus zu einer Konferenz nach Milet eingeladen. Er gibt seine Verantwortung als zuständiger Apostel ab, legt diese in andere (vielleicht jüngere) Hände. Die letzten Worte sind eine Klarstellung. Wie in Korinth gilt: Er kannte unter ihnen nichts anderes als Christus Jesus, den Gekreuzigten.

Das war sein Auftrag. Das war sein Dienst. Jetzt führt ihn der Weg in eine noch ungewisse Zukunft: Wir sehen uns in diesem Leben nicht wieder. Beeindruckend, wie weise der Apostel mit der eingetretenen Situation umgegangen ist! Und wir heute? Eine virtuelle Jugendkonferenz könnte organisiert werden, bei der diese Bibelstelle als Grundlage für Diskussionen über Leitung und Dienst in der Kirche genutzt wird, um junge Menschen in die Gestaltung der Gemeinde einzubeziehen.

„Denn ich hielt es für richtig, unter euch nichts zu wissen als allein Jesus Christus, ihn, den Gekreuzigten.“ *1. Korinther 2,2*

Wochenspruch
Wandelt als Kinder des Lichts; die Frucht des Lichts ist lauter Güte und Gerechtigkeit und Wahrheit. *Epheser 5,8b.9*

Sehnsucht nach verständigem Glauben

Psalm 14 **Sonntag. 10.**

Manchmal entsteht der Eindruck, mit der Sache des christlichen Glaubens ist es zu Ende. Die Gleichgültigkeit Gott und dem Evangelium gegenüber macht ganz schön zu schaffen! Schon der Psalmbeter klagt. Da sind Menschen, die behaupten: „Es gibt keinen Gott!“ Der Beter nennt es töricht. Er wünscht sich, dass man mit Weisheit lernt, nach Gott zu fragen. Im Laufe der Geschichte haben Menschen ihren Verstand in den Dienst des Glaubens gestellt und versucht, ihn vernünftig zu erklären. Tertullian verteidigt den christlichen Glauben vor nicht-christlichem Publikum. Anselm von Canterbury fragt mithilfe der Philosophie danach, warum Gott eigentlich Mensch wurde. C.S. Lewis versucht, das „bloße“ Christentum in Radio-Andachten und in gedruckten Veröffentlichungen zu erklären.

„Da erschrecken sie sehr, denn Gott ist bei dem Geschlecht der Gerechten.“ *Psalm 14,5*

Vertrauen in Gottes Führung

Apostelgeschichte 21,1-14 **Montag, 11.**

In einer Predigt im Gottesdienst könnte aufgrund dieses Reiseberichts ein Fokus auf der bedingungslosen Hingabe an Gottes Willen und dem Vertrauen auf seine Führung liegen. Paulus ist in gewisser Weise unbeirrbar: Ich werde nach Jerusalem reisen! Mehrfach versuchen Freunde, ihn davon abzuhalten. Ist Paulus einfach nur stur? Nein! Seine Freunde kommen schließlich zur inneren Überzeugung: Besser ist es, wenn wir jetzt schweigen. Gottes Wille geschehe. Allerdings heißt dieses Schweigen gerade nicht: Tja, da kann man nun nichts mehr machen. Es ist kein betretenes Schweigen! Die Reisebegleiter des Paulus sind achtsam dafür geworden, dass Gottes Wege anders sind, als Menschen es gerne hätten. Alles gute Zureden hat Paulus nicht davon abgebracht, letzten Endes doch nach Jerusalem zu reisen. Und wir? Wie steht es um unser Vertrauen in Gottes Führung?

„Weise mir, HERR, deinen Weg, dass ich wandle in deiner Wahrheit."
Psalm 86,11

Falsche Eindrücke

Apostelgeschichte 21,15-26 **Dienstag, 12.**

Lass die Leute reden – gerade bei Themen, die wichtig sind, ist das gar nicht so einfach. Als Paulus nach seinen Missionsreisen nach Jerusalem kommt, begegnet ihm unter den Ältesten der Gemeinde Begeisterung für das, was Gott durch ihn gewirkt hat, doch er hört auch von der Kritik anderer. Paulus weiß, was er den Juden und Heiden mit Gottes Botschaft verkündet hat und dass es eine Lüge ist, was nun über ihn erzählt wird. Und doch geht er auf den Vorschlag der Ältesten ein geradezurücken, was Falsches über ihn erzählt wird. Kenne ich das auch: etwas geraderücken, statt die Leute reden zu lassen, weil es um etwas Größeres geht? Dann darf ich wie Paulus auf das vertrauen, was Gottes Kraft schon vollbracht hat, und mit Gott auch die nächsten Schritte gehen.

„Ein Mensch sieht, was vor Augen ist; der HERR aber sieht das Herz an.“ *1. Samuel 16,7*

Jetzt reicht's?!

Apostelgeschichte 21,27-40 **Mittwoch, 13.**

Das hat doch alles nichts genützt. Jetzt stehen wir wieder an der gleichen Stelle, jetzt reicht's. So hätte Paulus nach seinem Versuch, die Juden zu überzeugen, reagieren können. Da sind wieder Juden, die gegen ihn hetzen und deutlich machen: Für dich ist hier kein Platz. Doch Paulus geht auf sie ein. Was sagt man dazu?! Wie geht es mir, wenn ich gegen Widerstände ankämpfe, wieder und wieder auf die gleichen Probleme stoße? Woher soll ich da noch die Kraft nehmen, mich dem noch einmal zu stellen? Paulus erfährt wie Jesus Anfeindung, Gewalt und darf sich ebenso sicher sein: Gottes Geist ist bei ihm. Lasst uns Paulus' Beispiel als Ermutigung sehen: Gott geht mit uns durch Widerstände, Enttäuschung, persönliche Not.

„Habe ich dir nicht geboten: Sei getrost und unverzagt? Lass dir nicht grauen und entsetze dich nicht; denn der HERR, dein Gott, ist mit dir in allem, was du tun wirst.“ *Josua 1,9*

Angst vor Neuem

Apostelgeschichte 22,1-22 **Donnerstag, 14.**

Angst, zu kurz zu kommen, Angst vor Neuem: Manchmal fällt es uns schwer, Gewohntes loszulassen und Neues zuzulassen. Paulus holt seine Zuhörer bei Bekanntem ab: Er erzählt von seiner Herkunft, seiner Verbindung zum jüdischen Volk und zu Gott. Aber als er von seinem Auftrag bei den Heiden spricht, ist es seinen Zuhörern zu viel. Die, die eine andere Tradition gelebt und keine Geschichte mit Gott haben, sollen jetzt auch dazugehören? Wo kenne ich das auch: Angst vor Neuem, davor, dass sich Liebgewordenes verändert, und die Sorge, nicht mehr genug zu sein oder genug zu haben? Gott mutet uns neue Wege zu. Aber klar ist:

Er geht mit. Auf den neuen Wegen sorgt er für uns und für das, was wir brauchen. Darauf können wir uns verlassen!

„Dennoch bleibe ich stets an dir; denn du hältst mich bei meiner rechten Hand, du leitest mich nach deinem Rat und nimmst mich am Ende mit Ehren an." *Psalm 73,23-24*

Einer von uns

Apostelgeschichte 22,23-30 **Freitag, 15.**

Ob auf der großen Weltbühne oder in kleinen Alltagsmomenten – wir ordnen ein, wem wir begegnen: gut oder böse, Freund oder Feind, bekannt oder fremd. Was Paulus bei den Juden nicht erlebte, begegnet ihm jetzt bei dem Oberst der römischen Kohorte: Anerkennung seiner Identität und dass er einer von ihnen ist. Der Oberst hört Paulus zu, will ihn als römischen Bürger richtig behandeln und fragt genauer nach, bevor er sich ein Urteil erlaubt. Wie gehen wir mit unseren Mitmenschen um? Ändert ihre Zugehörigkeit zu einer Gruppe oder ihre Haltung etwas daran? Wir können von dem Oberst lernen, der Paulus nicht auf seinen ersten Eindruck hin verurteilt, sondern genauer nachfragt. Und vielleicht geht es uns auch manchmal wie Paulus und wir erleben statt Anfeindung Respekt von unserem Gegenüber.

„Was ihr getan habt einem von diesen meinen geringsten Brüdern, das habt ihr mir getan." *Matthäus 25,40*

Zeuge sein – um jeden Preis?

Apostelgeschichte 23,1-11 **Samstag, 16.**

Besser, ich sage jetzt erst mal nichts. Situationen, die zu eskalieren drohen, in denen Streit oder Anfeindung entsteht, bringen uns schon mal zu diesem Gedanken. Paulus scheint das nicht so zu gehen. Trotz bereits erlebter Anfeindung und Widerstände scheut er die Auseinandersetzung nicht. Er stellt wieder eine Verbindung zu seinem Gegenüber her und findet eine Möglichkeit, seinen

Glauben, das, was ihm das Wichtigste ist, zu bekennen. Diesen Mut von Paulus wünsche ich uns, wo es darum geht, für unseren Glauben einzustehen, zu sagen, was gesagt werden muss. Und: Mitten in Anfeindungen und Widerständen begegnet Gott uns so wie Paulus. Da, wo wir ihn am meisten brauchen, bestärkt er uns und hält zu uns. Sei getrost!

„Heiligt aber den Herrn Christus in euren Herzen. Seid allezeit bereit zur Verantwortung vor jedermann, der von euch Rechenschaft fordert über die Hoffnung, die in euch ist.“ *1. Petrus 3,15*

Wochenspruch

Wem viel gegeben ist, bei dem wird man viel suchen; und wem viel anvertraut ist, von dem wird man umso mehr fordern.

Lukas 12,48

Gott loben, das ist unsere Freude

Psalm 63 **Sonntag, 17.**

Was unternehmen wir, wenn wir bedrängt oder gar von Feinden verfolgt werden? Wir halten es hoffentlich wie David in der „Wüste“ (V. 1) und fliehen zu Gott, d.h. in Gottes „Heiligtum“. Im Tempel befindet sich David an einem Ort, der durch die „Flügel“ (V. 8) als Schutzbezirk ausgewiesen ist. Dort ist er sicher. Nun quillt das Lob Gottes aus David heraus, so wie bei uns, wenn uns Erfreuliches widerfährt.

Für uns ist der Tempel weit weg. Aber schauen wir uns doch um: Viele Kirchen stehen offen und wir haben die Möglichkeit, dort Stille zu halten und zu beten. Blicken wir hin zum Altar und zum Kreuz, wird uns das Loben leicht. Es soll unseren Alltag wie ein roter Faden durchziehen: „mein Leben lang“ (V. 5). Gottes „Güte“ (V. 4) regt uns täglich an, ihn zu loben – und das selbst mitten in der Nacht (V. 7). Was hindert uns, heute damit anzufangen? Die Gründe dafür werden uns nicht ausgehen.

„So will ich dich loben mein Leben lang." *Psalm 63,5*

Recht und Ordnung sind ein Segen

Apostelgeschichte 23,13-35 **Montag, 18.**

Es sieht für Paulus finster aus. Er wird ausgerechnet von denen mit dem Tod bedroht, die ihm als Juden nahestehen. Zum Glück wird der hinterlistige Tötungsplan vereitelt. Über seinen Neffen fädelt Paulus den Kontakt zu den römischen Militärs ein, die im Land das Sagen haben. Nun geht alles seinen geordneten juristischen Gang. Wie gut, dass Paulus der Hetze und der Willkür der religiösen Fanatiker entrissen wird! Funktionierende staatliche Organe erweisen sich als ein Segen. Sie bewahren davor, dass sich die Stärkeren auf Kosten anderer durchsetzen. In einem geordneten Staat zu leben, ist bis heute ein Grund zur Dankbarkeit, auch wenn es manches zu bemängeln gibt. Auch wir sollten der gegenwärtigen Staats- und Politikverdrossenheit wehren und uns dankbar erzeigen für alle, die politische Verantwortung übernehmen. Für sie zu beten, sollte uns selbstverständlich sein.

„Denn es ist keine Obrigkeit außer von Gott." *Römer 13,1*

Klarheit und Wahrheit

Apostelgeschichte 24,1-21 **Dienstag, 19.**

Paulus ist nach Cäsarea maritima gebracht worden, der römischen Hauptstadt Palästinas. Dort regiert der Prokurator Felix. Um Paulus anzuklagen, erscheint eine hochrangige Delegation aus Jerusalem. Sie will Felix günstig stimmen und schmiert ihm Honig ums Maul (V. 2.3). Peinlich! Denn der Historiker Tacitus urteilte anders: „Felix übte die Macht mit Wildheit und Gier eines Königs mit dem Gemüt eines Sklaven aus." Paulus schließt sich deshalb der Lobhudelei seiner Vorredner nicht an, sondern verweist Felix auf dessen Aufgabe, nämlich „Richter" (V. 10) zu sein. Dann schildert er sachlich, was sich in Jerusalem zugetragen hat, auch die Spannungen wegen der Frage der Auferstehung (vgl. 23,6.7). In einer aufgeheizten Lage tun alle Beteiligten gut daran, bei der Wahrheit zu bleiben und sich um Sachlichkeit zu mühen. Nur dann bleibt unser Gewissen „unverletzt“ (V. 16).

„Eure Rede aber sei: Ja, ja; nein, nein.“ *Matthäus 5,37*

Chance nutzen

Apostelgeschichte 24,22-27 **Mittwoch, 20.**

Felix hält Paulus weiter gefangen, erfreulicherweise unter erleichterten Bedingungen. Warum? Zum einen zeigt er ein gewisses Interesse an dessen religiösen Ansichten, zum anderen hofft er auf Bestechungsgelder (V. 26). Bald schlägt Felix, in dritter Ehe mit Drusilla verheiratet, eine missionarische Sternstunde. Beide lassen sich von Paulus über den christlichen Glauben informieren. Evangelisation für zwei! Paulus spitzt die frohe Botschaft von Jesus auf die beiden zu. Dabei spricht er die heiklen Punkte an und sticht damit in ein Wespennest. Wen wundert's, dass Felix die Szene abbricht und auf „gelegene Zeit“ verschiebt. So sollten wir's nicht halten, wenn wir die Jesusbotschaft hören und uns dabei klar wird, was bei uns alles schiefgelaufen ist. Die Wahrheit schadet nie. Sie hilft uns, Sünde zu bereinigen und ein neues Verhalten einzuüben.

„(Er) hörte ihn über den Glauben an Christus Jesus.“
Apostelgeschichte 24,24

Recht soll Recht bleiben

Apostelgeschichte 25,1-12 **Donnerstag, 21.**

Der neue Machthaber Festus, der bei Historikern einen besseren Ruf hat als Felix, zieht bereits nach wenigen Tagen nach Jerusalem. Will er die „Akte Paulus“ vom Tisch haben? Die jüdischen Oberen planen erneut, Paulus hinterrücks zu ermorden (vgl. 23,12 ff). Doch Festus beraumt ein ordentliches Gerichtsverfahren in Cäsarea an. Dort wiederholt sich das alte Spiel: Der Hass auf Paulus kennt keine Grenzen. Paulus wehrt sich dagegen, in Jerusalem verhört zu werden, weiß er doch, was ihn dort erwartet. Vor die Wahl gestellt, beruft er sich als römischer Staatsbürger auf den Kaiser. Damit entzieht er sich seinen jüdischen Widersachern. Wir sehen: Als Christen müssen wir nicht alles Mögliche still erdulden, sondern wir können die Möglichkeiten nutzen, die uns rechtlich zur Verfügung stehen. Vor allem dann, wenn das dem Lauf des Evangeliums dient.

„Ich stehe vor des Kaisers Gericht; da muss ich gerichtet werden."
Apostelgeschichte 25,10

Worum geht es eigentlich?

Apostelgeschichte 25,13-27 **Freitag, 22.**

Festus ist neu in seinem Amt und arbeitet ab, was von seinem Vorgänger liegen geblieben ist. Das klingt einfacher, als es ist, denn in der „Paulus-Sache", so gibt er es offen zu, hat er so überhaupt nicht verstanden, worum es geht. Der Besuch des Königs Agrippa und seiner Gemahlin Berenike ist seine Gelegenheit. Denkt er. Vielleicht würde es Licht in die Sache bringen, ihm Paulus vorzuführen.

Ich habe das auch schon erlebt: Für Außenstehende sind manche gemeindeinternen Aufreger völlig unverständlich. Da sind wir frommen Leute verheddert im internen Kleinklein und kommen einfach nicht voran. Auf kirchenferne Mitmenschen wirkt das oft nicht besonders einladend. Vielleicht kann genau dies weltliche Unverständnis für uns ein Denkanstoß sein, um zu prüfen, worum es wirklich geht: darum, Recht zu behalten, oder um die Liebe?

„Prüft aber alles und das Gute behaltet." *1. Thessalonicher 5,21*

Augen auf!

Apostelgeschichte 26,1-23 **Samstag, 23.**

Paulus erzählt seine Geschichte – nicht zum ersten Mal. Jesus hat in sein Leben eingegriffen, obwohl Paulus, als ehemals gesetzestreuer Pharisäer, doch davon überzeugt war, in Gottes Sinn alles richtig zu machen. Dann kommt die Kehrtwende, die Begegnung, die Paulus blind vom Pferd stürzen lässt und ihm zugleich die Augen öffnet. Jesus zeigt ihm, dass sein Auftrag ein ganz anderer ist: Wie Jesus ihm den Blick verändert hat, so soll Paulus zukünftig anderen Menschen die Augen öffnen. Sie sollen mit offenen Augen selbst erkennen, dass bei Jesus ein lebendiger Glaube zu finden ist, der das eigene Leben letztendlich heller macht als das reine Befolgen frommer Regeln. Vor der Begegnung bei Damaskus war der Blick des Paulus auf Jesus von seinem frommen Übereifer verdunkelt. Was trübt mir den Blick?

„Ich will dich unterweisen und dir den Weg zeigen, den du gehen sollst; ich will dich mit meinen Augen leiten.“ *Psalm 32,8*

Wochenspruch

Wohl dem Volk, dessen Gott der HERR ist, dem Volk, das er zum Erbe erwählt hat! *Psalm 33,12*

Wohin damit?

Psalm 17 **Sonntag, 24.**

David klagt Gott, was ihm widerfahren ist. Er sucht bei Gott Schutz und Trost vor Unrecht und Gewalt. All seine Not legt er in Gottes Hand und vertraut darauf, dass er sich kümmern und für Gerechtigkeit sorgen wird. Wenn nicht unmittelbar, so doch zu einem späteren Zeitpunkt. Das ist alles, was David in seiner Situation tun kann und will. Er verliert sich nicht in Rachegedanken, Wut oder Hass gegenüber denen, die ihm Gewalt angetan haben. Das beeindruckt mich.

Unser himmlischer Vater hat ein Ohr für das Unrecht, das uns geschieht, und unsere Frustration darüber. Wir sind mit unseren dunklen Gedanken nicht allein. Gott schenke uns die Weisheit zu unterscheiden, wann es Zeit ist, Unrecht beim Namen zu nennen, und wann es Zeit ist, Unrecht zu Gott zu bringen.

„Im Treiben der Menschen bewahre ich mich durch das Wort deiner Lippen vor Wegen der Gewalt." Psalm 17,4

Geduld ist gefragt

Apostelgeschichte 26,24-32 **Montag, 25.**

An dem, was Paulus sagt, ist was dran. Er überzeugt im heutigen Text den König und bringt auch Festus ins Überlegen. Er kann es also, er ist gut in dem, was er tut, egal in welcher Lebenslage. Hier sogar in gefesseltem Zustand. Jesus hat ihn nicht umsonst als „Augenöffner" berufen. Paulus ist eine begabte und qualifizierte Fachkraft! Ich frage mich: Wie hat Paulus es geschafft, jahrelang (!) im Gefängnis zu sitzen, obwohl er eigentlich längst hätte frei sein können (V. 32)? Dadurch konnte er nur sehr eingeschränkt das tun, wozu er berufen war, wofür er brannte. Hat ihn das nicht frustriert, so völlig unterfordert zu sein? Mir fällt es unglaublich schwer, mit einer extern bedingten Stilllegung klarzukommen. Da bleibt mir nur, darauf zu vertrauen, dass es durchaus zu Gottes Plan gehören kann.

„Denn meine Gedanken sind nicht eure Gedanken, und eure Wege sind nicht meine Wege, spricht der HERR." Jesaja 55,8

Wenn's mal wieder länger dauert …

Apostelgeschichte 27,1-12 **Dienstag, 26.**

Im heutigen Text werden einige Eckdaten zu Reiseablauf und -route genannt. Wenn ich diese Beschreibung mit unseren heutigen Reisestandards vergleiche, sträuben sich mir die Haare. Bei uns sind Standort- und Reisemittelwechsel minutiös vorbereitet, Plätze sind reserviert. Wir rechnen nicht ernsthaft mit Problemen.

Wir wissen, worauf wir uns einlassen, und sind nicht selten überfordert, wenn etwas dazwischenkommt – Stau, Zugverspätung, Unwetter... Auch unsere Lebensreise versuchen wir gut zu planen, doch haben wir schon einige Male erlebt, dass sich Umwege nicht vermeiden lassen. Paulus überbrückt die Wartezeit damit, seine Freunde zu treffen und sich von ihnen versorgen zu lassen. Den späteren Schiffbruch kann er nicht verhindern... Wie kann ich eine unplanmäßige Warteschleife verbringen, sodass sie mir guttut?

„Des Menschen Herz erdenkt sich seinen Weg; aber der HERR allein lenkt seinen Schritt." *Sprüche 16,9*

Hoffnungsgeber

Apostelgeschichte 27,13-26 **Mittwoch, 27.**

„Alles ist verloren!" Das dachten sich die Seeleute und Lukas, der davon berichtet (V. 20). Doch inmitten des Sturms gibt Paulus ihnen mit der lebensrettenden Botschaft neue Hoffnung. Obwohl er selbst mit ihnen im Sturm festsitzt. Eine Hoffnung, die nicht von ihm kommt, sondern von Gott.

Zwar bekommen vermutlich nur wenige von uns so spezifische Botschaften direkt von einem Engel, dennoch können wir uns Paulus hier zum Vorbild nehmen. Die wichtigste Botschaft von Gott haben wir bereits. Anstatt sie in Krisenzeiten für uns zu behalten, können wir es Paulus nachmachen: den Menschen, die mit uns durch diese Krise gehen und möglicherweise Jesus noch nie kennengelernt haben, neue Hoffnung geben mit der guten Nachricht von Jesu Tod am Kreuz und seiner Auferstehung für uns. Wer sollte heute von dieser Hoffnung hören?

„Lasst uns festhalten an dem Bekenntnis der Hoffnung und nicht wanken; denn er ist treu, der sie verheißen hat." *Hebräer 10,23*

Stürmisches Essen

Apostelgeschichte 27,27-44 **Donnerstag. 28.**

Essen mitten im Sturm? Abgesehen davon, dass es logistisch nicht so einfach ist, ist es absolut notwendig. Die Seeleute haben in diesem Sturm schon zwei Wochen lang nichts gegessen und sie brauchen jede Kraft. Gleichzeitig gibt es Paulus die Möglichkeit, ein öffentliches Zeugnis für Gott zu geben, indem er ihm für die Versorgung im Sturm dankt und damit den Seefahrern verdeutlicht, welcher Gott ihm zur Seite steht.

Wie die Seeleute vergessen wir während Krisen gerne mal, auf uns selbst zu achten, weil wir zu beschäftigt sind, ein manchmal unlösbares Problem zu lösen. Dadurch raubt unser Tatendrang uns indirekt die eigene Kraft. Paulus zeigt uns, dass wir auch in den Stürmen des Lebens, wie einer Kündigung oder Krankheit, Jesus für seine Versorgung danken dürfen und bei ihm neue Kraft finden können.

„Er gibt dem Müden Kraft und Stärke genug dem Unvermögenden."

Jesaja 40,29

Taten sagen mindestens so viel wie Worte

Apostelgeschichte 28,1-16 **Freitag. 29.**

Nachdem Gott, wie von Paulus vorhergesagt, die Reisenden gerettet hatte, zeigt Paulus gleich zweimal, dass Gottes Kraft nicht nur in Worten durch ihn wirkt, sondern auch in Taten. Erstens, indem er die gefährliche Schlange ohne Schaden einfach abschüttelt. Zweitens, weil er für die Menschen auf Malta betet und sie heilt.

Als Christen sind wir gut darin, über Gottes Wirken zu reden, solange wir unter uns sind. Sobald es an die Öffentlichkeit geht, werden wir fast stumm. Dann nicht nur zu reden, sondern wie Paulus auch noch mutig unter Ungläubigen öffentlich zu beten und im Vertrauen auf den Heiligen Geist unseren Worten auch Taten folgen zu lassen, das ist noch mal eine ganz andere Geschichte. Besonders, wenn es unangenehm wird. Wie würde mein Leben aussehen, wenn ich es Paulus heute gleichtun würde?

„Darin wird mein Vater verherrlicht, dass ihr viel Frucht bringt und werdet meine Jünger.“ *Johannes 15,8*

Eine Reise geht zu Ende

Apostelgeschichte 28,17-31 **Samstag, 30.**

Paulus ist am Ende angelangt, jedenfalls am Ende seiner biblisch berichteten Reise, nicht seiner Tätigkeit. Denn bis zum Ende teilt er mit den Menschen, was er liebt: Jesus Christus. Er lässt sich nicht von Zustimmungsraten oder von räumlichen Gegebenheiten einschränken. Im Gegenteil, voller Mut lädt er Leute zu sich ein und erzählt ihnen von Jesus.

Paulus zeigt uns, dass Christsein nicht nur ein kurzer Abschnitt oder Nebenaspekt auf unserer Lebensreise ist. Ab dem Moment, wenn wir Christus in unser Herz lassen, sollten wir danach streben, ihm mit unserem ganzen Dasein nachzufolgen. Das mag bei jedem anders aussehen und sich über die Zeit verändern. Wichtig ist nur, dass wir es nicht vergessen, heute, morgen und bis zum Ende unseres Lebens. Lasst uns heute dafür beten.

„Alles aber tue ich um des Evangeliums willen, auf dass ich an ihm teilhabe.“ *1. Korinther 9,23*

Wochenspruch

Gott widersteht den Hochmütigen, aber den Demütigen gibt er Gnade. *1. Petrus 5,5b*

Trotz Spott an Gott festhalten

Psalm 119,49-56 **Sonntag, 31.**

Die Spötter sind überall! Der Psalmist sieht sich einer Welt ausgesetzt, in der Spott über Gottes Wort und über seine Nachfolger an der Tagesordnung ist. Aber egal wie groß der Spott ist, er kennt die Versprechen und Wundertaten Gottes. Er weiß, dass er den größtmöglichen Schatz in Gottes Wort gefunden hat. Und den gibt er nicht mehr her, komme, was wolle. Ich glaube, uns ergeht es heute nicht anders. In einer Welt, die Gott scheinbar vergessen hat, gleicht das Festhalten an Gottes Wort einem Angriff auf jeden Götzen, den sich die Welt aufgebaut hat. Da ist Spott keine Überraschung. Gottes Wort nicht nur zu kennen, sondern auch im Angesicht von Widerstand daran festzuhalten, ohne es mit anderem zu mischen, ist schwierig, aber die einzige Quelle wahren Trostes, wenn wir Spott erfahren.

„Frieden lasse ich euch, meinen Frieden gebe ich euch. Nicht gebe ich euch, wie die Welt gibt. Euer Herz erschrecke nicht und fürchte sich nicht.“ *Johannes 14,27*

Monatsspruch September
Gott ist unsre
Zuversicht und Stärke.
Psalm 46,2

Das 4. Buch Mose (Numeri)

Das 4. Buch Mose erzählt die Wanderung Israels vom Sinai bis zum Gelobten Land. Der Aufenthalt am Sinai, wo das Volk viele Ordnungen und Anweisungen von Gott erhielt (2 Mo 19 – 4 Mo 10), hatte die Wüstenwanderung unterbrochen. Der 2. Teil der Wanderung (4 Mo 10–21) führt nun bis ins Land Moab, zur Eroberung des Ostjordanlandes und seiner Verteilung an die Stämme Ruben, Gad und den halben Stamm Manasse (Kap. 31+32). Den Übertritt über den Jordan und die Eroberung des Westjordanlandes erzählt das Buch Josua.
Der Weiterzug durch die Wüste ist bestimmt von erheblichen Spannungen im Volk und von Kämpfen mit anderen Volksstämmen am Rande der Wüste. Je näher Israel dem verheißenen Land kommt, umso massiver werden das „Murren" und die Verweigerung weiterzuziehen. Die Kritik an Mose wird lauter: offener Aufruhr der Rotte Korach (Kap. 16 f), Streitereien mit Aaron und Miriam (Kap. 12), Frust und Mutlosigkeit nach dem Bericht derer, die das verheißene Land auskundschaften sollten (Kap. 13 f), sogar Verehrung fremder Götter (Kap. 25).
Gottes Vernichtungsandrohung wegen Israels Verhalten kann Mose wiederum durch seine Fürbitte abwenden, nicht aber den Aufenthalt von 40 Jahren in der Wüste und die Entscheidung Gottes, dass außer Kaleb und Josua keiner der Wüstengeneration ins verheißene Land kommen werde (14,11 ff).
Zugleich bezeugt das 4. Buch Mose Gottes treue Führung und Versorgung für sein Volk. Er schenkt Siege gegen Amoriter und Midianiter (Kap. 21+31), wendet den Fluch des Sehers Bileam gegen Israel um in Segen für Israel (Kap. 22-24). Dieser bezeugt offen Gottes Übermacht: „Wie soll ich fluchen, dem Gott nicht flucht?" (23,8). Er sorgt nach Miriams und Aarons Tod für Klarheit, wer nach Moses Tod das Volk führen soll: Josua wird als Nachfolger eingesetzt (27,12-23). (UB)

Der Herr segne dich

4. Mose 6,22-27 **Montag. 1.**

Wie oft haben wir diesen Text schon gehört? Aber haben wir uns schon mal genauer Gedanken darüber gemacht? Was wird uns hier zugesprochen, am Ende des Gottesdienstes? Segnen = mit Kraft ausstatten, ganz und heil machen. Behüten = sich liebevoll um etwas kümmern. Gnädig = unverdiente Zuwendung. Frieden = Heil und Unversehrtheit. Besonders stark V. 26.27: Der große und allmächtige Gott nimmt uns wahr. Er schaut uns an, nicht nur im schnellen Vorbeigehen, sondern er schaut uns ins Gesicht. Er möchte uns auch von außen durch das Leuchten verändern und unser Leben hell machen und uns inneren Frieden geben. Ich wünsche uns sehr, dass dieser Segen nicht mit dem Ende des Gottesdienstes verpufft, sondern uns durch die ganze Woche hindurchträgt. Den Israeliten gab er Kraft, weiter mutig durch die Wüste ins Gelobte Land zu wandern.

„Der HERR lasse sein Angesicht leuchten über dir und sei dir gnädig.“
4. Mose 6,25

Gott ist gegenwärtig

4. Mose 9,15-23 **Dienstag. 2.**

Wie auch immer man sich diese Wolkensäule und Feuersäule vorstellen muss, sie war ein gutes Navigationsgerät für die Israeliten. Und im heutigen Abschnitt hält sich das Volk Gottes auch genau an seine Weisungen. Auch wenn es ihnen vielleicht zu mühsam ist, nach zwei Tagen alles wieder einzupacken und weiterzuziehen, oder wenn sie sich nach einem Monat fragen, wann es denn endlich weitergehen soll. Aber wie ist es bei uns heute? Für das tägliche Leben haben wir ein Navi im Auto oder Handy und lassen uns per digitaler Karte an den richtigen Ort lotsen. Wir wollen informiert sein, wo wir sind und was es dort alles gibt. Aber wie sieht es im geistlichen Leben aus? Wer darf uns dort den Weg zeigen? Wissen wir dort alles besser? Wie können wir auf Gottes Stimme hören und ihn in den Blick bekommen?

„Nach dem Wort des HERRN brachen sie auf, und nach seinem Wort lagerten sie sich. Solange die Wolke auf der Wohnung blieb, so lange lagerten sie.“ 4. Mose 9,18

Aufbruch vom Sinai

4. Mose 10,11-36 **Mittwoch, 3.**

Über zwei Jahre haben die Israeliten bereits in der Wüste verbracht. Und nun geht es endlich in Richtung des Gelobten Landes. Bisher haben sie im Steppenland gewartet und haben sich alle Anweisungen von ihrem Gott angehört und verinnerlicht. So wird im vollen Gehorsam gegenüber dem Herrn der Aufbruch penibel genau vollzogen. Noch hält das Volk tapfer durch auf der scheinbar endlosen Reise durch die Wüste. Bereits am Anfang erfährt man das Etappenziel. Es ist wieder kein richtig fruchtbares Land. Es ist die Steppe Paran. Mose weiß um den beschwerlichen Weg und erbittet sich Hilfe durch seine Familie. Denn Gott zeigt zwar die Richtung, aber Hobab hat Erfahrung mit der Wüste. Auch bei dieser Reise ist Gott als Wolken- und Feuersäule dabei. Wer steht uns im Leben zur Seite?

„So brachen sie zum ersten Male auf nach dem Wort des HERRN durch Mose.“ 4. Mose 10,13

Das Volk fordert Fleisch

4. Mose 11,1-23 **Donnerstag, 4.**

Schon ist es passiert. Das Volk klagt über Gott und Mose. Angestachelt vom fremden Volk sehnt es sich nach der reichhaltigeren Küche Ägyptens. Mose kann den Zorn Gottes nachempfinden, ist selbst frustriert. Er ist am Ende seiner Kräfte, klingt sogar depressiv und wünscht sich den Tod. Der große Anführer hat sich in dem Punkt verrannt, dass er alles allein tragen muss. Aber Gott zeigt ihm einen Ausweg, den auch wir bei Überforderung nutzen sollten. Er soll sich siebzig Männer zur Seite stellen, somit muss nicht nur er die mindestens 600.000 Männer „tragen“. Gott geht noch weiter. Er kündigt mit Worten wie ein Marktschreier Fleisch in Hülle und Fülle an, bis es ihnen zum Hals heraushängen wird. Als praktischen Tipp für diesen Tag sollten wir Gottes Rat an Mose beherzigen und uns in der Not Helfer/Hilfe suchen.

„Ich vermag all das Volk nicht allein zu tragen, denn es ist mir zu schwer.“ *4. Mose 11,14*

Gott schickt Fleisch

4. Mose 11,24-35 **Freitag, 5.**

Das neue Gremium kommt zusammen und empfängt Gottes Geist. Zwei der Auserwählten sind im Lager geblieben, aber auch sie werden vom Geist erfüllt. Josua reagiert ablehnend, aber Mose hält sie nicht auf. Danach zieht ein Wind auf und treibt Wachteln ins Lager. Mancher mag nur ein Naturschauspiel darin sehen, wenn die Vögel auf der Reise in den Süden in großen Schwärmen irgendwo landen. Aber es geschieht genau zu dem Zeitpunkt, da Gott es versprochen hat. Wachteln in riesigen Mengen. Allerdings kann das Volk scheinbar nicht warten und isst das Fleisch teils roh. Gier und Hunger sind zu groß. Gott hatte ihnen Essen für einen Monat versprochen, also hätten sie keine Angst haben müssen, dass die nächste Mahlzeit wieder kärglich ausfallen würde. Aber so sterben einige gleich am Anfang dieser Zeit und geben uns damit ein warnendes Beispiel.

„Der HERR lässt den Gerechten nicht Hunger leiden; aber die Gier der Gottlosen stößt er zurück.“ *Sprüche 10,3*

Familienstreit in der Gemeinde

4. Mose 12,1-16 **Samstag, 6.**

Mirjam und Aaron, Moses Geschwister, greifen die Autorität ihres Bruders an. Eigentlich haben sie beide als Prophetin und Priester einen guten Platz im Volk Israel. Sie sind aber nicht zufrieden damit, dass Gott Mose die Hauptverantwortung für den gefährlichen Weg durch die Wüste gegeben hat. Mose ist auf besondere Weise von Gott eingesetzt und berufen. Andere haben andere Aufgaben und alle sollen sich gegenseitig achten. Sieben Tage dauert die Strafe für Mirjam. Sie wird ausgeschlossen aus der Gemeinschaft. Danach findet sie wieder durch Moses Fürbitte ihren Platz. Auch wenn sich in manchen Gemeinden alle als Geschwister bezeichnen, bleibt doch in den Aufgaben, in der Verantwortung und in den Diensten ein Unterschied, der nicht aufgehoben werden kann. Gott gibt verschiedene Gaben und Ämter.

„Denn einer ist euer Meister; ihr aber seid alle Brüder." Matthäus 23,9

Wochenspruch
Das geknickte Rohr wird er nicht zerbrechen, und den glimmenden Docht wird er nicht auslöschen. Jesaja 42,3

Reichtum und Erben

Psalm 119,57-64 **Sonntag, 7.**

Wenn wir an das Erbe denken, fallen uns zuerst Geld und Gut ein. Natürlich erben wir auch andere Dinge: Aussehen, Sprache, Körpergröße, Augenfarbe, Geschlecht und Verwandtschaft. Das alles ist auch ein Erbe. Daneben gibt es ein soziales Erbe. Wir erben Haltungen, Einstellungen und Werte. Im Psalm 119 entscheidet sich der Beter, das Erbe anzutreten, das ihn in die Zukunft führt. Es sind Gottes bewährte Gebote. Gottes Wegweisung, seine Einsicht, seine Ermahnungen und sein gnädiges Führen. Das macht das Herz ruhig und zeigt Zukunft auf. Das ist ein Erbe, das auf Gottes Wegen zum Frieden, zur Gewissheit und letztlich, durch den Glauben, zum ewigen Leben führt. Es ist ein aktiver Schritt, sich für die Wege Gottes zu entscheiden. Eine Entscheidung, die gerade in unsicheren Zeiten Vertrauen in die Kraft Gottes setzt.

„Selig sind die Sanftmütigen; denn sie werden das Erdreich besitzen."
Matthäus 5,5

Wem gehört das Land?

4. Mose 13,1-3.17-23 **Montag, 8.**

Wer ein Land einnehmen möchte, schickt Spione und erwartet genaue Informationen. Ist das Land einnehmbar oder zu gefährlich? Damals ging es um die neue Heimat eines wandernden Volkes. Israel brauchte eine neue Heimat, ein Land mit Feldern, Städten und Grenzen. Christen brauchen kein Land mehr einzunehmen und die rechte Anbetung findet seit Jesus im Geist und in der Wahrheit statt. An jedem Ort. Christen können in jedem Land leben, weil der Glaube im Herzen, in der Gesinnung und im Umgang stattfindet. Jesus hatte keinen Besitz, aber ihm ist alle Macht im Himmel und auf Erden gegeben. Er gewinnt Herzen und damit gehört ihm auch der Besitz, das Wissen, der Umgang und das Eigentum der Christen. So stellt sich die Frage, schickt Jesus auch Spione in mein Leben und erforscht, ob es einnehmbar ist?

„Ich will aber, dass ihr wisst, dass Christus das Haupt eines jedem Mannes ist; [...] Gott aber ist das Haupt Christi.“ *1. Korinther 11,3*

Starten und Abbrechen

4. Mose 14,1-25 **Dienstag, 9.**

Schlimmer kann es nicht kommen. Durch Wunder und Gottes Hilfe ist das Volk aufgebrochen in Richtung Freiheit. Der Weg wird schwer und bedrohlich, und nun wollen viele lieber zurück in die bekannte Sklaverei. Was damals als Lösung erschien, wird jetzt zum Problem. Mose, der gefeierte Retter, soll abgesetzt, ja sogar gesteinigt werden. Da greift Gott ein. Er hat ein Ziel für das Volk und geht weiter mit. Allerdings werden die Verzagten das Land, in dem Milch und Honig fließen, nie sehen. Das gibt es in unserem Leben auch, dass ein Aufbruch, eine Entscheidung, eine Beziehung oder ein Neuanfang an den damit verbundenen Schwierigkeiten zu scheitern droht. Der Rückfall ins Alte scheint dann besser als der Aufbruch. Gott will uns aber in ein gesegnetes Leben führen und bleibt seinen Verheißungen treu.

„Wer die Hand an den Pflug legt und sieht zurück, der ist nicht geschickt für das Reich Gottes.“ *Lukas 9,62*

Auf Gott warten

4. Mose 14,26-38 **Mittwoch, 10.**

Vierzig Jahre muss das wandernde Volk in der Wüste bleiben, bis alle Menschen über zwanzig Jahre, die gemurrt haben, gestorben sind. Das ist ein hartes Urteil über die, die verzagt in die Zukunft schauen. Gleichzeitig eröffnet Gott die neue Zukunft für alle, die zur Zeit dieser großen Krise unter zwanzig Jahre alt sind. Sie sollen, den Ängsten der Alten zum Trotz, in der neuen Heimat glücklich werden. Vierzig ist in der Bibel eine Zahl mit emotionaler Tiefe. Vierzig Tage brauchten die Kundschafter, vierzig Jahre wanderte das Volk, vierzig Tage fastete Jesus und vierzig Tage nach Ostern feiern wir Jesu Himmelfahrt. Es ist die Zahl der Reife, aber auch die Zahl der Beendigung der Strafe. Ein neuer Anfang mit Gott ist möglich, auch wenn vieles schon in eingefahrenen Gleisen verläuft.

„Und da er vierzig Tage und vierzig Nächte gefastet hatte, [...] traten Engel herzu und dienten ihm.“ *Matthäus 4,2.11*

Wiedergutmachen

4. Mose 14,39-45 **Donnerstag, 11.**

Die Israeliten sind traurig. Wie oft hatten sie sich gegen ihren Gott gestellt, ihn infrage gestellt, seine Zusagen angezweifelt. Wie oft wollten sie umkehren. Wie viele Zeichen und Wunder hatten sie erlebt. Wie viele Tage wurden sie mit allem versorgt, was sie auf ihrem Weg brauchten. Jetzt hat das Volk seinen Fehler erkannt und möchte ihn wiedergutmachen, doch aus eigener Kraft. – Es geht nicht gut aus. Was tun wir, wenn uns unser Versagen bewusst wird, wenn wir erschrocken über uns selbst sind, traurig und bloßgestellt? Wenn wir nur die Zeit zurückdrehen könnten! Laufen wir wie blind in unser Unglück oder können wir uns Gott zuwenden, unseren Stolz ablegen, ihm vertrauen (wie ein Kind) und an seiner Hand weitergehen, auch wenn dies einen Umweg bedeutet? Gott geht mit.

„Wenn der HERR uns gnädig ist, so wird er uns in dies Land bringen und es uns geben, ein Land, darin Milch und Honig fließt."

4. Mose 14,8

Rückendeckung

4. Mose 17,16-26 **Freitag, 12.**

Gott hat Mose und Aaron einen Auftrag gegeben. Wieder einmal hagelt es von allen Seiten Kritik. Gott gibt ihnen Rückendeckung, indem er dem Volk zeigt, dass er Aaron unterstützt. Aarons Stab blüht als einziger, er trägt sogar Früchte und bleibt fortan bei der Bundeslade.

Menschen, die in Verantwortung stehen, sei es in der Politik oder in der Gemeinde, sind oft unter besonderer Beobachtung. Nicht selten geraten sie in die Kritik, wenn sie unpopuläre Entscheidungen treffen. Schließen wir uns diesem „Murren" unreflektiert an, wenn wir anderer Meinung sind? Als Leiterin eines kirchlichen Jugendzentrums habe ich die Erfahrung gemacht, dass es immer jemanden gibt, dem deine Entscheidungen missfallen und der dies auch deutlich zum Ausdruck bringt. Aber es gibt auch jene, die konstruktiv ihre Meinung sagen und somit zum Gelingen einer Aufgabe beitragen.

„Dein Wille geschehe wie im Himmel so auf Erden." Matthäus 6,10

Das Problem

4. Mose 20,1-13 **Samstag, 13.**

Mose und Aaron stehen vor einem großen Problem: Es gibt kein Wasser. Die Menschen, die ihnen anvertraut sind, und ihre Tiere haben nach der Wanderung Durst. Wie lange können sie wohl noch ohne Wasser überleben? Mit diesem Problem vor Augen

wenden sie sich an Gott, der ihnen hilft. Aber Gott hat wohl eine andere Reaktion von den beiden erwartet: Den Felsen mit dem Stab zu schlagen rückt Mose in den Mittelpunkt, nicht Gott. Denkt Mose, dass Gott sich nicht um ihre Bedürfnisse kümmert, obwohl er es ihnen zugesagt hat? Will er nachhelfen?
Ich kann mich so gut in die Situation hineinversetzen. Ich hätte angesichts der Schwierigkeiten auch nur Augen für das Problem gehabt und vielleicht selbst etwas probiert. Wir brauchen einen Perspektivwechsel. Lasst uns auf Gott schauen. Er schenkt Wasser zum Leben.

„Wer aber von dem Wasser trinkt, das ich ihm gebe, den wird in Ewigkeit nicht dürsten.“ *Johannes 4,14*

Wochenspruch
Christus spricht: Was ihr getan habt einem von diesen meinen geringsten Brüdern, das habt ihr mir getan. *Matthäus 25,40b*

Schmerzhafte Einsicht

Psalm 119,65-72 **Sonntag, 14.**

„Nimm den Kopf runter, wenn du geschossen hast. Die da unten wissen genau, wo wir sind.“ Die beiden Armbrustschützen kauern hinter der Brustwehr ihrer belagerten Burg, während der Jüngere gerade seine Waffe spannt und einen neuen Bolzen einlegt. „Wozu? Ich habe doch einen Helm.“ Wortlos nimmt der Ältere seinen Helm ab und zeigt seinem Kameraden die tiefe Furche, die sich über sein graues Haupt zieht. Ebenso wortlos rutscht der Jüngere ein ganzes Stück tiefer hinter die Mauer.
Demut zu lernen, tut weh und wir würden es lieber überspringen. Außerdem: Sind wir nicht weiser als der Schöpfer des Universums? Pustekuchen! Also: Kopf runter! Wir brechen uns keinen Zacken aus der Krone, wenn wir auf ihn hören. Jesus selbst war „sanftmütig und von Herzen demütig“ (Mt 11,29). Gott meint es gut mit uns.

„Es ist gut für mich, dass ich gedemütigt wurde, damit ich deine Gebote lerne.“ *Psalm 119,71*

Der Nachfolger

4. Mose 20,22-29 **Montag, 15.**

Der alte Bauer blickte traurig aus dem kleinen Fenster des Zimmerchens, in dem sich nun all sein irdischer Besitz befand. Ein Tisch mit einer Petroleumlampe, ein Himmelbett mit Christusbild an der Wand, ein Schrank mit Bettzeug und ihrem Sonntagsstaat, eine bemalte Truhe mit den Erinnerungen eines Lebens. Er seufzte. Nichts mehr zu sagen zu haben, das tat weh. Die alte Bäuerin hingegen blätterte lächelnd in ihrer Bibel. Endlich war die Arbeit eines Lebens getan. Seit der Hofübergabe gestern war ihr Sohn der neue Bauer und versorgte sie beide.

Es kommt für jeden für uns der Tag, an dem wir wie Aaron von der Bühne des Lebens abtreten müssen. Fehler sind gemacht worden. Aber vieles war auch gut. Wir alle werden ein unvollkommenes Leben in Gottes Hände zurücklegen. Aber seine Gnade ergänzt alles, was gefehlt hat.

„Auch bis in euer Alter bin ich derselbe, und ich will euch tragen, bis ihr grau werdet.“ *Jesaja 46,4*

Blickwechsel

4. Mose 21,4-9 **Dienstag, 16.**

Die Erzählung von der „ehernen Schlange“ hat eine breite Wirkungsgeschichte im Alten wie im Neuen Testament entfaltet. Das eigentliche Problem: Eine zentrale Glaubensaussage ist infrage gestellt worden. Nämlich, ob Gott wirklich Wort hält. Das Ziel des Auszugs aus Ägypten durch Gottes Führung in ein verheißenes Land wird angezweifelt. Man sieht nur, was vor Augen ist: Not und Mangel. Misstrauen macht sich breit. Eine Schlangenplage verändert die Situation. Jemand muss nun Abhilfe schaffen. Mose tut das in der Fürbitte. Auf das Gebet folgt die Handlung:

Eine „Signalstange“ wird aufgerichtet. Der Blickwechsel ermöglicht Rettung. Die Erhöhung der Schlange damals – wer auf sie schaut, wird gerettet – dient später als Beispiel. Jesu Kreuzigung wird verstanden als Erhöhung, nicht Erniedrigung. Wer auf Christus schaut, wird von Sünden gerettet.

„Wer an ihn glaubt, der wird nicht gerichtet.“ *Johannes 3,18*

Gottes Zeit und Gottes Stunde

4. Mose 21,21-35 **Mittwoch, 17.**

Nach dem Zug durch die Wüste kommt die Einnahme des Gelobten Landes durch die Israeliten in den Blick. Archäologen versuchen, diese Zeit nachzuzeichnen und zu erklären – mal mit mehr, mal mit weniger Erfolg. Im großen Zusammenhang der Landnahme und Besiedelung Israels gilt: Es werden Erfolge erzielt. Was damals im fruchtbaren Ostjordanland zur Zeit von Mose, Josua und der Richter geschah, kann man aus bestimmter Perspektive als „Gottes Zeit und Gottes Stunde“ verstehen. Die Siege beruhten zwar auf menschlicher Stärke, waren aber nur durch Gottes Macht und Eingreifen möglich. Darüber gab es für die Chronisten dieser Ereignisse kein Vertun. Einen Anspruch auf eine solche Stunde oder Zeit gibt es allerdings nicht. Diese ambivalente Erfahrung gehört zum Leben und zur Glaubenserfahrung dazu. Gottes Heilsplan jedoch schimmert immer wieder durch.

„Darum hoffen auf dich, die deinen Namen kennen.“ *Psalm 9,11*

Da kann man nichts machen

4. Mose 22,1-20 **Donnerstag, 18.**

Auf beinahe humorvolle Weise wird festgestellt: Da kannst du nichts mehr dran ändern, Bileam! Dieses Volk auf dem Weg durch die Wüste ins verheißene Land ist und bleibt gesegnet. Erstaunlich, wie Bileam offenbar hin- und hergerissen ist. Eigentlich ist doch glasklar, was Gott sagt! Bileam scheint aber auch nicht ganz abgeneigt zu sein, was die Angebote von Balak angeht. Oder ist er neugierig? Will er herausfinden, was es mit diesem Volk auf sich hat, das da durch den Westen des späteren Jordanien ins Gelobte Land einwandert? Manchmal fällt es gerade nicht-jüdischen Außenstehenden auf, was Gott in Israel tut. Das Staunen darüber, wie Gott mit seinem auserwählten Volk umgeht, wird nicht nur hier berichtet. Man denke beispielsweise an die Königin von Saba oder Elimelech im Buch Jeremia.

„Gott aber sprach zu Bileam: Geh nicht mit ihnen, verfluche das Volk auch nicht; denn es ist gesegnet." *4. Mose 22,12*

Orientalische Erzählkunst

4. Mose 22,21-41 **Freitag. 19.**

Die Erzählungen um Bileam leben von orientalischer Erzählkunst. Insbesondere die Szene mit dem sprechenden Esel und der Begegnung mit dem Engel. So unwahrscheinlich die Geschichte für eine rein vernunftmäßige Zugangsweise sein mag. Beeindruckend ist die Redlichkeit des sprechenden Esels! Immerhin hatte Bileam diesen Esel nahezu umgebracht. Bileam wurde durch die Umsicht seines langjährigen Reisegefährten vor dem sicheren Tod bewahrt: vor dem zornigen Engel mit gezücktem Schwert. Auf übertragener Ebene zeigt das, wie Gott durch zufällig wirkende Hindernisse und scheinbar Unwahrscheinliches wirkt. Sein Wille geschieht. Im Himmel wie auf Erden. Was Bileam eigentlich weiß, muss aber offenbar auch persönlich durchlebt werden. Danach ist er frei, den ihm offenbarten Weg Gottes weiterzusagen.

„[...] wie kann ich etwas anderes reden, als was mir Gott in den Mund gibt? Nur das kann ich reden!" *4. Mose 22,38*

Gott hält Wort

4. Mose 23,1-12 **Samstag, 20.**

Insgesamt viermal spricht Bileam Worte über Israel im Auftrag Gottes aus; niemals kann er das Volk Israel verfluchen. Im Gegenteil: Die Segensworte steigern sich von Mal zu Mal. Ein weiter Bogen wird in der Erzählung geschlagen. Die (Land-)Verheißungen an Jakob in Bethel (1Mo 35), seine Nachkommenschaft betreffend, kommen während der damaligen Besiedelung Israels zur Erfüllung. Bileam kann von Anfang an nur das sagen, wozu er von Gott autorisiert wird – diese Erfahrung teilen Bileam und Balak, der sich für sein Volk etwas ganz anderes gewünscht hätte. Dass Gott mit seinem Volk geht, ist eine klassische Gotteserfahrung. Ihm gebührt dafür Ehre und Lobpreis. Gott geht in Jesus Christus seinen Weg mit uns Christen. Das sichert Gott im Evangelium zu. Das mag nicht immer gleich für alle ersichtlich sein – auch für uns heute nicht. Trotzdem bleibt es wahr!

„Weise mir, HERR, deinen Weg." *Psalm 86,11*

Wochenspruch

Lobe den HERRN, meine Seele, und vergiss nicht, was er dir Gutes getan hat. *Psalm 103,2*

Sehnsucht nach Schutz

Psalm 20 **Sonntag, 21.**

Die Situation des Psalms ist mir fremd: Da bittet ein Volk seinen Gott darum, dass der König den Krieg gewinnen möge. Die Verbindung von Gott und König weckt üble Erinnerungen an die vielen unheiligen Allianzen zwischen Kirche und Krone, Krieg und Religion. Nein, Gewalt sollte sich niemals selbst heiligsprechen. Doch obwohl mir das so fern ist, kenne ich das Bedürfnis, das sich in diesem Lied ausdrückt: Schutz. Geborgenheit. Ganz nah ist mir der Wunsch danach, den Tag mit all seinen „Kämpfen" zu bestehen, ohne die Mittel der Gewalt, ohne „Wagen und Rosse" (V. 8).

In der Orientierung am Gott der Gerechtigkeit, im Gefolge des „Friedefürsten“ (Jes 9,5). So kann man den Tag hindurch leben, am Morgen zuversichtlich aufstehen und dann aufrecht bleiben (V. 9b).

„Jene verlassen sich auf Wagen und Rosse; wir aber denken an den Namen des HERRN, unsres Gottes.“ *Psalm 20,8*

Segen statt Fluch

4. Mose 23,13-30 **Montag, 22.**

Was für ein wilder Ritt (4 Mo 22,21-35) bis zu diesem Höhepunkt. Wie viele Windungen und Widerstände kennzeichnen Bileams Weg, damit Israel dem Fluch entgeht. Diese kurze biblische Episode ist nicht bloß eine Zusage an Israel, sondern eine Ansage über das Göttliche: Gott segnet. Bei all den Flüchen, die uns täglich über die Lippen kommen, möchte ich doch viel lieber in einer Segenswelt leben: wo wir Gutes übereinander sagen, hören und tun. Es gibt wohl diese Balak-Menschen, die das Böse suchen. Umso mehr freue ich mich über die verborgenen Bileams, die sich weigern mitzumachen. Die bei aller eigenen Blindheit (4 Mo 22,23.31) doch auf wundersame Weise richtig abbiegen. Bileam-Menschen, die anderen zum Segen werden. Da frage ich mich: Welcher von beiden bin ich wohl gerade?

„Siehe, zu segnen ist mir befohlen; er hat gesegnet, und ich kann's nicht wenden.“ *4. Mose 23,20*

Zwischen Segen und Fluch

4. Mose 24,1-25 **Dienstag, 23.**

Es ist doch irgendwie schade: Gerade noch hatte sich der Segen über Israel durchgesetzt (22.09.), sich in den Irrungen und Wirrungen des Lebens behauptet – da folgt der Rückschlag im Fluch Bileams über die anderen Völker. Mir gefällt nicht, dass der Segen auf Kosten anderer errungen wird. Mir gefällt nicht, dass der

Fluch aus demselben Munde erklingt wie eben noch der Segen. Doch gerade darin ist diese Geschichte ein ehrlicher Spiegel des Lebens. Ich habe leider nicht nur Segen zu bieten und das Leben segnet nicht nur. Es ist oft herausfordernd, Gott in diesem Durcheinander zu entdecken. Doch am Ende bleibt die Hoffnung, dass der lebendige und gnädige Gott selbst sich jeden Tag ein bisschen mehr durchsetzen wird, zum Segen, nicht zum Fluch.

„Ich habe dich gerufen, dass du meine Feinde verfluchen solltest, und siehe, du hast sie nun dreimal gesegnet.“ 4. Mose 24,10

Geheiligtes Scheitern

4. Mose 27,12-23 Mittwoch, **24.**

So kurz vorm Ziel! Ein ganzes Leben hatte Mose dieser Aufgabe gewidmet, das auserwählte Volk ins verheißene Land zu führen. Doch nun ist es an der Zeit, den Staffelstab weiterzugeben. Mose wird nicht vollenden dürfen, was Gott mit ihm begonnen hatte. Eine der größten Figuren der hebräischen Bibel stolpert auf der Zielgeraden. Der Ersatzmann muss ran. Und so tragisch das ist, beruhigt es doch auch ein wenig: Es hängt nicht alles an dem einen Menschen. Gott bringt Dinge zu Ende, wo uns Menschen längst die Luft ausgeht. Ein göttlich geheiligtes Scheitern. In dieser Perspektive könnten wir vielleicht sogar manche Herausforderungen des Alltags gelassener angehen.

„Der HERR, der Gott des Lebensgeistes für alles Fleisch, wolle einen Mann setzen über die Gemeinde, der vor ihnen her aus und ein geht und sie aus und ein führt, damit die Gemeinde des HERRN nicht sei wie die Schafe ohne Hirten.“ 4. Mose 27,16-17

Einführung in das Lukasevangelium s. S. 8

Kleine Anfänge

Lukas 13,18-21 **Donnerstag, 25.**

Kommt es auf die Größe an? Das Reich Gottes begann mit einigen verängstigten Jüngern und ist heute ein riesiger Baum, auch wenn seine Zweige untereinander nicht gerade einig sind. Aber nicht die Größe von Organisationen ist wichtig, sondern was, besser *wer*, darin steckt. Wir sind Gemeinde *Jesu*, und ich glaube, die Kirchen sind am stärksten, wo in ihnen Christus Gestalt gewinnt. Mit Leuten, die ganz klein, senfkornklein anfangen. So wie in St. Franziskus von Assisi. Es gibt ein bekanntes Gemälde, auf dem der Papst davon träumt, wie Franz die wankende Kirche stützt. Ich denke, zeichenhaftes Leben ist auch heute möglich. Überkonfessionell. Überall in der Gemeinde Jesu, wo Gott seinen Segen gibt.

„Habe ich dir nicht geboten: Sei getrost und unverzagt? Lass dir nicht grauen und entsetze dich nicht; denn der HERR, dein Gott, ist mit dir in allem, was du tun wirst.“ *Josua 1,9*

Die enge Pforte

Lukas 13,22-30 **Freitag, 26.**

Früher hing es in zahllosen frommen (Gemeinde-)Häusern: das bekannte Bild von den zwei Wegen (Mt 7,13-14). Der breite Weg zur Verdammnis war gesäumt mit Theatern und Tanzhallen. Das christliche Künstlerduo „Superzwei“ dichtete: „Das Bein, das sich zum Tanzen hebt, wird im Himmel abgesägt.“ Für die Matthäusstelle wie für unseren Lukastext gilt dieselbe Bemerkung: Hüten wir uns vor einem moralistischen Missverständnis. Die Tür zum Himmelreich ist der Glaube an Christus, nicht ein möglichst perfektes Halten der Gebote. Und Gebote haben wir hier nicht einmal. Tanzen und Theater sind nicht verboten, sondern Adiaphora:

Die Bibel sagt nichts darüber, aber es war Tradition in strengeren christlichen Kreisen, solche „ungeistlichen“ Dinge zu meiden ...

„Das ist Gottes Werk, dass ihr an den glaubt, den er gesandt hat.“
Johannes 6,29

Das Reich Gottes wächst und wächst ...

Lukas 13,31-35 **Samstag, 27.**

Jesus hatte zuvor an zwei Beispielen das Reich Gottes verdeutlicht: 1. Aus einem kleinen Senfkorn wächst unaufhörlich eine bis zu drei Meter hohe Senfstaude. 2. Eine kleine Menge Sauerteig durchsäuert einen Teig aus Mehl, sodass dieser haltbarer wird. Das Wachstum des Reiches Gottes in dieser Welt lässt sich nicht aufhalten.

Die Widerstände, denen sich Jesus gegenübersieht, wie die Feindschaft des Vierfürsten Herodes Antipas und die Wankelmütigkeit der Bevölkerung Jerusalems, vermochten die Ausbreitung des Reiches nicht zu hindern. Jesu Weg führt durch Leiden, er würde getötet werden, wie viele Propheten vor ihm. Er trauert über die Verblendung der Jerusalemer, die Gottes ausgestreckte Hand nicht sehen. Aber am Ende des Weges würde sein Sieg stehen – und unsere Erlösung.

„Die Zeit ist erfüllt, und das Reich Gottes ist nahe herbeigekommen. Tut Buße und glaubt an das Evangelium!“ *Markus 1,15*

Wochenspruch

Alle eure Sorge werft auf ihn; denn er sorgt für euch.
1. Petrus 5,7

Allem Anschein zum Trotz: Gott hat alles im Griff

Psalm 46 **Sonntag, 28.**

Die Einwohner Jerusalems befinden sich hier vielleicht in einer äußerst bedrohlichen Situation. Sie klagen Gott aber nicht an, sondern bekennen, dass er mächtig ist und ihnen beisteht. Zudem loben sie ihn für seine Taten und zeigen dabei in prophetischer Weise auf, dass er am Ende der Zeiten allen Kriegen ein Ende setzen und sich als der allmächtige Gott allen Völkern offenbaren wird.
Auch angesichts unserer Leiderfahrungen und aller bedrohlichen Verhältnisse auf unserer Welt darf uns bewusst sein, dass Gott der Herr der Situation ist. Wir dürfen darauf vertrauen, dass er uns beisteht. Er regiert und wird am Ende seinen Frieden für alle sichtbar aufrichten. Halleluja!

„Und ich sah einen neuen Himmel und eine neue Erde; denn der erste Himmel und die erste Erde sind vergangen, und das Meer ist nicht mehr. Und ich sah die heilige Stadt, das neue Jerusalem, von Gott aus dem Himmel herabkommen." *Offenbarung 21,1.2*

Bei Jesus steht der Mensch im Mittelpunkt

Lukas 14,1-6 **Montag, 29.**

Der Sabbat ist nach jüdischer Tradition ein Ruhetag, an dem jegliche Arbeit untersagt ist. Jesus bricht dieses Gesetz, um einen Mann zu heilen, der an Wassereinlagerungen in seinem Körper leidet. Bei Jesus steht nicht das biblische Gesetz, sondern der Mensch als geliebtes Geschöpf Gottes im Mittelpunkt. Die Liebe und das daraus folgende Handeln stehen über allen Gesetzen.
Die biblischen Gesetze sind an sich für den Menschen etwas Gutes, weil sie sein Wohl und seinen Schutz im Blick haben. Wenn aber aus einer guten Regel (z. B. dem Ruhegebot am Sabbat) ein strenges Gesetz wird, aufgrund dessen ein Mensch nicht geheilt werden darf, dann wird aus diesem guten Gesetz Gottes etwas,

was dessen eigentlichem Sinn entgegensteht. Unter diesem Gesichtspunkt sollten wir auch alle Regeln in unseren Gemeinden prüfen.

„Der Sabbat ist um des Menschen willen gemacht und nicht der Mensch um des Sabbats willen.“ *Markus 2,27*

Demut: sich selbst nicht so wichtig nehmen

Lukas 14,7-14 **Dienstag, 30.**

Bei einer Hochzeitsfeier gab es in der damaligen Zeit eine Art Rangordnung: Die wichtigsten Gäste saßen in der Nähe des Hochzeitspaares. Jesus mahnt mit diesem Gleichnis die anwesenden Pharisäer, die sich beim gemeinsamen Essen sofort die ersten Plätze in seiner Nähe gesichert haben, zu mehr Bescheidenheit. Jesus stellt hier auch ein Gegenprogramm zu unserer von Egoismus und Selbstüberschätzung geprägten Gesellschaft auf, in der jeder besser, schöner, wichtiger, erfolgreicher usw. sein will und sich und seine Leistungen regelrecht zur Schau stellt. Wir Christen wissen, wem wir unsere Fähigkeiten und Leistungen zu verdanken haben: Gott allein! Das sollte uns bewusst sein und unser Handeln prägen. Alles Zurschaustellen und alle Ichbezogenheit sind völlig unangebracht.

„Tut nichts aus Eigennutz oder um eitler Ehre willen, sondern in Demut achte einer den andern höher als sich selbst.“ *Philipper 2,3*

Monatsspruch Oktober

Jesus Christus spricht:
Das Reich Gottes ist
mitten unter euch.

Lukas 17,21

Die Einladung zum Reich Gottes wichtig nehmen

Lukas 14,15-24 **Mittwoch, 1.**

Im Gleichnis vom großen Gastmahl bringen die Geladenen ihre Gründe vor, um ihre Absage zu entschuldigen: Den ersten beiden ist die Prüfung ihres vor Kurzem erworbenen Besitzes (Acker, Ochsen) wichtiger, dem dritten seine frisch vermählte Ehepartnerin. Der Gastgeber hält darauf seine Diener an, auf die Straßen zu gehen und die Menschen einzuladen, die am Rand der damaligen Gesellschaft stehen: Bettler, Arbeitsunfähige, Behinderte. Als dann noch immer Plätze am Tisch unbesetzt sind, werden die Diener an die „Hecken und Zäune" ausgesandt, um Fremde einzuladen. Die Einladung zum Reich Gottes ergeht zunächst an das Volk Israel, letztlich aber auch an die übrige Menschheit (die Fremden). Es gilt, diese Einladung im Glauben an Jesus anzunehmen und nicht auszuschlagen.

„Ich bin das Brot des Lebens. Wer zu mir kommt, den wird nicht hungern; und wer an mich glaubt, den wird nimmermehr dürsten."

Johannes 6,35

Die Nachfolge Jesu noch wichtiger nehmen

Lukas 14,25-35 **Donnerstag, 2.**

Jesus wählt hier drastische Worte, um seinen Anspruch an seine Nachfolger zu verdeutlichen: Wer an Jesus glaubt, soll seine eigene Familie und sogar das eigene Leben *hassen.* Jesus spitzt hier seine Aussage zu, um aufzuzeigen, dass in unserem Leben nichts wichtiger als Jesus selbst sein soll. Natürlich sollen wir z.B. unsere Eltern lieben und ehren (4. Gebot in 2Mo 20,12) und auch unser Leben als Geschenk Gottes annehmen (Erschaffung des Menschen in 1Mo 1.2), aber Jesus sollen wir mehr lieben und mehr als alles andere in unserem Leben achten. Jesus verlangt von uns diesen hohen Preis, weil wir in der Nachfolge trotz aller schwierigen Umstände (sein Kreuz auf sich nehmen) von ihm das

Leben in Fülle erhalten (Joh 10,10) – heute schon in Ansätzen und in der Ewigkeit in Vollendung.

„Trachtet zuerst nach dem Reich Gottes und nach seiner Gerechtigkeit, so wird euch das alles zufallen.“ *Matthäus 6,33*

Hintergrund: Ein fröhlicher Wechsel

Wenn wir in diesem Jahr etwa in Lukas 14 von der Nachfolge lesen, dann könnte uns schon mal die Spucke wegbleiben. Ganz schön anspruchsvoll... Ich muss an die Armbänder denken, die unter jungen Christen sehr beliebt waren: WWJD – What Would Jesus Do? Ihm nachgehen, tun, was er getan hat und in unserer Lage wohl tun würde. Ich glaube, das ist eine gute Methode, uns immer mehr von Jesus prägen zu lassen. Immer mehr zu werden wie Jesus, das ist unser Ziel.

Problematisch wird es, wenn wir denken, unser Heil würde von unserer Performance in der Nachfolge abhängen. Jesus fordert hier eine Menge. Luther würde sagen, er treibt hier das Gesetz. Aber das ist nicht das Ganze der christlichen Botschaft. Christus ist für uns *sacramentum* und *exemplum*, ein Beispiel, dem wir nachfolgen sollen, und ein Geschenk, das wir schlicht annehmen dürfen. Ich brauche Jesus nicht nur als Vorbild, nicht nur als moralischen oder geistlichen Lehrer. Ich brauche ihn selbst. Das zeigt er mir durch diese strengen Forderungen.

Nachfolge ist mehr als die Perfektion meiner eigenen Kräfte im Blick auf Jesus. Sogar mehr als Fortschritte in der Heiligung. Ich empfange Jesus und seine Gerechtigkeit im Glauben. Das nennt Luther das *admirabile commercium*, den fröhlichen Wechsel. Er nimmt meine Sünde und Ungerechtigkeit und schenkt mir seine Gerechtigkeit. Er schenkt selbst alles, was er fordert. Ja, wir werden mit Jesus „ein Kuchen“, also quasi zusammengebacken. Er füllt aus, was uns fehlt, und wenn wir über die Todeslinie treten, wird unsere Verwandlung vollendet. Das ist das Evangelium:

Alles ist Geschenk. Aber es ist Geschenk für die, die auf dem Weg der Nachfolge sind. (JK)

Ganz anders als gedacht

Lukas 15,1-10 **Freitag, 3.**

Jesus ist die Tür zum Vater und so ist es kein Wunder, dass „Zöllner und Sünder" bei ihm Schlange stehen. Doch genau dieses Miteinander mit dem „gottlosen Gesindel" wird von den religiösen Führern stark kritisiert. Sie bezeichnen Jesus mit dem Wort „dieser" (V. 2), was im Griechischen sehr verächtlich ist. Denn er maßt sich an, was nur Gott allein tun kann und darf, und bietet den „Verlorenen" göttliche Gnade an. Nicht nur denen, die sie dringend benötigen, sondern er konfrontiert auch religiöse Mitläufer, die der Meinung sind, sie hätten sich bei Gott durch ihr frommes Leben schon alles verdient. Jesus beantwortet in Kapitel 15 letztlich zwei Fragen: „Was ist ein Sünder?" und „Was ist wahre Umkehr?" Die Antwort darauf schmeckt nicht jedem und ist für jeden der Anwesenden anders als gedacht. Was wäre meine Antwort darauf?

„Ich bin die Tür; wenn jemand durch mich hineingeht, wird er selig werden und wird ein und aus gehen und Weide finden."

Johannes 10,9

Ganz anders als erwartet

Lukas 15,11-32 **Samstag, 4.**

Gott sucht das Verlorene mit ganzem Einsatz: zunächst eins von hundert Schafen, dann eine von zehn Münzen und jetzt einen von zwei Brüdern. Eigentlich beide. So wertvoll bin ich, dass Gott es sich nicht nehmen lässt, auf mich zu warten. Voller Sehnsucht steht er da und wartet, dass ich als Sünder umkehre: Er wartet, ganz anders als erwartet, überschüttet mich mit seiner bedingungslosen Liebe. Bereits zu der Zeit, als ich noch vor ihm davonlaufe. Es ist seine Liebe, die mich heimsucht und ihn dann dazu bringt, mir voller Freude entgegenzulaufen, mich mit allen Rechten wieder als Kind anzunehmen und ein Festmahl für mich auszurichten. Es ist seine Vaterliebe, die ich nicht verdient habe und deshalb nur dankbar annehmen kann. Ein Grund zur Freude für alle.

„Du solltest aber fröhlich und guten Mutes sein; denn dieser dein Bruder war tot und ist wieder lebendig geworden, er war verloren und ist wiedergefunden.“ *Lukas 15,32*

Wochenspruch
Aller Augen warten auf dich, und du gibst ihnen ihre Speise zur rechten Zeit. *Psalm 145,15*

Was für ein Gott!

Psalm 104 **Erntedank. 5.**

Was für ein Gott! David, von dem der Psalm, zumindest nach der Septuaginta, stammt, überschlägt sich hier vor Freude und Erstaunen und nennt einen Superlativ nach dem anderen. Er verteilt die sechs Schöpfungstage auf die ersten 30 Verse. Die Schöpfung ist genial geordnet. Jedes Tier, jede Pflanze und auch wir Menschen haben unseren gottgegebenen Lebensraum und -rhythmus. Der gütige Gott selbst ist noch größer, wahrhaft anbetungswürdig. Ein Problem aber ist noch nicht gelöst: Wir Menschen sind Sünder und haben damit die Gegenwart Gottes auf ewig verspielt. Wie gut, dass wir auf Golgatha und das leere Grab schauen können und wissen: Jesus hat alles vollbracht. Alle trennende Sünde ist vor Gott nicht mehr existent. Ich darf Vergebung annehmen und aus dieser Beziehung jeden Tag neu für meinen Herrn leben. Auch heute!

„Er wird sich unser wieder erbarmen, unsere Schuld unter die Füße treten und alle unsere Sünden in die Tiefen des Meeres werfen.“
Micha 7,19

Echt klug

Lukas 16,1-13 **Montag. 6.**

Klug sorgt der Verwalter für sein Auskommen, aber nicht auf legale Weise. Was können wir, die wir Jesus als Herrn haben, daraus lernen? Sollen wir auch durch zwielichtige Geschäfte unseren Besitz aufbessern? Nein. Hier ist die Rede von „Mammon“ (V. 13), was bedeutet, dass das Geld zu meinem Gott wird und ich allein aus meinem Vermögen meine Sicherheit erwarte. Doch wer ist in Wirklichkeit mein Versorger und Herr? Jesus trennt in „Kinder dieser Welt“ und „Kinder des Lichts“ (V. 8) und macht deutlich, dass wir nicht in beiden „Systemen“ zu Hause sein können. Er drückt es sehr klar aus: Wenn wir Geld und Besitz zu unserem „Herrn“ machen, werden wir automatisch Gott hassen. Deshalb will ich von Gott alles erwarten und in ihm reich werden.

„Und stellt euch nicht dieser Welt gleich, sondern ändert euch durch Erneuerung eures Sinnes, auf dass ihr prüfen könnt, was Gottes Wille ist, nämlich das Gute und Wohlgefällige und Vollkommene.“

Römer 12,2

Echt daneben

Lukas 16,14-18 **Dienstag. 7.**

Jesus hatte die Pharisäer und Schriftgelehrten mit den Gleichnissen in Lukas 15 angesprochen. Er weiß, was ihnen wirklich wichtig ist. Es geht ihnen ums Geld und darum, von den Menschen geschätzt zu werden. Diese Selbstgerechtigkeit prangert Jesus an und macht den Pharisäern klar, dass ihre Gerechtigkeit absolut nicht echt ist und sie lediglich den äußeren Schein wahren wollen. Diese falsche Frömmigkeit mag Menschen überzeugen, aber Jesus sieht tiefer, bis in ihr Herz (V. 15). Was sieht er bei mir? Folge ich allein Jesus nach und lasse mich auf seinen guten Wegen leiten oder habe ich mich in meiner religiösen Überzeugung und Selbstüberschätzung wohlig eingerichtet? Es braucht das tägliche Gebet: Heiliger Geist, zeige mir meine blinden Flecken und verändere mich in deinem Sinne.

„Denn ihr wart früher Finsternis; nun aber seid ihr Licht in dem Herrn. Wandelt als Kinder des Lichts.“ *Epheser 5,8*

Auf Ewigkeitskurs

Lukas 16,19-31 **Mittwoch, 8.**

Während sich der reiche Mann in Purpur kleidet, was damals eigentlich nur Königen gestattet war, liegt der arme Lazarus krank vor dessen Tür und muss vom Abfall leben. Doch mit dem Tod ändert sich alles. Während sich Lazarus in „Abrahams Schoß“ wiederfindet, laut jüdischem Talmud ein Synonym für den Himmel, leidet der reiche Mann „höllische Schmerzen“. Wieder eine unerhörte Geschichte für die umstehenden Pharisäer: Während die Geschwüre und die Armut von Lazarus klar die Missgunst Gottes widerspiegelten, musste der reiche Mann doch eindeutig von Gott gesegnet sein. So dachten sie. Doch erneut zeigt Jesus, was wirklich wichtig ist. Ein Reichtum bei Gott, den ich mir nicht verdienen, sondern nur schenken lassen kann, und mich nicht von ein paar schönen Jahrzehnten in diesem Leben blenden zu lassen. Wo stehe ich?

„Denn wer sein Leben erhalten will, der wird es verlieren; wer aber sein Leben verliert um meinetwillen, der wird's erhalten.“ *Lukas 9,24*

Genug ist genug

Lukas 17,1-10 **Donnerstag, 9.**

„Das vergesse ich dir nie!“ „Das kann ich nicht so einfach vergeben!“ „Wie oft habe ich dir schon vergeben, aber genug ist genug!“ Kennen wir nicht alle diese oder ähnliche Gedanken? Wie oft vergeben wir? Wie oft müssen wir vergeben? Mir kommt ein Buchtitel in den Sinn: „Vergebung, das zentrale Problem“. Ist damit alles gesagt? Ich denke, ja. Aber wie lösen wir das Problem? Wer selbst Vergebung von Gott erfahren hat, der kann auch anderen vergeben. Das ist nicht immer leicht, da laufen schwierige Prozesse bei uns ab, aber es gibt nichts Besseres als Versöhnung. Es ist doch besser, einen Menschen für sich zu gewinnen, als einen Menschen zu verlieren. Wir vergeben uns nichts, wenn wir anderen vergeben, und wir dürfen uns freuen, wenn uns vergeben wird.

„Und wenn er siebenmal am Tag an dir sündigen würde und siebenmal wieder zu dir käme und spräche: Es reut mich!, so sollst du ihm vergeben.“ *Lukas 17,4*

Einer kehrte um

Lukas 17,11-19 **Freitag, 10.**

In christlichen Gemeinden wird oft von Bekehrung und der Umkehr zu Gott gesprochen. Im heutigen Text kehrt einer ganz wörtlich um zu Jesus, kehrt nach der Heilung zu ihm zurück. Lukas berichtet von zehn Aussätzigen. An Lepra zu erkranken hieß damals, lebendig begraben zu sein. Alle sozialen und familiären Kontakte mussten abgebrochen werden und auch an Gottesdiensten konnte ein Aussätziger nicht teilnehmen. Die Begegnung mit Jesus war der einzige Ausweg aus diesem Dilemma und Jesus handelt. Er tut ein Wunder. Dabei hält er sich an die gesetzlichen Vorschriften; nur der Priester konnte die Heilung bestätigen. Die Zehn machen sich auf den Weg. Als sie das Heilungswunder an sich erkennen, kehrt einer, nur einer, um und gibt Gott die Ehre.

„Und das Gebet des Glaubens wird dem Kranken helfen, und der Herr wird ihn aufrichten; und wenn er Sünden getan hat, wird ihm vergeben werden.“ *Jakobus 5,15*

Nach mir die Sintflut

Lukas 17,20-37 **Samstag, 11.**

„Lasst uns feiern, was morgen kommt, ist doch egal.“ Kann man sich so auf das Kommen des Reiches Gottes vorbereiten? Wohl kaum. Viele Menschen heute sind religiös. Der Kern ihrer Religion ist aber nicht Jesus Christus, sondern der Mensch. Er steht im Mittelpunkt, alles dreht sich um ihn. Der Mensch will die Welt retten und merkt nicht, dass er sich selbst verliert. In diese verlorene Menschheit hinein sagt Jesus: „Das Reich Gottes ist mitten unter euch." Jesus ist mitten in dieser Welt, er ist der „Anker in der Zeit", wie es in einem bekannten Lied heißt. Er ist der Eckstein, auf dem das Reich Gottes steht. Jesus warnt eindringlich, keinen falschen Propheten nachzulaufen. Können wir die Zeichen der Zeit deuten, um gute Schlüsse für uns selbst zu ziehen? Jesus gibt uns einen guten Ratschlag:

„Trachtet zuerst nach dem Reich Gottes und nach seiner Gerechtigkeit." *Matthäus 6,33*

Wochenspruch
Unser Glaube ist der Sieg, der die Welt überwunden hat.
1. Johannes 5,4b

Sich ungeteilt Gott anvertrauen

Psalm 5 **Sonntag, 12.**

Was ist das nur: Ich will still sein vor Gott und tausend Gedanken fallen über mich her? Ich will mich in meinem Glauben auf Gott fokussieren und sofort steht das Unheil der Welt mir vor Augen. Es ist, so scheint es, leichter, auf die zahlreichen Ungereimtheiten des Lebens zu schauen, als sich selbst im Licht Gottes auszuhalten. Vielleicht liegt es daran: Die Schatten im eigenen Leben verlieren an Tiefe, wenn die Schatten der anderen ins Blickfeld rücken. Es macht zufrieden, wenn die Bösen ihr Fett abkriegen. Ich ertappe mich dabei: So ganz frei von gehässigen Gedanken und Gefühlen bin ich nicht. Auch wenn ich sie nicht als Gebet vor Gott ausbreite. Es reicht zum Erschrecken, dass sie tief in mir da sind. Darum ist diese Bitte auch so wichtig, heute, gerade auch für mich: *Herr, leite mich in deiner Gerechtigkeit.*

„Folge du mir nach!" *Johannes 21,22*

Schlagkräftige Argumente

Lukas 18,1-8 **Montag, 13.**

Ein Richter will einer armen Witwe lange Zeit nicht zu ihrem Recht verhelfen. Aber er wird sie nicht los. Sie kommt immer wieder und wird ihm schließlich lästig. Die Witwe kommt zu ihrem Recht.

Wer kennt sie nicht, die vielen vermeintlich unerhörten Gebete? Die immer wieder wiederholten Gebete. Die lange Wartezeit, bis Gott uns erhört. Hört er denn unsere Gebete nicht? In einer schmerzgeplagten Situation lag ich stundenlang in einer Kabine der Notaufnahme. Keiner kümmerte sich. Tür zu und vergessen, so kam ich mir vor. Bis mir klar wurde, Jesus betet beim himmlischen Vater für mich. Die Schmerzen blieben, aber Gottes Segen und Nähe waren spürbar und halfen mir hindurch. Schließlich tat sich die Tür auf. Gott erhört Gebet, nicht immer so, wie wir es uns vorstellen, aber immer so, dass es gut für uns ist.

„Bittet, so wird euch gegeben; suchet, so werdet ihr finden; klopfet an, so wird euch aufgetan." *Matthäus 7,7*

Gott, sei mir Sünder gnädig!

Lukas 18,9-17 **Dienstag, 14.**

Ich habe mal ein Gnadengesuch gestellt. Aber ohne Erfolg. Ich musste bezahlen. Gnade vor Recht, das kennt unser System nicht. Anders bei Gott. Bei ihm ist die Strafe schon bezahlt und der Sünder geht frei seinen Weg. Was läuft da bei Gott anders? Bei Gott geht immer Gnade vor Recht. Warum? Weil das Recht an Jesus ausgeübt wurde. Die Strafe liegt auf Jesus und wir sind frei (Jesaja 53,5). Also doch Recht vor Gnade? Es lässt sich nicht so einfach auseinanderhalten. Gott verlangt das Recht, aber aus Liebe zu uns lässt er das Recht an sich selbst aus. In Christus am Kreuz. Es gibt für uns einen Weg zur Gnade und den zeigt Jesus hier auf: Der Zöllner schlägt sich an die Brust und bekennt seine Schuld.

„Denn Gott war in Christus und versöhnte die Welt mit ihm selber und rechnete ihnen ihre Sünden nicht zu und hat unter uns aufgerichtet das Wort von der Versöhnung." *2. Korinther 5,19*

„Vom Verschenken wird keiner reich."

Lukas 18,18-30 **Mittwoch, 15.**

Diesen Satz nannte mir ein Fachanwalt für Erbrecht, als es um das Thema „Erben und Verschenken" ging. Jesus Christus stellt diese These auf den Kopf: „Verschenke alles, was du hast!" Dieser Gedanke ist für den Reichen unerträglich. Er kann doch das, was er erwirtschaftet hat, nicht einfach weggeben. Sein Herz hängt doch an dem Reichtum, seinem sichtbaren, irdischen Besitz. So geht er traurig davon. Die Jünger sind schockiert. Wer kann denn dann noch selig werden? Jesu Antwort ist einfach und doch umfassend: Was bei Menschen unmöglich ist, ist bei Gott möglich. Es ist schön, finanziell gut dazustehen. Das Geld darf nur nicht den ersten Platz einnehmen. Der gehört Jesus und ihm wollen wir nachfolgen.

„Niemand kann zwei Herren dienen: Entweder er wird den einen hassen und den andern lieben, oder er wird an dem einen hängen und den andern verachten. Ihr könnt nicht Gott dienen und dem Mammon."
Matthäus 6,24

Das Buch Hesekiel (Ezechiel)

Der Prophet Hesekiel gehört zur ersten Gruppe, die 597 v. Chr. ins Exil nach Babylon deportiert und am Fluss Kebar angesiedelt wird. Aus der Ferne erlebt er das Jahr 587 v. Chr. mit: die Eroberung Jerusalems, die Zerstörung des Tempels und das Ende des Königtums. Hesekiel ist der Sohn eines Priesters, was sein Denken stark prägt. Der Tempelkult und Gottes Heiligkeit und Herrlichkeit sind seine Themen. Es ist furchtbar für ihn, in einem heidnischen Land zu leben, wo nach seinem Denken Gott nicht sein kann. Aber er muss umdenken, als er 593 in der Fremde (!) zum Propheten und „Wächter über das Haus Israel" berufen wird (2,1-3,21). Er muss lernen, dass Gott nicht an Jerusalem gebunden ist, die „Herrlichkeit Gottes" sogar den Tempel verlässt (10,18 f; 11,22 f), dass Gott frei ist, auch mitten in heidnischem Land unter heidnischen Götzen anwesend und wirksam zu sein. Das Hesekiel-Buch ist in drei Teile gegliedert: 1. Gerichtsworte über Juda und Jerusalem (Kap. 1-24), 2. Gerichtsworte über die Völker (Kap. 25-32), 3. Heilsworte über Israel (Kap. 33-48). Hesekiel schildert häufig umfangreiche Visionen (Kap. 1-3; 8-11; 37; 40-48). Ausgedehnte Bildreden (Kap. 15;17;19) und ausführliche, düstere Geschichtsrückblicke (Kap. 16;20; 23) kennzeichnen seine Verkündigung. Israels Grundhaltung wird durch die Anrede „Haus des Widerspruchs" deutlich gemacht (allein 4 x in 2,5-8). Hesekiel prangert den Götzendienst im (!) Tempel (Kap. 8) an, das pure Eigeninteresse der „Hirten Israels" (Kap. 34) sowie das Vertrauen auf Bündnisse mit den Großmächten (Kap. 17+23). Häufig redet er den Einzelnen an, der umkehren soll, denn jeder ist für seine Zukunft selbst verantwortlich (3,17 ff; 33,1 ff). Keiner kann sich hinter dem Tun des Volkes verstecken. Ca. 80 x begegnet die Redewendung: „Ihr werdet erkennen: Ich bin Jahwe!" An Gottes Geschichtshandeln sollen sie erkennen, dass Jahwe allein der HERR ist, der aller Widerspenstigkeit des Volkes zum Trotz zu seinem Bund steht. Jeremia hatte einen „neuen Bund" Gottes mit Israel angekündigt, in dem das Gesetz in die Herzen der Menschen eingepflanzt ist (Jer 31,31-34). Hesekiel bestätigt diesen Neuanfang Gottes und überbietet ihn teilweise. In Kap. 36+37 wird die Heimkehr der Gefangenen und die Wiedervereinigung von Nord- und Südreich angekündigt. Gott verheißt für den Neubeginn ein „neues Herz und einen neuen Geist" (11,19 f; 36,25-27), der befähigt, „in Gottes Geboten zu wandeln". Hesekiel sieht das Volk als ein Feld von Totengebeinen, das durch Gottes Odem zu neuem Leben erweckt wird. Eine völlige Neuschöpfung des Volkes ist nötig (Kap. 37). Er kündigt den Bau eines neuen Tempels (Kap. 40-48) an, in den Gottes Herrlichkeit wieder einziehen wird (43,1-12), und er benennt als Gottes großes Ziel, dass „sein Name unter den Heiden geheiligt wird“ (36,21-25.35f). (UB)

Gottes Herrlichkeit

Hesekiel 1,1-21 **Donnerstag, 16.**

Der Prophet Hesekiel sieht die Herrlichkeit Gottes in rätselhaften, menschenähnlichen Lichtgestalten mit vier verschiedenen Gesichtern. Eine allegorische Auslegung hat in den Gesichtern der Cherubim die vier Evangelien gesehen, die uns Gottes Herrlichkeit zeigen. Zuerst sieht der Prophet ein menschliches Gesicht. Lukas beschreibt Jesus als den Freund der Menschen. Der Löwe steht für das Markusevangelium, wo Jesus auffällig als der starke Held auftritt. Matthäus zitiert am meisten das Alte Testament. Jesus hat es mit seinem Opfertod am Kreuz erfüllt. Dafür würde das Gesicht eines Stieres, des Opfertiers, stehen. Der Adler würde die Erhabenheit Gottes im Johannesevangelium beschreiben: Es beginnt aus der Vogelperspektive mit der Schöpfung. In jedem Fall: Die Gegenwart Gottes ist unbeschreiblich. In Jesus Christus sehen wir ihn und seine Herrlichkeit am besten.

„Und das Wort ward Fleisch und wohnte unter uns, und wir sahen seine Herrlichkeit, eine Herrlichkeit als des eingeborenen Sohnes vom Vater, voller Gnade und Wahrheit.“ *Johannes 1,14*

Ein Blick in den Himmel

Hesekiel 1,22-28 **Freitag, 17.**

Hesekiel sieht im Himmel Gott auf dem Thron als eine menschliche Lichtgestalt. Die Menschlichkeit Gottes sehen wir auch bei der Schöpfung. Gott schafft den Menschen zu seinem Bilde (1Mo 1,26.27). In 1Mo 5,3 steht, dass Adam einen Sohn ihm gleich und nach seinem Bilde zeugt. Im Hebräischen steht da die gleiche Formulierung. So wie uns unsere Kinder gleichen, so gleichen wir Gott, unserem Vater. Gott ist nicht total fremdartig. Er hat eine

Gestalt „wie ein Mensch“ (V. 26). Am besten sehen wir sie in seinem Sohn Jesus Christus an Weihnachten, Ostern, Himmelfahrt und bei seiner Wiederkunft. Hesekiel sieht die Herrlichkeit Gottes auch in einem Regenbogen. Gott gibt ihn Noah und der ganzen Welt nach der Sintflut als Versprechen seiner Menschlichkeit und Treue.

„Und der da saß, war anzusehen wie der Stein Jaspis und der Sarder, und ein Regenbogen war um den Thron, anzusehen wie ein Smaragd.“ *Offenbarung 4,3*

Die Berufung (Erster Teil)

Hesekiel 2,1-3,3 **Samstag, 18.**

In missionarischen Gesprächen sagte man immer wieder zu mir: „Sie müssen Pastor werden!“ Schließlich bitte ich Jesus, wenn er das auch so sieht, mich zu berufen. Dann lese ich Röm 10,13-15: „Denn ‚wer den Namen des Herrn anruft, wird selig werden‘ (Joel 3,5). Wie sollen sie aber den anrufen, an den sie nicht glauben? Wie sollen sie aber an den glauben, von dem sie nichts gehört haben? Wie sollen sie aber hören ohne Prediger? Wie sollen sie aber predigen, wenn sie nicht gesandt werden? Wie denn geschrieben steht (Jesaja 52,7): ‚Wie lieblich sind die Füße der Freudenboten, die das Gute verkündigen!‘“ Ich bin überwältigt. Jesus hat mich wie Hesekiel mit seinem Wort berufen. Im Losungsheft stand an diesem Tag das passende Gedicht: „[...] du darfst nicht zaudernd wählen, nicht rechnen und nicht zählen; er ruft, du folgst dem Herrn.“

„Und er sprach zu mir: Du Menschenkind, ich sende dich zu den abtrünnigen Israeliten.“ *Hesekiel 2,3*

Wochenspruch
Dies Gebot haben wir von ihm, dass, wer Gott liebt, dass der auch seinen Bruder liebe. *1. Johannes 4,21*

Der Fromme und der Gottlose

Psalm 1 **Sonntag. 19.**

Ein frommer Bergmann macht beim Eingang des Stollens Mittagspause. Bevor er sein Wurstbrot isst, faltet er die Hände, schließt die Augen und spricht ein Tischgebet: „Der du der Erde Brot gegessen, mit Sündern hast zu Tisch gesessen, Herr Jesus, komm und mach mich satt, dass Leib und Seel Genüge hat.“ Plötzlich ertönt ein schallendes, spöttisches Gelächter seiner gottlosen Kameraden. Ein streunender Hund hat ihm während des Gebets das belegte Brot vom Tisch geschnappt und flüchtet damit aus dem Stollen. Aufgeschreckt rennt der fromme Bergmann unter anhaltendem Spott hinterher. Dann passiert es. Ein lauter Knall, eine schreckliche Explosion! Der Stollen fliegt in die Luft und mit ihm die schadenfrohen Kumpel. Nur der fromme Bergmann und der diebische Hund überleben die Katastrophe. Eine drastische Beispielgeschichte, aber sie unterstreicht die eindrückliche Mahnung: „Der Gottlosen Weg vergeht“ (V 6).

„Irret euch nicht! Gott lässt sich nicht spotten. Denn was der Mensch sät, das wird er ernten.“ *Galater 6,7*

Die Berufung (Zweiter Teil)

Hesekiel 3,4-11 **Montag. 20.**

Im letzten Studienjahr im Theologischen Seminar in St. Chrischona in der Schweiz lese ich Hes 3,5: „Denn ich sende dich ja nicht zu einem Volk, das unbekannte Worte und eine fremde Sprache hat, sondern zum Hause Israel.“ Zu seinem eigenen Volk. Ich habe mich bisher stark mit der äußeren Mission beschäftigt und mich darauf eingestellt. Aber letztlich entspricht diese Berufung meinem innersten Wunsch. Ich möchte das Wort Gottes am liebsten in meiner Muttersprache verkündigen. Mir fehlt die natürliche Freude, in einer fremden Kultur zu arbeiten. Ein Gebet von Pfarrer Schmidt König begleitet mich bis heute: „Du hast mich, Herr, gerufen, in deinem Dienst zu stehn. An deines Thrones Stufen lass mich anbetend flehn: Hilf mir das Heil verkünden, das du der Welt geschenkt, dass viele Seelen finden dich, der sie liebt und lenkt."

„Und er sprach zu ihnen: Kommt, folgt mir nach! Ich will euch zu Menschenfischern machen." *Matthäus 4,19*

Verantwortung spüren

Hesekiel 3,12-21 **Dienstag, 21.**

Hesekiels Prophetenamt ist ein ernstes und verantwortungsvolles und der Prophet wird zum „Mittäter", wenn er nicht warnt und dem ungerechten Handeln widerspricht. Dabei hat er gleichermaßen mit Gerechten zu reden und sie zu warnen, wie auch mit denen, die ihr Leben ohne Gott führen. Falls er es nicht tut, hat er in beiden Fällen Teil an ihrer Schuld und muss für sie bezahlen. Für uns gilt etwas anderes: Wenn wir an Jesus glauben, „bezahlen" wir nicht mehr für unsere Schuld, denn er hat es schon getan – und wir werden auch nicht für die Schuld anderer zur Verantwortung gezogen. Dennoch ist Sünde zerstörerisch und verursacht dringliche Probleme. Das Verantwortungsbewusstsein Hesekiels könnte uns auch heute ein Vorbild sein, angesichts der weltweiten Gewalt, der Ausbeutung von Menschen und der Zerstörung der Natur.

„So gibt es nun keine Verdammnis für die, die in Christus Jesus sind." *Römer 8,1*

Mit Schweigen beginnen

Hesekiel 3,22-27 **Mittwoch, 22.**

Das ist irritierend: Nach den großen Visionen und dem großen Auftrag (Kap. 2,10.11) erwartet den Propheten erst einmal etwas ganz anderes: sich einschließen (V. 24), mundtot gemacht werden (V. 25), sprachlos sein (V. 26). Das krasse Gegenteil von Hesekiels Auftrag. Ein Innehalten, bevor ab Kapitel 4 prophetische Handlungen und Gerichtsworte folgen. Sein Auftrag, über Gericht und

Buße zu sprechen, beginnt mit der Unfähigkeit zu sprechen. Er muss sprachlos bleiben, bis Gott ihm die Worte wiedergibt (V. 27). Ihm muss von Anfang an klar sein, dass nichts an seinem Auftrag zu seiner eigenen Verfügung steht. Er wird immer abhängig sein vom Reden Gottes – jeden einzelnen Tag. Beginnen Aufgaben für Gott vielleicht immer so, im Wahrnehmen der eigenen Unfähigkeiten und im Schweigen?

„Jesus aber, voll Heiligen Geistes, kam zurück vom Jordan. Und er wurde vom Geist in der Wüste umhergeführt." *Lukas 4,1*

Ohne Mitleid

Hesekiel 7.1-13.27 **Donnerstag. 23.**

Der Satz bleibt hängen: „Mein Auge soll ohne Mitleid auf dich blicken" (V. 4.9). Hält unser Bild vom Gott, der die Liebe ist (1 Joh 4,16), das aus? Macht der mitleidlose Gott Angst oder lehnen wir den Text als „alttestamentlich" ab? Kann man das weginterpretieren? Könnte man wohl, aber was hilft das, wenn das Alte Testament voll ist mit Darstellungen dieser anderen, schmerzvollen, zornigen Seite Gottes? Wir hätten gern einen „lieben" Gott, der unfähig wäre zu Zorn und Gnadenlosigkeit. Aber für Gnade entscheiden kann sich nur jemand, der sich eben auch anders hätte entscheiden können. Und doch ist die Liebe Gottes innerstes Wesen, nicht der Zorn. So trug er in Christus allen Zorn und alle Gnadenlosigkeit ans Kreuz. Er erlitt das Gericht an unserer Stelle.

„Und wir haben erkannt und geglaubt die Liebe, die Gott zu uns hat: Gott ist Liebe; und wer in der Liebe bleibt, der bleibt in Gott und Gott in ihm." *1. Johannes 4,16*

Bilder im Innern

Hesekiel 8,1-11 **Freitag, 24.**

Der Tempel, zu dem Hesekiel in einer Vision geführt wird, kann auch symbolisch verstanden werden als der Tempel in unserem Innern. Es erinnert daran, wie Paulus im 1. Korintherbrief unseren Leib als Tempel des Heiligen Geistes bezeichnet (1Kor 6,19). So wie im Text „ein jeder in der Kammer seines Götzenbildes" (V. 12) sich von Gott abwendet, können auch wir innerlich von ganz anderem gefüllt sein als den Gedanken Gottes für uns und unserem Vertrauen auf ihn. Welche Bilder würden in unserem inneren Tempelraum zu sehen sein, welche Gedanken, Motive, Pläne, die uns täglich beschäftigen, würden sich hier an den Wänden zeigen (V. 10)? Was sind heute unsere Götzen, die Gott aus unserem Herzen vertreiben (V. 6)?

„Wenn du aber betest, so geh in dein Kämmerlein und schließ die Tür zu und bete zu deinem Vater, der im Verborgenen ist; und dein Vater, der in das Verborgene sieht, wird dir's vergelten." *Matthäus 6,6*

Das letzte Wort

Hesekiel 8,12-18 **Samstag, 25.**

Es schmerzt Gott nicht nur, dass sich die Menschen in diesem Text von ihm abkehren und den vielen anderen Heilsversprechen zuwenden. Es schmerzt ihn, dass sie darüber hinaus „das ganze Land mit Gewalttat erfüllen (V. 17)". Und in dieser Beschreibung finden wir auch unsere Welt wieder: Kriege zur Ausweitung der eigenen Herrschaft, Ausbeutung von Menschen für den größeren Profit, eine Umweltzerstörung, die allem die Lebensgrundlagen entzieht. Dazu sagt Gott auch hier: „Mein Auge soll ohne Mitleid auf sie blicken, und ich will nicht gnädig sein" (V. 18). Gott sei Dank war das aber nicht sein letztes Wort dazu. Mit Jesus hat er die Dinge zwischen ihm und uns völlig neu geordnet.

„Denn Gott war in Christus und versöhnte die Welt mit ihm selber und rechnete ihnen ihre Sünden nicht zu und hat unter uns aufgerichtet das Wort von der Versöhnung.“ *2. Korinther 5,19*

Wochenspruch

Heile du mich, HERR, so werde ich heil; hilf du mir, so ist mir geholfen. *Jeremia 17,14*

Der sanfte Weg Gottes mit uns

Psalm 32 **Sonntag, 26.**

„It's hard to say: I'm sorry“ (Es ist schwer zu sagen: Ich bin schuld), heißt es in einem Lied der Band „Chicago“ aus dem Jahr 1982. – Ich habe mich verfehlt. Schwer, es vor sich selbst einzugestehen: Was ich getan habe, ist nicht recht. Was ich gesagt habe, ist nicht in Ordnung, nicht aus der Wahrheit. Wenn es schon vor mir selbst schwer ist, wie viel schwerer ist es dann vor anderen und erst recht vor Gott. In uns steckt der alte Adam, der sich versteckt, nicht entdeckt werden möchte mit seinen Lügengeschichten. Auch dann nicht, wenn wir innerlich daran zugrunde gehen. Der Weg zur Vergebung führt nur über das schmerzhafte Eingeständnis der Schuld. Auf diesem Weg will Gott uns leiten. Sanft, nur mit den Augen. Er will uns leiten mit der Einsicht, dass es ein guter Weg für uns ist, wahrhaftig zu werden, auch wenn dabei der schöne Schein verblasst oder zerspringt.

„Ihr werdet die Wahrheit erkennen, und die Wahrheit wird euch frei machen.“ *Johannes 8,32*

Tausche Stein gegen Fleisch

Hesekiel 11,14-25 **Montag, 27.**

Neulich im Zugabteil. Unfreiwillig muss ich das Telefonat einer jungen Mutter mitanhören. Vollkommen aufgebracht erzählt sie einer Gesprächspartnerin von ihrem Ehemann und regt sich furchtbar über ihn auf. Alle seine Fehler und Unmöglichkeiten werden dem ganzen Abteil verkündet. So böse und giftig habe ich noch nie einen Menschen über einen anderen reden hören. „Diese Ehe ist am Ende“, denke ich. Diese Frau hat ihr Herz komplett gegen ihren Mann verhärtet. Kann es hier noch Heilung und Versöhnung geben? V. 19 ist eine göttliche Verheißung für Menschen, die ihre Herzen verhärtet haben: Gott kann ein Herz aus Stein austauschen gegen ein Herz aus Fleisch. Dazu ist eine göttliche Organtransplantation nötig. Nur Gottes Geist kann diese Operation vollbringen. Wenn verhärtete Menschen mit Gottes Geist kooperieren, kann Gott ihnen ein neues mitfühlendes Herz schenken.

„Und ich will [...] ihnen ein fleischernes Herz geben.“ *Hesekiel 11,19*

Auf der Flucht

Hesekiel 12,1-16 **Dienstag, 28.**

Der Prophet Hesekiel bekommt von Gott den Auftrag, seinem jüdischen Volk zeichenhaft die bevorstehende Deportation anzukündigen. Viele Juden werden demnächst fliehen müssen, weil die mächtigen Babylonier 586 v. Chr. das Land Israel besetzen werden. Erstens packt er von Gott beauftragt seine sieben Sachen für die Verbannung. Am helllichten Tag und vor aller Augen soll er mit seinem Fluchtgepäck seinen Wohnort verlassen. Zweitens schlägt er ein Loch in die Wand. Das ist ein Zeichen für den vergeblichen Fluchtversuch des Königs Zedekia vor den Babyloniern. Drittens verhüllt er sein Angesicht, um die Schande und das Leid der besiegten Juden anzudeuten, deren Anblick man nicht erträgt. Hesekiel hat das Schicksal der Verbannung geteilt. Er selbst war schon 597 v. Chr. mit König Jojachin nach Babylon deportiert worden.

„Dein Angesicht sollst du verhüllen, damit du das Land nicht siehst.“
Hesekiel 12,6

Jahreslosung 2025

„Prüft alles und behaltet das Gute!"

(1. Thessalonicher 5,21)

Evangelische Freiheit

Darf ein Christ Schokolade essen? Oder im Meer schwimmen? Oder Auto fahren? Wer diese Fragen für blühenden Blödsinn hält, der hat nicht ganz unrecht. Wie ist es mit Fragen wie diesen: Darf ein Christ fernsehen? Oder ins Theater gehen? Oder zur Zerstreuung irgendetwas tun, das nicht „geistlich" ist? Zu manchen Zeiten und in manchen christlichen Gruppen waren das echte Fragen. „Darf ein Christ …?" Ich erinnere mich an die Aussage eines Ethikdozenten, dass die meisten Fragen, die Leute in der Gemeinde stellen, keine biblischen Antworten haben.
Aber wieso fragen wir überhaupt so? Warum interessiert es uns so sehr, wie nahe unsere Finger herandürfen an die heiße Herdplatte einer vermuteten Sünde? Der Glaube verbindet uns mit Christus. Es ist eine Liebesbeziehung, kein Hamsterrad, bei dem die Einhaltung eines Katalogs von Vorschriften im Vordergrund steht. „Sündige tapfer!", konnte Luther seinem verzagten Freund Melanchthon sagen. Aber noch viel mehr sollte er an Christus glauben, den Sieger über alles. Wir beeilen uns, hier ein „aber" einzuschieben (sonst könnten wir Luthers Aussage noch ernst nehmen …). Aber (!) verstehen wir doch erst einmal, dass die Mitte unseres Glaubens nicht die Angst ist zu sündigen. Wenn wir alles prüfen, um das Gute zu behalten, dann sollten wir es nicht verkrampft und ängstlich tun. Wir sollten nicht aus lauter Furcht vor dem Missbrauch der evangelischen Freiheit vergessen, dass wir sie haben. (JK)

Liebe in Zeiten der Finsternis

Hesekiel 16,1-22 **Mittwoch, 29.**

Eine junge Mutter liegt mit ihrem kranken, neugeborenen Sohn auf der Geburtsstation eines Krankenhauses. Stillen, wickeln, Wunden versorgen, streicheln, baden, herumtragen, singen und Tag und Nacht für seine Bedürfnisse da sein. Nichts ist ihr zu viel, wenn nur ihr Kind gesund wird. Sie teilt ihr Zimmer mit zwei anderen Müttern. Doch da ist ein süßes Mädchen, das nur von Säuglingsschwestern versorgt wird. Diese füttern das Baby geduldig mit einer Pipette, denn es behält kaum was bei sich. „Warum kommt niemand dieses Mädchen besuchen?“, fragt die junge Mutter das Pflegepersonal. Sie bekommt nur ausweichend Antwort. Schließlich wird klar: Die Mutter des kleinen Mädchens ist eine Teenagerin, überfordert mit dieser Rolle.
Da fasst die junge Mutter sich ein Herz und betet mit den Worten Hesekiels über dem Bettchen des fremden Kindes: „Du sollst leben!“, um seinen erlöschenden Lebenswillen zu wecken.

„Du sollst leben und heranwachsen.“ *Hesekiel 16,6.7*

Tiefwurzler und Flachwurzler

Hesekiel 17,1-10 **Donnerstag, 30.**

Gott ist enttäuscht von seinem Weinstock Israel. Zwar wächst und gedeiht er prächtig. Er breitet sich nach allen Seiten aus, bildet Zweige und trägt Früchte. Aber unterirdisch lässt er seine Wurzeln in die falsche Richtung wachsen. So wird er zum Flachwurzler anstatt zum Tiefwurzler.
Wer nicht tief in der Beziehung zu Gott verankert ist, der läuft Gefahr, bei Gegenwind schnell aus der Bahn geworfen zu werden. Ohne tiefe Wurzeln kann ein Weinstock problemlos ausgerissen werden. Bei heißem Wüstenwind verdorrt er schnell. Man spürt förmlich in diesem prophetischen Text die göttliche Enttäuschung über das Verdorren seiner Kinder trotz guter Wachstumsbedingungen.
Wie verwurzeln wir uns im Leben? Woraus beziehen wir unsere

Kraft und unseren Halt? Unser erster Gedanke am Morgen und der letzte, bevor wir zu Bett gehen, gibt uns Aufschluss darüber.

„(Er) pflanzte es in gutes Land, wo viel Wasser war." *Hesekiel 17,5*

Auf Treu und Glauben

Hesekiel 17,11-24 **Reformationstag. 31.**

Ein Hamburger Geschäftsmann beklagt sich über die momentane Praxis der Geschäftsabschlüsse: „Vor nicht allzu langer Zeit hat man in der Handelsstadt Hamburg noch mit Handschlag auf Treu und Glauben Geschäfte abgeschlossen. Heute kann man sich auf gar nichts mehr verlassen." Auch der jüdische Vasallenkönig Zedekia war ein Vertragsbrecher. Obwohl er mit der Großmacht Babylon ein Bündnis eingegangen ist, mit vertraglichem Bundesschluss und eidesstattlicher Erklärung, bricht er den Vertrag. Zugegeben, das Bündnis wurde ihm als besiegtem König aufgezwungen. Aber der Prophet Hesekiel kritisiert ihn trotzdem dafür: „Wie kannst du nur so dumm sein, als machtloser König die Verträge mit den Besatzungsmächten zu brechen? Warum legst du dich mit der Großmacht an? Dein politischer Treuebruch ist auch ein geistlicher."

„Denn weil er den Eid verachtet und den Bund gebrochen hat, [...] wird er nicht davonkommen." *Hesekiel 17,18*

Monatsspruch November
Gott spricht: Ich will das Verlorene wieder suchen und das Verirrte zurückbringen und das Verwundete verbinden und das Schwache stärken.
Hesekiel 34,16

Der Apfel fällt nicht weit vom Stamm!

Hesekiel 18,1-3.20-32 **Samstag, 1.**

Das o. g. Sprichwort wird gerne zitiert, um die Herkunft einer Sache zu erklären. Ein bestimmtes Verhalten, eine Meinung oder auch das Aussehen eines Menschen meint man zu verstehen, weil es bei einem Elternteil in ähnlicher Weise bereits vorkam. So wollen die Leute von Juda erklären, warum es ihnen gerade so schlecht geht: Wir müssen für die Sünden unserer Eltern bezahlen. Hesekiel räumt mit diesem Irrglauben auf. Wir sind keinem vorgegebenen Schicksal ausgeliefert. Mit jedem seiner Geschöpfe beginnt der Schöpfer eine neue, unbeschriebene (!) Seite. Sich gegenüber Gott auf den Glauben der Eltern zu berufen, wie die Pharisäer es taten (Joh 8,33), funktioniert auch nicht. Er fragt nach deiner Antwort, nicht nach der deiner Vorfahren.

„Siehe, ich stehe vor der Tür und klopfe an. Wenn jemand meine Stimme hören wird und die Tür auftun, zu dem werde ich hineingehen und das Abendmahl mit ihm halten und er mit mir."

Offenbarung 3,20

Wochenspruch

Es ist dir gesagt, Mensch, was gut ist und was der HERR von dir fordert: nichts als Gottes Wort halten und Liebe üben und demütig sein vor deinem Gott. *Micha 6,8*

Die leisen Töne!

Psalm 62 **Sonntag, 2.**

Ein Mann stellt einen großen Finderlohn in Aussicht für denjenigen, der seine verlorene Taschenuhr wiederfinden würde. Daraufhin stürmen alle Nachbarn mit ihren Hunden und Taschenlampen in sein Haus, wühlen und krempeln alles um, aber keiner findet die Uhr. Am Abend klopft ein kleiner Junge an die Tür und sagt: „Lass mich alleine in der Nacht suchen. Ich werde deine Uhr finden." Am nächsten Morgen hält der Junge die Taschenuhr tat-

sächlich in seinen Händen. Wie hat er sie entdeckt? „Ich habe mich ganz still in jedes Zimmer gesetzt und so lange gelauscht, bis ich das Ticken der Uhr gehört habe."
Dieser Psalm ist ein Loblied auf die leisen Töne Gottes, die man nicht im Trubel des Alltags hört, sondern in der Stille. Und gerade diese leisen Töne sind es, die unseren Glauben stark machen und uns Antworten geben, die wir als Christen dringend brauchen.

„Durch Stillesein und Vertrauen würdet ihr stark sein." *Jesaja 30,15*

Der Fisch stinkt immer vom Kopf her!

Hesekiel 22,1-16 **Montag, 3.**

Da sich im Kopf des Fischs das leicht verderbliche Gehirn befindet, verdirbt er zuerst. Das bekannte Sprichwort stimmt also. Ebenso korrekt ist oft auch seine Auslegung, dass es in Unternehmen oder Parteien meistens dann schlecht läuft, wenn die Führungsetage grobe Fehler macht und diese nicht korrigiert. Hesekiel macht im heutigen Bibeltext klar, dass dies auch im Reich Gottes greift: Er bezeichnet Jerusalem als Stadt voller Blutschuld, mit schrecklichen Konsequenzen, und nennt als erste Verursacher seine Fürsten und deren Lebensstil (V. 6). Logisch: Denn Leitung geschieht nicht nur mit Worten, sondern viel mehr noch durch die Vorbildfunktion. Glaubwürdige geistliche Leiter lassen zuerst sich selbst von Gott unterweisen, dann leiten sie sich selbst und die Gemeinde (z. B. Apg 20,27.28).

„[...] dass ich nicht andern predige und selbst verwerflich werde."
1. Korinther 9,27

Augen zu und durch?

Hesekiel 24,1-14 **Dienstag, 4.**

Es gibt Momente, da passt dieser Spruch: Augen zu und durch! Das habe ich mir vor dem letzten Zahnarztbesuch gesagt oder als ich unser altes Auto zur Inspektion bringen musste. Es tut jetzt mal kurz weh, die Rechnung wird uns für einen Moment den Atem verschlagen. Aber dann geht's weiter. So ähnlich haben die führenden Männer in Israel viele Jahre lang gedacht und gehandelt. Kritik und Ermahnung der Propheten wegen des sündhaften Zustands des Volkes hat man damit auf die leichte Schulter genommen. Mit dem Gleichnis vom Kochtopf macht Hesekiel deutlich, dass diese „leichtfertige" Zeit jetzt zu Ende ist. Wasser braucht manchmal lange, bis es kocht. Dann aber spüren es alle: der Topf und der Inhalt. So ist es auch mit Gottes Geduld: Sie ist zwar sehr groß, aber nicht endlos. Wohl dem, der das bedenkt und sich rechtzeitig daran orientiert.

„Heute, wenn ihr seine Stimme hört, so verstockt eure Herzen nicht."
Hebräer 3,15

Bei Gott gibt's keine GmbH!

Hesekiel 24,15-27 **Mittwoch, 5.**

Eine Gesellschaft mit beschränkter Haftung (GmbH) hat für den Eigentümer den Vorteil, dass er im Falle einer Insolvenz nur mit seinem Gesellschaftsvermögen haften muss. Sein privates Geld und Gut bleibt unversehrt. Genau diese Grenze wird bei Hesekiel jetzt überschritten: Gott sagt ihm voraus, dass seine Frau bald sterben wird, und er kann nichts dagegen tun. Im Gegenteil: Er darf darüber noch nicht einmal öffentlich weinen und trauern. Der Sinn dieses harten Schicksals ist die Botschaft an die Bewohner Israels, dass Gott ihnen das Liebste nehmen wird (ihren Tempel), wenn sie nicht umkehren. Und genauso geschieht es. Aber wir sehen auch, dass Gott selbst auf Golgatha seinen eigenen Sohn geopfert, sein Liebstes gegeben hat. Auch für ihn gibt es keine beschränkte Haftung.

„Denn also hat Gott die Welt geliebt, dass er seinen eingeborenen Sohn gab, auf dass alle, die an ihn glauben, nicht verloren werden."
Johannes 3,16

Schlechte Nachrichten

Hesekiel 33,21-33 **Donnerstag, 6.**

Die einzige gute Nachricht in diesem Text ist, dass Hesekiel wieder reden kann. Als er wieder als Prophet vor dem Volk spricht, sind es harte Worte, die er zu sagen hat: Gott wird sich abwenden und sein Volk für seinen Ungehorsam bestrafen. Das will niemand hören. Und es führt leider auch nicht zur Veränderung.
Wenn ich in unsere Zeit schaue, dann sehe ich viele Parallelen. Dem Klimawandel etwa begegnen viele von uns mit Ohnmacht und Untätigkeit. Meine Hoffnung ist, dass Gott seine Erde bewahrt, aber das entbindet mich nicht davon, achtsam mit den Ressourcen, dem Planeten und den Mitlebewesen umzugehen und die Ratschläge zu beherzigen, mit denen der Klimawandel und seine Folgen abgemildert werden können.
Wenn wir alle zusammenhalten, dann können wir etwas verändern. Jede Reise beginnt mit dem ersten Schritt. Wollen wir ihn machen?

„Seid aber Täter des Worts und nicht Hörer allein; sonst betrügt ihr euch selbst.“ *Jakobus 1,22*

Gott greift ein

Hesekiel 34,1-16 **Freitag, 7.**

Gott geht mit den Oberen von Israel hart ins Gericht. Er entzieht ihnen die Verantwortung und übernimmt sie selbst. Er wird zum Hirten für sein Volk. Doch jeder Hirte braucht eine Herde, die ihm folgt und auf seine Stimme hört. Immer wieder versuchen wir, unsere eigenen Wege zu gehen und ohne Hirten unser Leben zu meistern. Das geht so lange gut, bis wir merken, wie schutzlos wir sind. Wenn ich sehe, welche Macht das Handy mittlerweile über uns hat, dass es für uns sogar zum Gegenüber wird, das uns alle Fragen beantwortet und uns nicht widerspricht, dann brauchen wir doch augenscheinlich gar keinen Gott mehr. Aber der gute Hirte liebt uns von ganzem Herzen. Er hat sein Leben gegeben, damit wir leben können. Folgen wir dem lebendigen Gott, der uns geschaffen hat und in Beziehung mit uns leben will. Er ist das Gegenüber, das unser Vertrauen verdient.

„Der gute Hirte lässt sein Leben für die Schafe.“ *Johannes 10,11*

Ich bin für dich

Hesekiel 34,23-31 **Samstag, 8.**

Gott schließt einen Friedensbund mit seinem Volk und David erwählt er zum Hirten. Dann kommen wunderbare Zusagen, die mich an das Lied „Der Herr segne dich“ aus dem Gebetshaus Augsburg erinnern. „Er ist für dich“, heißt es da. Das trifft direkt in meine Seele und lässt mich immer wieder staunen. Der allmächtige Gott sagt mir zu: Er ist für mich. Brauchen wir mehr im Leben? Irgendwann kommt für jeden der Tag, an dem das Leben zu Ende geht und wir zu ihm gehen. Wir glauben an ein Leben nach dem Tod, aber wir wissen nicht, wie es sein wird. Aber vielleicht gibt es uns Kraft und Trost, wenn wir diesen Satz, dass Gott im Leben und im Tod für uns ist, tief in unser Herz fallen lassen. Das kann unser Fundament sein, in guten wie in schlechten Tagen.

„Denn ich bin gewiss, dass weder Tod noch Leben, weder Engel noch Mächte noch Gewalten, weder Gegenwärtiges noch Zukünftiges [...] uns zu scheiden vermag von der Liebe Gottes, die in Christus Jesus ist, unserm Herrn.“ *Römer 8,38*

Wochenspruch
Selig sind, die Frieden stiften; denn sie werden Gottes Kinder heißen. *Matthäus 5,9*

Der einzige Rettungsanker

Psalm 69,1-16 **Sonntag, 9.**

Überall auf dieser Welt gibt es Not, schreien Menschen um Hilfe. Doch die meisten schreien nicht zu Gott, weil sie denken, es gebe ihn nicht. Ich frage mich oft, wie Menschen diese Welt aushalten, ohne bei Gott um Hilfe zu bitten. Allein der Glaube, dass Gott seine Erde erhält, gibt mir jeden Tag die Kraft, aufzustehen und weiterzumachen. Es gibt niemanden wie Gott, der mir immer zuhört, und wenn auch die Hilfe nicht immer so kommt, wie ich es mir wünsche, weiß ich, er ist der Einzige, der mich bedingungslos liebt. Die Tatsache, dass Gott über allem steht und er die Kontrolle über dieses ganze Chaos hat, das wir Menschen angerichtet haben, erfüllt mich jeden Tag neu mit Hoffnung und Kraft. Wir sind geborgen und getragen in aller Not, bis zum letzten Tag, den wir auf Erden verbringen.

„Ich hebe meine Augen auf zu den Bergen. Woher kommt mir Hilfe? Meine Hilfe kommt vom HERRN, der Himmel und Erde gemacht hat." *Psalm 121,1-2*

Trotz allem

Hesekiel 36,16-32 **Montag, 10.**

Der heilige Gott erbarmt sich über sein Volk. Sie haben es nicht verdient, aber wer hat die Liebe Gottes schon verdient? Jesus ist die Antwort auf all unser Versagen, weil er für uns am Kreuz alle Schuld getragen hat. Das hört sich so einfach an, doch das ist es nicht. Ich höre immer wieder: „Das will ich nicht! Warum sollte jemand anderes meine Schuld auf sich nehmen? Das ist mir zu einfach." Es ist überhaupt nicht einfach, die Entscheidung für Jesus zu treffen. Aber ich darf glauben, dass er mich „trotz allem" bedingungslos liebt. Dass er mich an der Hand nimmt und mir damit die Kraft gibt, jeden Morgen neu in der Gewissheit aufzustehen, dass er mein Herz verändert. Versuchen Sie es, und vielleicht verändert sich dadurch Ihr ganzes Leben!

„Denn also hat Gott die Welt geliebt, dass er seinen eingeborenen Sohn gab, auf dass alle, die an ihn glauben, nicht verloren werden, sondern das ewige Leben haben." *Johannes 3,16*

Dry bones – ein Ohrwurm

Hesekiel 37,1-14 **Dienstag, 11.**

Wenn ich diesen Text lese, startet in meinem Kopf eine „Platte" – die Delta Rhythm Boys singen die Knochen vom Fuß bis zum Kopf durch ... und es endet mit: „Here is the world of the Lord". Hesekiels Vision klingt wie der Stoff für eine Horrorgeschichte. Ein drastisches Bild. Er weissagt über dem Totenfeld das Leben und es geschieht: Knochen sammeln sich, Sehnen und Fleisch wachsen ... Der Hintergrund dieser Weissagung ist erschreckend. Das Volk Gottes ist in der Verbannung, aus eigener Schuld hatte es alles verloren, Freiheit, Land und die Gegenwart Gottes im Tempel. Das Volk glich einem Totenfeld. Wenn ich all die Nachrichten über unsere Gesellschaft lese, wenn ich sehe, wie Werte und Glaube bedeutungslos werden, gewinne ich auch den Eindruck, wir steuern auf ein Totenfeld zu, aber Gott will Heil und Leben – HIER ist die Welt unseres Gottes.

„Und ich will meinen Odem in euch geben, dass ihr wieder leben sollt." *Hesekiel 37,14*

Gott regiert

Hesekiel 37,15-28 **Mittwoch, 12.**

Ist diese Verheißung 1948 schon erfüllt worden? Manche Menschen sehen in dem Staat Israel die Erfüllung dieser Verheißung. Nach dem Genozid an den Juden durch den deutschen Nazi-Staat haben die Vereinten Nationen den Staat Israel ins Leben gebracht. Aber ist dort tatsächlich schon das „Reich Gottes"? Macht sich dort niemand mehr „unrein" und wohnt Gott dort schon unter ihnen (V. 23 und V. 27)? Ich weiß es nicht – die Staatsgründung Israels, die vielfältigen Bewahrungen trotz Angriffen der Nachbarn, permanenter Terrorgefahr durch Hamas und andere extremistische Gruppen, der weltweite Hass ... und trotzdem gelingt dort eine Demokratie, Rechtsstaat und Freiheit. Angriffe wurden abgewendet. Nein, ich denke, es ist noch nicht das verheißene „Gott unter uns" – und doch zeigt sich im Land und der Geschichte Israels Gottes Liebe für sein Volk – und für uns.

„Und ihr sollt erfahren, dass ich der HERR bin.“ *Hesekiel 37,13*

Hoffnung baut auf …

Hesekiel 40,1-16 **Donnerstag, 13.**

Ging es Ihnen beim Lesen auch so wie mir? Ich fragte mich: Und wo ist nun die tiefere Bedeutung dieses Textes? Dann versetzte ich mich in die Situation der ersten Zuhörer: Seit 25 Jahren sind sie in der Verbannung, 14 Jahre, seitdem der Tempel entweiht und zerstört wurde. Und dann machte es „klick“ bei mir: „Sieh her […] merke auf alles, was ich dir zeigen will; denn dazu bist du hierher gebracht, […] damit du alles, was du hier siehst, verkündigst“ (V. 4) – es geht um Hoffnungsbilder! In der Vision sieht Hesekiel den Bauherrn oder Architekten, der bereits dabei ist, den Tempel wieder aufzubauen. Die Bilder, die das Volk vor Augen hat, sind Zerstörung, Schändung und Tod. Hesekiel stiftet ihnen ein neues Bild: Aufbau, detaillierte Baupläne, ein Mann wie Erz, der Hand anlegt. Gott ist am Werk – und das gilt noch immer!

„Lasst uns festhalten an dem Bekenntnis der Hoffnung und nicht wanken; denn er ist treu.“ *Hebräer 10,23*

Heilig, heilig, heilig …

Hesekiel 42,15-43,12 **Freitag, 14.**

In einer Welt, in der nichts und niemand mehr heilig ist, werden Werte entwertet und die Lebensgrundlage des Nächsten zerstört. Israel hatte dies erlebt. Der Gott der Väter war wohl unmodern und die Götzen viel attraktiver. Gesetze, Nächstenliebe und göttliche Werte wurden relativiert und am Ende standen der Untergang und die Verbannung. In der Vision sieht Hesekiel, wie Gott in seinen neuen Tempel einzieht und wie er seine Heiligkeit aufrichtet unter den Menschen. Sie sollen sich ihrer Vergangenheit schämen, wenn sie den neuen Tempel sehen. Gott ist heilig – eine Grundaussage, die wir heute leider zu oft übersehen, vergessen oder verdrängen. Gottes Heiligkeit soll uns ins Nachdenken bringen, unser Handeln, auch in der Gesellschaft, „beleuchten" und die Werte unseres Lebens prägen. Wir sind Gottes Kinder und seine Heiligkeit ist unsere Verpflichtung, dem Nächsten, der Schöpfung und uns selbst gegenüber.

„Heilig, heilig, heilig ist Gott der Herr, der Allmächtige, der da war und der da ist und der da kommt." *Offenbarung 4,8*

Wasser des Lebens

Hesekiel 47,1-12 **Samstag, 15.**

Sauberes Wasser ist eine Grundlage für Leben, für Nahrung und Genuss. In der Vision sieht Hesekiel, wie vom Tempel Gottes ein Strom des Lebens ausgeht. An dessen Ufer gedeihen Bäume und Früchte und an dessen Ende wird das Tote Meer zu einem Gewässer mit Leben und Vielfalt.

Das Bild greift die geografischen Gegebenheiten Israels auf. Der Jordan als Fluss endet im Toten Meer. Dieser Fluss kann aber das Tote Meer nicht verändern. Es ist so salzhaltig, dass kein Leben entstehen kann. Aber der „neue Strom", der vom Tempel ausgeht, wird dieses tote Wasser verändern.

Gottes Verheißung ist: Er wird neues Leben schaffen, wo zuvor der Tod regiert hat. Aus der Gegenwart Gottes entstehen Leben, Farbe, Früchte und Vielfalt ...

„Und wen dürstet, der komme; wer da will, der nehme das Wasser des Lebens umsonst." *Offenbarung 22,17*

Wochenspruch

Denn wir müssen alle offenbar werden vor dem Richterstuhl Christi. *2. Korinther 5,10a*

Die Antwort

Psalm 69,17-37 **Sonntag, 16.**

Psalm 69 ist ein Klagepsalm, David leidet. Er fühlt sich elend und von Menschen verlassen. Und in dieser äußersten Not wird er zum Propheten für das Leiden, das Christus am Kreuz auf sich nimmt, um uns zu retten. Viele Ereignisse aus diesem Psalm fanden Eingang in die Passionsgeschichte. Und vielleicht ist diese Vorahnung auch der Grund für den völligen Stimmungswechsel am Ende. „Ich will den Namen Gottes loben [...]" (V. 31). Davids Lob ist eine bewusste Entscheidung in der Zuversicht auf Gottes Beistand. David steckt noch mitten in den Schwierigkeiten, aber der Perspektivwechsel hin zu Gott verändert sein Beten. Gibt es eine Situation oder Frage, in der du nicht weiterkommst? Beginne im Vertrauen auf Gott, ihm schon jetzt für die Hilfe und Antwort zu danken, auch wenn du noch keine Ahnung hast, wie es enden wird.

„Um Mitternacht aber beteten Paulus und Silas und lobten Gott. Und es hörten sie die Gefangenen." *Apostelgeschichte 16,25*

Der erste und zweite Thessalonicherbrief

Der erste Thessalonicherbrief, der älteste erhaltene Paulusbrief, ist ca. 50 n.Chr. in Korinth geschrieben, wenige Monate nach der Gründung der Gemeinde (Apg 17,1-10). Wegen massiver Angriffe gegen die Christusverkündigung müssen Paulus und Silas heimlich die Stadt verlassen. Paulus ist erfreut und zugleich besorgt um diese junge Gemeinde (2,14; 3,4); er schickt Timotheus nach Thessalonich (das heutige Saloniki), um die Christen dort zu stärken. Paulus selbst scheint in einer schwierigen Lage in Korinth zu sein (3,7f). Als Timotheus mit guten Nachrichten zurückkehrt, ist er durch seinen Bericht getröstet und ermutigt (3,1-8) und schreibt den Brief. Er erinnert an die verheißungsvollen Anfänge (1,2-2,14) und beantwortet Fragen, die

die Gemeindeglieder beunruhigen: Was geschieht mit den Gläubigen, die vor Jesu Wiederkunft gestorben sind (4,13-18)? Wann kommt Christus wieder (5,1-11)? Wie sollen wir mit denen umgehen, die angesichts des bald erhofften Weltendes nicht mehr arbeiten (4,11; 5,14), und wie mit denen, die wieder in eine vorchristliche Lebensweise zurückfallen (4,1-12,5,12-22)? Der zweite Thessalonicherbrief nimmt teilweise die alten Fragen der Gemeinde noch einmal auf, teilweise geht Paulus auf neue Probleme ein: die Vorstellung, das Weltende sei bereits da (2,1f), und die daraus gefolgerte Verweigerung redlicher Arbeit (3,6ff) müssen korrigiert werden; deshalb die Erläuterungen über die Endzeit (2,1-12) und die Lebensweise der Apostel (3,7-9). (UB)

Glaube Hoffnung Liebe

1. Thessalonicher 1,1-10 **Montag, 17.**

Hast du dich schon mal gefragt, wie du anderen gegenüber erklären könntest, was für dich christliches Leben ausmacht? Paulus bietet dir hier mit diesen drei Begriffen eine mögliche Antwort an. In Vers 3 fasst er zusammen, was er unter geistlichem Leben versteht. Er formuliert es als Dankgebet. Die folgenden Verse des Gebetes vertiefen diesen Dreiklang. Paulus beschreibt das Werk im Glauben, das er als Außenstehender bei den Thessalonichern wahrgenommen hat. Er erzählt von der Arbeit in der Liebe, über die er von anderen unterrichtet worden ist, und endet mit der Hoffnung des Glaubens, die alle Gläubigen eint. Diese Vorlage kannst du heute nutzen, um für Christen in deinem Umfeld zu beten und zu danken. Könntest du auch für dich zu jedem Punkt etwas sagen? Wenn nicht, will Gott dich hier neu beschenken.

„Nun aber bleibt Glaube, Hoffnung, Liebe, diese drei; aber die Liebe ist die größte unter ihnen.“ *1. Korinther 13,13*

Boten des Evangeliums

1. Thessalonicher 2,1-12 **Dienstag, 18.**

Wie soll ich es denn anderen sagen? Werden sie mich nicht auslachen? Und wie stehe ich dann da? Kennst Du diese Fragen, wenn es darum geht, anderen vom Glauben an Christus zu erzählen? Einem Glauben, der über unser Schicksal in Zeit und Ewigkeit entscheidet? Du bist in guter Gesellschaft, so geht es vielen. Kann es sein, dass wir noch nicht wirklich verstanden haben, welch ein Vorrecht es ist, dass „... Gott uns für wert geachtet hat, uns das Evangelium anzuvertrauen,"? Erst neulich sprach ich mit Kolleginnen, die erstaunt darüber waren, dass man eine Hoffnung für das Leben nach dem Tod haben kann. Ihnen in Liebe zu begegnen und im Glauben auf Gottes Eingreifen seine Botschaft weiterzusagen, nein, dafür muss ich mich nicht schämen und dennoch – es fiel mir schwer, nicht auszuweichen. Ich bete immer wieder:

„Denn ich schäme mich des Evangeliums nicht; denn es ist eine Kraft Gottes, die selig macht alle, die glauben." *Römer 1,16*

Das Wort Gottes

1. Thessalonicher 2,13-20 **Buß- und Bettag, Mittwoch, 19.**

Es durchzieht den ganzen bisherigen Brief: Glauben ist kein „Schönwetterereignis". Paulus hatte grade Verfolgung erlitten (V. 2), als er zu den Thessalonichern stieß, um ihnen das Evangelium zu predigen. Und jetzt erleben sie selbst Verfolgung. Paulus erklärt, dass dies kein Makel ist. Zum einen, weil so deutlich wird, dass es Gottes Wort ist, welches am Werk ist, wenn Menschen vom Evangelium überwunden werden. Und zum anderen, weil Satan genau das verhindern will und deshalb das Predigen des Evangeliums zu erschweren sucht. In der festen Zuversicht, dass Gottes Wort in und durch die Thessalonicher wirkt (V. 13), freut sich Paulus an der Gemeinschaft mit ihnen selbst dann, wenn er nicht bei ihnen sein kann. Haben wir diese Zuversicht auch für uns und andere?

„So soll das Wort, das aus meinem Munde geht, auch sein: Es wird nicht wieder leer zu mir zurückkommen, [...] und ihm wird gelingen, wozu ich es sende.“ *Jesaja 55,11*

Ewigkeit im Herzen

1. Thessalonicher 3,1-13 **Donnerstag, 20.**

Paulus weiß, dass die Thessalonicher um des Glaubens willen leiden, den er ihnen verkündet hat. Und er leidet mit. Hat er ihnen genug beigebracht und erklärt, dass sie diesen Widerständen gewachsen sein werden? Er braucht Gewissheit und er will helfen, deshalb sendet er Timotheus zu ihnen, obwohl er seine Unterstützung selbst dringend braucht. Aber die Hilfe für die notleidende Gemeinde hat Priorität vor den eigenen Bedürfnissen. Auch heute werden weltweit über 360 Mio. Christen wegen ihres Glaubens massiv verfolgt oder diskriminiert. Und auch wenn wir sie nicht einfach mal besuchen können, so können wir für sie im Gebet vor Gott einstehen:

„Euch aber lasse der Herr wachsen und immer reicher werden in der Liebe untereinander und zu jedermann, wie auch wir sie zu euch haben, dass eure Herzen stark und untadelig seien in Heiligkeit vor Gott, unserm Vater, wenn unser Herr Jesus kommt mit allen seinen Heiligen.“ *1. Thessalonicher 3,12-13*

L(i)ebensweise

1. Thessalonicher 4,1-12 **Freitag, 21.**

Paulus macht der Gemeinde Mut, weiter ein Leben zu führen, wie Gott es sich wünscht. Heilig und liebevoll. Das bedeutet: keine Unzucht, den eigenen Körper gut behandeln, nicht betrügen, in Liebe miteinander umgehen. Er meint damit, dass wir aus der Liebe heraus, die uns Jesus schenkt, leben sollen. Hier lag die Stärke der Thessalonicher, wie auch mancher heutigen herzlichen Gemeinde. An der Liebe sollen wir uns orientieren, wenn es um unser eigenes Leben geht. Und sie verändert – mein Leben und auch mein Umfeld. Diese Liebe kann und soll ich teilen: in meinen Beziehungen, meiner Arbeit, meiner Gemeinde. Mit Gebeten, liebevollem Umgang, tatkräftiger praktischer und finanzieller Unterstützung. In welchen Bereichen lasse ich die Liebe Gottes meine Lebensweise beeinflussen und wo nicht? Diese Frage kannst du heute mit in den Tag nehmen.

„Denn ihr selbst seid von Gott gelehrt, euch untereinander zu lieben."
1. Thessalonicher 4,9

Wie ist das eigentlich …

1. Thessalonicher 4,13-18 **Samstag, 22.**

... mit der Auferstehung? Diese Frage treibt die Gemeinde in Thessalonich um. Sie glauben fest daran, dass Jesus zu ihren Lebzeiten wiederkommt. Doch manche, die zu ihnen gehört hatten, sind mittlerweile verstorben. Die Gläubigen in Thessalonich fragen sich: Was passiert mit den Gemeindegliedern, die sterben, bevor Jesus wiederkommt? War ihre Hoffnung auf ein Leben in der Gemeinschaft mit Jesus umsonst? Paulus beruhigt sie. Alle, auch die Verstorbenen, werden in der Gemeinschaft mit Jesus leben. Fragst du dich auch manchmal: „Wie ist das eigentlich mit der Auferstehung?" Welche Vorstellung davon und welche Fragen hast du? Tausch dich doch mit anderen und Jesus darüber aus. Eine Gewissheit haben wir auf jeden Fall: Wir dürfen in Ewigkeit mit und bei Jesus leben. Das ist eine gute Aussicht.

„Und der auf dem Thron saß, sprach: Siehe, ich mache alles neu!"
Offenbarung 21,5

Wochenspruch

„Lehre uns bedenken, dass wir sterben müssen, auf dass wir klug werden." *Psalm 90,12*

Im Thronsaal

Psalm 110 **Ewigkeitssonntag. 23.**

Dieser Psalm lässt uns einen kleinen Blick in die Zukunft werfen. Es wirkt so, als würden wir uns direkt im Thronsaal Gottes befinden. In majestätischer Wortwahl beschreibt er die Einsetzung Jesu zur Rechten des Vaters. Jesus selbst zitiert diesen Psalm in Mt 22,43-46 und bezieht ihn auf sich. Und wir wissen: So ist es, Jesus kam in diese Welt, ist gestorben, auferstanden und sitzt zur Rechten Gottes. Das geschah aus Liebe zu uns, damit wir in Ewigkeit mit und bei ihm leben können. Diese Tatsache hilft mir, wenn ich weiterlese und die Worte hart werden, voller Gewalt. Da kommt mein Gottesbild ehrlich gesagt an seine Grenzen. Doch Gott ist größer als alle menschlichen Vorstellungen von ihm und so vertraue ich darauf, dass er liebevoll und gerecht richten wird. Ganz anders als wir uns das vielleicht vorstellen.

Der HERR sprach zu meinem Herrn: „Setze dich zu meiner Rechten."
Psalm 110,1

Licht in der Nacht

1. Thessalonicher 5,1-11 **Montag. 24.**

Wann Jesus wiederkommt, ist nicht klar, doch eins ist für Paulus sicher: Es passiert dann, wenn man nicht damit rechnet. Deshalb ist es notwendig, vorbereitet zu sein. Doch als Christinnen und Christen, die mit Jesus leben (4,1-12), leben wir als Kinder des Lichts und sind damit vorbereitet. Das gilt auch heute noch. Gottes neue Welt beginnt nicht erst mit der Auferstehung, sie ist schon angebrochen – in jeder und jedem von uns. Gottes Liebe und sein Geist bringen Licht in unsere Welt und unsere Herzen. Er rüstet uns aus mit Glauben, Hoffnung und Liebe, die wir einander weitergeben können. Wir sind Kinder des Lichts, weil Gottes Licht uns leuchtet. Das macht einen Unterschied in dieser Welt, wie ein Leuchtturm an einer dunklen Küste. Wo hast du das zuletzt erlebt – dass jemand dir Licht war oder du jemandem Licht wurdest?

„Denn ihr alle seid Kinder des Lichtes und Kinder des Tages.“
1. Thessalonicher 5,5

Übungssache

1. Thessalonicher 5,12-28 **Dienstag, 25.**

Die Menschen in der Gemeinde kennen Jesus noch nicht lange, sind keine alten Hasen im Glauben. Sie leben ein neues Leben mit manchen Anfeindungen, da muss man erst einmal üben, wie das gehen kann. Paulus gibt ihnen deshalb Hinweise für den Umgang miteinander. Es geht darum, füreinander Verantwortung zu übernehmen, einander zu unterstützen und mit Jesus in Verbindung zu bleiben. Auch ich brauche solche Erinnerungen, gerade in schweren Zeiten. Den Kontakt zu Jesus zu pflegen, andere zu ermutigen, mich an dem, was Jesus mir schenkt, festzuhalten und mich nicht nur vom Schweren bestimmen zu lassen. Dabei immer wieder darauf zu vertrauen, dass Jesus mit mir geht, auch wenn ich es nicht spüre. Welchen dieser Tipps von Paulus willst du dir für die nächsten Tage zu Herzen nehmen?

„Seid allezeit fröhlich, betet ohne Unterlass, seid dankbar in allen Dingen.“ *1. Thessalonicher 5,16-18*

Was tun?

2. Thessalonicher 1,1-12 **Mittwoch, 26.**

Paulus schreibt an die Gemeinde in Thessalonich, die er zusammen mit Silas gegründet hatte. Thessalonich war eine wichtige Hafenstadt in Makedonien und hier trafen Menschen aus aller Welt und aller Glaubensströmungen aufeinander. Nachdem die Gemeinde zunächst im festen Glauben an Christus gewachsen und aufgeblüht war, wächst nun zunehmend der Streit untereinander, da unter den Gemeindegliedern auch sehr unterschiedliche Moralvorstellungen herrschen. Was hat Paulus da für Tipps – vielleicht auch noch für uns heute? Vertraut auf Jesus, der allein kann richtigstellen, was schiefläuft. Lasst euch nicht tiefer in den Streit hineinziehen, dann wird alles nur noch schlimmer. Und Paulus tut, was wir auch tun können für Menschen und Gemeinden, die in Bedrängnis sind: Beten um Kraft und Glauben. Beten für Christen, die in Gefahr sind, ihren Glauben zu verlieren.

„Wachet und betet, dass ihr nicht in Versuchung fallt!“ Markus 14,38

Was ist da los?

2. Thessalonicher 2,1-12 **Donnerstag, 27.**

Solange wir in dieser Welt leben, stehen wir im Kampf zwischen Licht und Finsternis. Die Liebe Gottes hat in Jesus zwar schon den Sieg davongetragen, aber in dieser Welt hat auch das Böse noch Macht, bis Gott sein Reich am Ende der Tage endgültig aufgebaut hat. Wo die Dinge undurchsichtig werden und aus dem Ruder zu laufen scheinen, da sehnen sich Menschen nach Autoritäten. Auch heute in unseren westlichen Gesellschaften und Gemeinden. Man wünscht sich einfache Regeln, klare Ordnungen und weniger Eigenverantwortlichkeit. Was dabei auf der Strecke bleibt ist die Liebe. Die Liebe Gottes, die Jesus uns vorgelebt hat, ist keine, die sich an feste Regeln hält, sondern die den Menschen dient. Diese Liebe gilt es zu leben und die Wahrheit Christi in seinem Wort zu entdecken.

„Wenn ihr bleiben werdet an meinem Wort, so seid ihr wahrhaftig meine Jünger und werdet die Wahrheit erkennen, und die Wahrheit wird euch frei machen.“ Johannes 8,31-32

Was hilft, durchzuhalten?

2. Thessalonicher 2,13-17 **Freitag, 28.**

Der Rat des Paulus erinnert an die erste Frage des Heidelberger Katechismus: „Was ist dein einziger Trost im Leben und im Sterben? Dass ich mit Leib und Seele im Leben und Sterben nicht mir, sondern meinem getreuen Heiland Jesus Christus gehöre, [...] er bewahrt mich so, dass ohne den Willen meines Vaters im Himmel

kein Haar von meinem Haupt kann fallen, ja, dass mir alles zu meiner Seligkeit dienen muss. Darum macht er mich auch durch seinen Heiligen Geist des ewigen Lebens gewiss und von Herzen willig und bereit, ihm forthin zu leben."
Wer sich fest in Jesus verwurzelt, kann erfahren, dass bei ihm in allen Lebenslagen Trost zu finden ist. Deshalb dürfen wir selbst auf einer Beerdigung das Lied singen: „In dir ist Freude in allem Leide, o du süßer Jesus Christ" (EG 398).

„Gutes und Barmherzigkeit werden mir folgen mein Leben lang, und ich werde bleiben im Hause des HERRN immerdar." Psalm 23,6

Zufluchtsort

2. Thessalonicher 3,1-18 **Samstag, 29.**

Paulus ist sehr realistisch: „Der Glaube ist nicht jedermanns Ding." Auch heute wird es zunehmend schwierig, den eigenen Glauben und christliche Werte in der Gesellschaft zu leben und zu erklären. Doch Gottes Treue zu uns kann unsere Treue zu ihm stärken. Gerade in Schwierigkeiten kann man Gott oftmals auf besondere Weise erleben. Als einen, der stark macht. Als einen, der auf uns aufpasst und uns beschützt. Sogar dann, wenn wir Fehler machen, hält er treu zu uns und schenkt uns Nähe, Vergebung und Geborgenheit. Paulus macht Mut, immer neu Gottes Nähe zu suchen und mit ihm für das Gute und die Liebe Gottes in der christlichen Gemeinde und der Gesellschaft einzustehen. Weil Gott selbst die Kraft dazu schenkt. Er ist der gute Vater, bei dem wir zu Hause sein dürfen und geborgen sind.

„Lass dir an meiner Gnade genügen; denn meine Kraft vollendet sich in der Schwachheit." 2. Korinther 12,9

Wochenspruch

Siehe, dein König kommt zu dir, ein Gerechter und ein Helfer.
Sacharja 9,9a

Herzlich Willkommen, Jesus!

Psalm 24 **1. Adventssonntag. 30.**

Wieder ist Advent und wieder ergeht die Einladung: „Macht hoch die Tür! Macht die Türen weit auf! Jesus kommt!" Kann Jesus bei uns ankommen? Die Adventszeit ist oftmals vollgepackt mit Weihnachtsfeiern, Einkaufsstress und Dekorieren fürs Fest. Eigentlich ist sie aber in der kirchlichen Tradition eine Fastenzeit – Zeit zur Besinnung und zur Vorbereitung auf Weihnachten. Zeit, im Leben aufzuräumen, sozusagen einen geistlichen Hausputz vorzunehmen und hinzuschauen, was sich zwischen Gott und uns an Müll angesammelt hat. Durch Gottes Gnade kann alles weggeräumt werden, was uns von Jesus trennt. Und wenn an Weihnachten alle Lichter hell strahlen, muss kein Müll mehr in unseren Herzen Schatten werfen. Und Jesus findet Platz.

„Siehe, ich stehe vor der Tür und klopfe an. Wenn jemand meine Stimme hören wird und die Tür auftun, zu dem werde ich hineingehen und das Abendmahl mit ihm halten und er mit mir."

Offenbarung 3,20

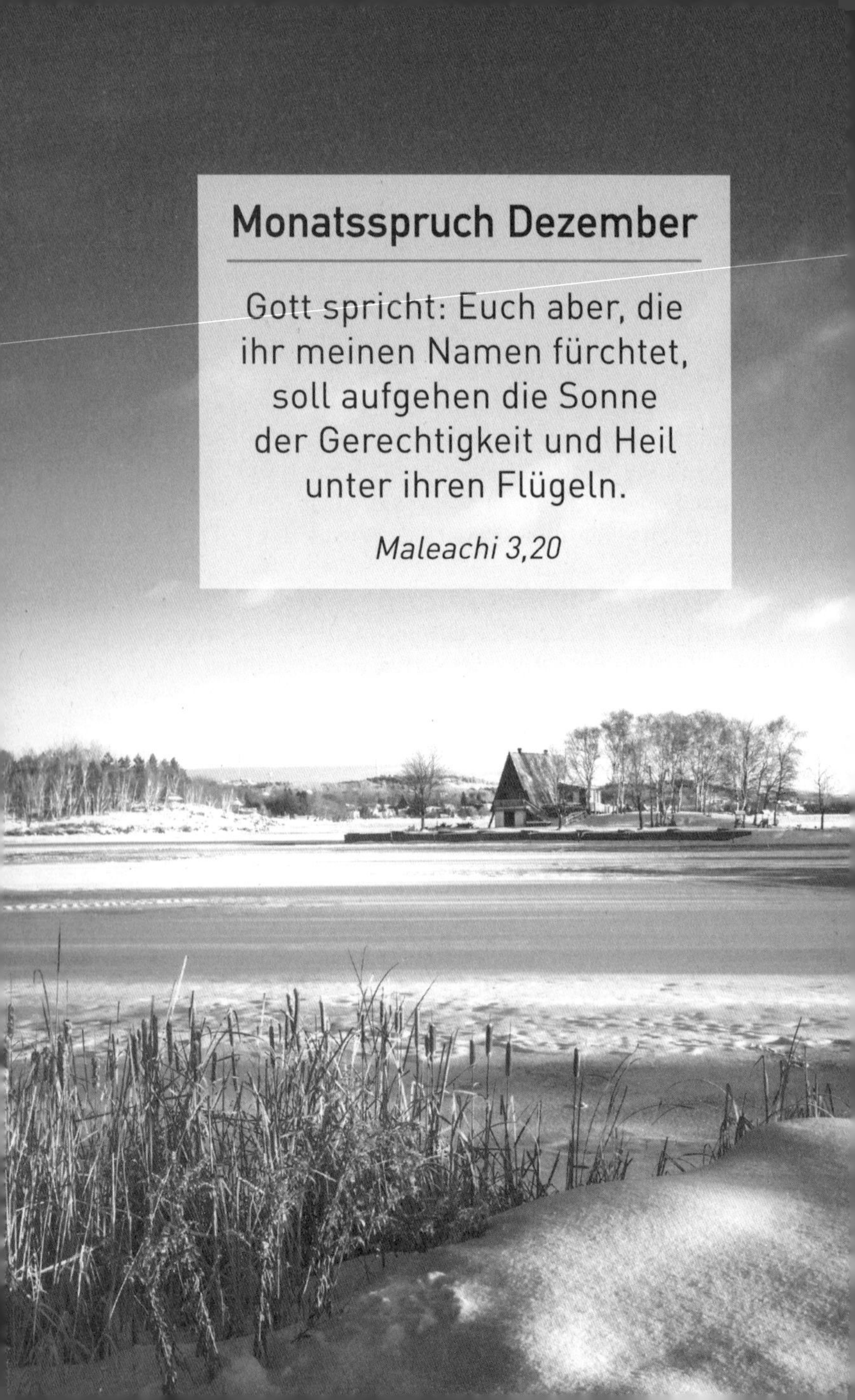

Monatsspruch Dezember

Gott spricht: Euch aber, die ihr meinen Namen fürchtet, soll aufgehen die Sonne der Gerechtigkeit und Heil unter ihren Flügeln.

Maleachi 3,20

Das Buch Sacharja

Zwei Propheten nach dem Exil erwarten die Heilszeit in Kürze: Haggai und Sacharja. Sie fordern eine eindeutige Umkehr und heben zwei Personen hervor, durch die Gott sein Heilswerk tun wird: Jeschua (Josua), Hohepriester, und Serubbabel, Statthalter von Persiens Gnaden, aber Nachkomme Davids. Ihm wird messianische Würde zugesprochen (Hag 2,21; Sach 4,6-10). Ihre Worte, datiert zwischen 520 und 518 v. Chr., tragen wesentlich dazu bei, dass eine neue religiöse Ordnung entsteht, nachdem Persien die Macht hat, Israel also keine politische Größe mehr ist, sondern nur noch eine Kultgemeinde.
Sacharja ist aus dem Exil zurückgekehrt und entstammt einer Priesterfamilie. Sein Buch besteht aus zwei Teilen: Kap 1-8 und 9-14. Teil 1 ist bestimmt von acht „Nachtgesichten", also Visionen, die genau datiert sind. Sacharja sieht zwar etwas, aber durchgängig muss ein Engel erklären, was die Bilder bedeuten. Gott war zornig über die „Väter", also die Generation vor dem Exil, die auf die Mahnungen der Propheten nicht gehört hatten. Er will nun mit einer neuen Generation neu anfangen und wieder unter seinem Volk wohnen – deshalb ist es so wichtig, dass der Tempel neu gebaut wird! Aber die Visionen, die Jeschua und Serubbabel für ihre Aufgabe stärken sollen, gehen plötzlich viel weiter, die Zeithorizonte verschwimmen. Sacharja schaut bis in eine neue Welt, in der die Völker nach Jerusalem pilgern. Ein neuer „Spross" der Dynastie Davids wird das Haus Jahwes vollenden. In Kap 9-14 finden sich keine Datierungen mehr. Themen der ersten Hälfte tauchen erneut auf, werden aber mit neuen Bildern ausgedrückt. Der Anbruch der Heilszeit wird geschildert, die Heimkehr und Sammlung Israels, die Entmachtung der Völker, aber auch ihr Anschluss an Israel (9,7; 14,16 ff) und zuletzt Gottes Herrschaft: „An jenem Tage wird Jahwe der Einzige und sein Name einzig sein" (14,9.16 f). (UB)

Das Erbe vergangener Generationen

Sacharja 1,1-6 **Montag, 1.**

Die Generation meiner Großeltern hat die NS-Zeit aktiv miterlebt. Ich habe meinen Großvater nie kennengelernt, weiß aber, dass er (mindestens) Mitläufer war. In der Familie wurde nie viel darüber geredet. Stehe ich zu der Schuld meiner Vorfahren? Das Volk Israel hatte im Jahr 520 v. Chr., als Sacharja (= „Der Herr gedenkt") schreibt, noch handfest unter der Schuld der Generation, die vor dem Babylonischen Exil gelebt hatte, zu leiden. Die Großeltern hatten nicht auf die mahnenden Stimmen gehört, hatten die Warnungen der Propheten Gottes in den Wind geschlagen. Damals wie heute: Wir können und müssen nicht die Schuld unserer Vorfahren abtragen. Aber wir sollten ihre Fehler nicht wiederholen. Kenne ich die Geschichte meiner Familie? Was lehrt sie mich? Wo höre ich heute ähnliche Parolen wie die, denen meine Großeltern 1933–1945 auf den Leim gegangen sind?

„Lasst fahren die Götter, denen eure Väter gedient haben."

Josua 24,14

Gott nutzt die Gelegenheit

Sacharja 1,7-17 **Dienstag, 2.**

Sacharja hat nachts eine verwirrende Vision. Gottes Kundschafter haben das Land durchzogen und erstatten Bericht: Es ist politisch Ruhe eingekehrt in Persien im Jahr 519 v. Chr. und damit auch in Israel. Jetzt wäre die Gelegenheit, Jerusalem – das ganze Volk Gottes – wiederherzustellen und den Tempel wieder zu bauen. Und Gott sagt: „Ja! Genau das will ich jetzt tun!" Ob in ruhigen Zeiten oder in chaotischen und turbulenten: Gott regiert – und nutzt die politischen Entwicklungen für seine Pläne. Der Theologe Karl Barth formulierte es 1968 so: „Ja, die Welt ist dunkel. [...] Nur ja die Ohren nicht hängen lassen! Nie! Denn es wird regiert, nicht nur in Moskau oder in Washington oder in Peking, sondern es wird regiert, und zwar hier auf Erden, aber ganz von oben, vom Himmel her!" Auch im Jahr 2025!

„Der HERR wird Zion wieder trösten und wird Jerusalem wieder erwählen.“ *Sacharja 1,17*

Die Eukatastrophe

Sacharja 2,1-9 **Mittwoch, 3.**

Die größte denkbare Katastrophe für eine Stadt von der Antike bis in die Neuzeit hinein war die Zerstörung der Stadtmauer. Genau das war in Jerusalem passiert. Und nun soll Maß genommen werden für den Wiederaufbau. Und ja – Nehemia würde die Stadtmauer wieder bauen. Aber so weit ist es noch nicht. Gott zeigt Sacharja eine andere Realität: Als die Engel Maß nehmen wollen, bläst er das Unternehmen ab: „Braucht ihr nicht! Keine Mauer aus Stein – ich selbst will ihr Schutz sein.“ Und in der Stadt sollen so viele Menschen leben (und so viel Vieh), dass die Vorstellungskraft auch des visionärsten Stadtplaners nicht ausreichen würde, um groß genug zu bauen für all das, was sie fassen soll. Hier ist jetzt nicht mehr wirklich von einer antiken Stadtmauer die Rede. Hier geht es um das Jerusalem, in dem der Herr selbst gegenwärtig sein wird.

„Und ich sah keinen Tempel darin; denn der Herr [...] ist ihr Tempel.“
Offenbarung 21,22

Wanderer zwischen den Welten

Sacharja 2,10-17 **Donnerstag, 4.**

Zwei Metropolen stehen sinnbildlich für zwei geistliche Realitäten: Jerusalem, die Stadt Gottes, Babylon, die Hauptstadt aller Mächte, die sich gegen Gott stellen (= das Land des Nordens). Die Zeit des Exils ist nun vorbei! Wer jetzt noch in Babylon bleiben möchte (was viele taten), der wird auch am Schicksal Babylons teilhaben. Und andersherum: Wer sich aufmacht aus Babylon, wird erleben, wie es ist, im Segen Gottes zu leben. Wieder geht der Blick weit über die antike Zeit hinaus (ab V. 15): Christen sind Wanderer zwischen den Welten, zwischen den Zeiten. Noch ganz in dieser Welt – und damit immer auch in „Babel". Und doch gehören sie zu „Jerusalem". Wir müssen nicht aus unseren Städten ausziehen, aber die Frage beantworten: Welcher dieser geistlichen „Städte" gilt meine letzte Loyalität?

„Und er wird bei ihnen wohnen, und sie werden seine Völker sein, und er selbst, Gott mit ihnen, wird ihr Gott sein." Offenbarung 21,3

So geht Gerechtigkeit bei Gott

Sacharja 3,1-10 **Freitag, 5.**

Szenenbild: himmlischer Gerichtssaal (vgl. Hiob 1,6-12). Auf der Anklagebank: Jeschua, der Hohepriester, stellvertretend für das Volk. Keine Frage: Der Angeklagte (= das Volk Israel) ist schuldig. Der Richter ergreift das Wort: „Ankläger, mäßigen Sie sich und seien Sie still!" Und er gibt Anweisungen an die Gerichtsdiener, die Engel: „Nehmt dem Angeklagten die Schuld weg!" So geht Gottes Gerechtigkeit! Wieder geht der Blick in die Zukunft: Es wird der Tag kommen, da wird Gott einen Knecht schicken, der die Sünde des Volkes an einem einzigen Tag wegnehmen wird. Jeschua brütet vielleicht gerade über relativ bescheidenen Tempelgrundrissen, als Sacharja ihm aufgeregt erzählt: „Ich hatte heute Nacht eine Vision, in der du ..." Wie wird Jeschua sich wohl gefühlt haben? Wie geht es mir, wenn ich an den einen Knecht, den „Spross", denke?

„Wenn eure Sünde auch blutrot ist, soll sie doch schneeweiß werden." Jesaja 1,18

Hintergrund: Der Blick in welche Zukunft?

Es ist die Zeit bescheidener Wiederanfänge nach dem Exil. Hat Sacharja da nicht den Mund deutlich zu voll genommen? Der „Spross" – wirklich (nur) der Provinzstatthalter von Per-

siens Gnaden, der bei Sacharja geradezu als Messias beschrieben wird? Oder deutet das alles auf eine spätere Zeit? Aber ginge dann nicht die Botschaft an der Realität der Zeitgenossen Sacharjas ziemlich vorbei?
Klar – manchmal kündigen Propheten konkrete Ereignisse an: Das Buch Esra beginnt damit, dass das Edikt des persischen Königs Kyrus eine Erfüllung der Prophezeiung von Jeremia ist (Esra 1,1-4, Jer 29,10). Oder man denke an die berühmte Prophetie von Jesus, dass der Tempel in Jerusalem zerstört werden würde (Mt 24,1f). Aber meistens geben uns die Propheten keine exakte Landkarte der Zukunft – sie malen ein Bergpanorama. Da gibt es Hügel ganz im Vordergrund. Dahinter ragen Berge auf. Die einzelnen Berge können weit auseinanderliegen, die Täler dazwischen sieht man nicht. Und dieses Bild malen die Propheten für **ihre Zeitgenossen**, zu denen Gott sie gesandt hat. Die Zukunftsworte sollen in der Gegenwart Hoffnung machen.
Viele Prophetien werden im Neuen Testament aufgegriffen. Aber so richtig passt es mit einer wörtlichen Erfüllung auch dann nicht. Z.B. die berühmte Verheißung von Joel (vgl. 100), dass Gott seinen Geist ausgießen wird. Sie ist laut Apg 2,17 an Pfingsten erfüllt. Aber Wunderzeichen am Himmel? Der schreckliche „Tag des HERRN", der Tag des Strafgerichts Gottes? Das lässt wohl noch auf sich warten. Weil Jesus im Zentrum des großen Plans Gottes mit dieser Welt steht, deshalb brechen sich am Kreuz alle Prophetien wie in einem Prisma. Ihr Licht geht durch dieses Prisma hindurch und nimmt nachher eine andere Gestalt an, bricht sich in viele Farben. Es geht also nicht darum, die Zukunftsprophetien zu sammeln, um nachzurechnen, wie viel sich bereits erfüllt hat, oder zu rätseln, wie sie sich vielleicht erfüllen werden (das tun sie immer anders, als die Menschen erwarten). Es geht darum, dass Gott uns zeigt, wie er in der Welt wirkt und dass er gegen die zerstörerischen Mächte dieser Welt kämpft. Und dass er noch Großes vorhat – bis hin zu seiner neuen Welt. (UB)

Was, wenn ich nur noch Bahnhof verstehe?

Sacharja 4,1-14 **Nikolaustag, Samstag. 6.**

„Weißt du nicht, was das ist?“, fragt der Engel jedes Mal, wenn Sacharja sich hilflos mit der Bitte um Erklärung an ihn wendet. Vermutlich bleibt auch nach der Deutung durch den Engel vieles unklar. Wie sollte es uns da anders gehen, die wir aus einer völlig anderen Kultur stammen? Und trotzdem soll dies Gottes Wort für uns an diesem Tag sein und uns im Jahr 2025 Orientierung geben können? – Ja, durchaus, weil der Text ein immer noch gültiges Prinzip beschreibt für meine persönlichen, ganz individuellen Fragen, wie auch im Blick auf die Herausforderungen unserer Gesellschaft: Das Wesentliche können wir mit unseren Möglichkeiten nicht schaffen. Vielmehr entsteht es aus Gottes Kraft. Dazu muss man nicht alles verstehen. Dazu muss man auf Gott warten und ihm vertrauen. Heute!

„Es soll nicht durch Heer oder Kraft, sondern durch meinen Geist geschehen, spricht der HERR Zebaoth.“ *Sacharja 4,6*

Wochenspruch

Seht auf und erhebt eure Häupter, weil sich Erlösung naht.
Lukas 21,28b

Wenn Gott eingreift, ändert sich alles.

1. Samuel 2,1-10 **2. Adventssonntag. 7.**

Wer würde in einer solchen Situation seine Freude und Dankbarkeit nicht rauslassen und Gott loben? Hanna hatte schwer daran zu knacken, dass sie keine Kinder bekam. Aber bei Gott ist kein Ding unmöglich, und tatsächlich hatte er ihr Gebet erhört. Hanna denkt groß, bis in die Politik hinein, und deshalb nennt sie zahlreiche weitere Beispiele: Arme macht er reich, Reiche gehen zugrunde. Starke Kämpfer werden besiegt und Schwache bringen

Erstaunliches zustande. Gott kann unser Leben jederzeit in die eine wie die andere Richtung umpolen. Deshalb kann der Starke nicht auf seine Stärke bauen, und der Schwache muss an seiner Schwachheit nicht verzweifeln. So hat Hanna es persönlich erlebt, und so erwartet sie es für alle Bereiche des Lebens. Ganz ähnlich wie später Maria nach der Ankündigung der Geburt Jesu. – Und wie denke ich selbst darüber?

„Sollte dem HERRN etwas unmöglich sein?" *1. Mose 18,14*

Ohne Buße kein Neuanfang

Sacharja 5,1-11 **Montag, 8.**

Zwei weitere Visionen begegnen uns, die ein gemeinsames Thema verbindet: die Sünde des Volkes. Bei der Buchrolle geht es um konkrete Schuld von Menschen gegen andere Menschen wie Diebstahl und Meineid. Die Frau in der Tonne symbolisiert die darunter liegende Grundhaltung der Gottlosigkeit. Beides hat keinen legitimen Platz im Volk Gottes. Soll der ersehnte Wiederaufbau nach dem Exil gelingen, müssen sie beseitigt werden. Gott ist eben nicht der liebe Gott, der einfach immer weitermacht. Deshalb gibt es auch bei uns keinen echten Neuanfang, ohne dass wir unser Leben vor Gott ordnen. Wie gut, dass wir vom Neuen Testament her eine ganz neue Möglichkeit haben, konkrete eigene Schuld wie auch unsere Form von Gottlosigkeit zu bewältigen. Durch Jesus Christus!

„Wenn wir aber unsre Sünden bekennen, so ist er treu und gerecht, dass er uns die Sünden vergibt und reinigt uns von aller Ungerechtigkeit." *1. Johannes 1,9*

Nichts geschieht einfach so

Sacharja 6,1-8 **Dienstag, 9.**

In der letzten der acht Visionen Sacharjas geht es offensichtlich um weit mehr als den Wiederaufbau nach dem Exil. Was bedeuten die vier hochgerüsteten Streitwagen und die mit ihnen verbundenen Richtungsangaben? Besonderes Augenmerk wird im letzten Vers auf den Norden gerichtet. Aus dem Norden kamen Assyrer, die das Nordreich Israel zerstört haben und, entlang des Fruchtbaren Halbmondes, auch die Babylonier. Für die alttestamentliche Prophetie ist der Norden daher Ausdruck der antigöttlichen Kräfte, die Israel vernichten wollen. Das klingt beunruhigend konkret und aktuell. Und doch wissen wir – nicht zuletzt aus dem Buch der Offenbarung –, dass Gott es ist, der den Einsatz der Pferde und damit die Vorgänge auf der Erde beherrscht. Nichts geschieht ohne seine Zulassung. Auch am heutigen Tag nicht.

„Wenn aber dieses anfängt zu geschehen, dann seht auf und erhebt eure Häupter, weil sich eure Erlösung naht.“ *Lukas 21,28*

Ein König – aber was für einer!

Sacharja 6,9-15 **Mittwoch, 10.**

Die Nacht mit ihren komplexen Visionen ist vorüber, und Sacharja bekommt einen konkreten Auftrag von Gott. Er soll bei den Rückkehrern aus Babylon Gold und Silber einsammeln und daraus eine Krone herstellen. Damit wird der Hohepriester Jeschua gekrönt. Dabei passt das weltliche Herrschaftssymbol eigentlich nicht zu seinem geistlichen Auftrag. Dementsprechend wird ihm die Krone wieder genommen und im Tempel aufbewahrt. – Es ist eine prophetische Zeichenhandlung, die auf eine ferne, heile Zeit hinweist. In Jesus Christus ist sie erfüllt. Von ihm heißt es, dass er gleichzeitig König und Priester ist. Als König hat er Macht und Einfluss und steht über allen anderen. Zugleich kümmert er sich als Priester um die Einzelnen und ihre Beziehung zu Gott. – Wie gut, wenn man ihn persönlich kennt!

„Denn auch der Menschensohn ist nicht gekommen, dass er sich dienen lasse, sondern dass er diene und sein Leben gebe als Lösegeld für viele.“ *Markus 10,45*

Güte und Barmherzigkeit

Sacharja 7,1-14 **Donnerstag, 11.**

„Mama, ärgerst du dich auch über mich? Habe ich es nicht richtig gemacht?“, fragte mich meine Tochter. Ist das nicht auch eine Frage, die wir an Gott richten? Können wir es richtig machen? Aber ist das eigentlich die richtige Frage? Diese Textstelle zeigt, es geht gar nicht darum, alles richtig zu machen. Es geht um unsere Herzenshaltung. Es geht darum, meinen Kindern, Nachbarn, Freunden und Fremden mit Güte und Barmherzigkeit zu begegnen. Es geht darum, erst das Gute zu erwarten und nicht mit Hintergedanken oder Argwohn auf Neues zu reagieren. So reißen wir keine Pflänzchen aus, sondern können kleine Pflanzen der Wertschätzung säen und beim Wachsen zusehen. Wir hinterlassen keine Wüste, sondern pflanzen einen Garten, der Frucht bringt.

„So sprach der HERR Zebaoth: Richtet recht, und ein jeder erweise seinem Bruder Güte und Barmherzigkeit.“ *Sacharja 7,9*

Wiederherstellung

Sacharja 8,1-13 **Freitag, 12.**

Ich sitze hier und lese von Gottes Absichten mit Israel und Jerusalem. Er will eine Stadt des Friedens, in der er gemeinsam mit seinem Volk leben kann. Gleichzeitig sehe ich die Nachrichten: Krieg. Wie wird es wohl in einem Jahr sein? Wird es in Israel jemals Frieden und Sicherheit geben? Es ist erschreckend. Damals und genauso heute. Es scheint unmöglich zu sein. Genauso unmöglich wie der Fall der Berliner Mauer. Und doch ist sie gefallen. Sollte Gott etwas unmöglich sein? Er selbst sagt nicht nur, dass er die Israeliten wiederherstellen möchte! Er tut noch mehr. Sie sollen ein Segen für andere sein! Ihm ist es möglich, seine Stadt, sein Volk wieder aufzurichten und Frieden zu bringen. Das gibt Hoffnung! Dafür bete ich!

„So spricht der HERR Zebaoth: Selbst wenn das dem Rest dieses Volkes in dieser Zeit unmöglich scheint, sollte es darum auch mir unmöglich scheinen?, spricht der HERR Zebaoth.“ *Sacharja 8,6*

Die Freude

Sacharja 8,14-23 **Samstag, 13.**

Ich sehe meine Tochter durch die Wohnung tanzen und höre, wie sie aus vollem Herzen singt: „Freude, du allein bist die Freude in mir!“ Jeder Schritt, jeder Ton meiner Tochter ist getragen von Gottes überschwänglicher Liebe. Diese Freude will ich auch spüren. Ich muss lachen, ich muss mittanzen. Es ist so ansteckend. Sie muss mir nicht groß erzählen, wie gut Gott zu ihr ist, ich sehe es. Genauso wird es auch für das Volk Israel angekündigt: Alle werden sehen, wie gütig Gott ist, und wollen mehr von ihm erfahren. Ich sehe wieder: Erst kommt meine Beziehung zu Gott und dann alles andere. Es ist wichtig, dass ich mit ihm in Verbindung bin. Andere sehen, wie gut die Beziehung zu Gott in meinem Leben ist, und wollen dies auch.

„So spricht der HERR Zebaoth: Zu jener Zeit werden zehn Männer aus allen Sprachen der Völker einen jüdischen Mann beim Zipfel seines Gewandes ergreifen und sagen: Wir wollen mit euch gehen, denn wir haben gehört, dass Gott mit euch ist.“ *Sacharja 8,23*

Wochenspruch

Bereitet dem HERRN den Weg; denn siehe, der HERR kommt gewaltig. *Jesaja 40,3.10*

Übersprudelnd

Lukas 1,46-55 **3. Adventssonntag, 14.**

„Mit Maria will ich sinnen, ganz verschwiegen und tief innen über dem Geheimnis zart.“
„Mit den Hirten will ich gehen“, das ist ein Lied, das für mich an

Weihnachten nicht fehlen darf. Genauso wie Marias Lobgesang. Man sagt Maria nach, dass sie ruhig und besonnen war. Aber hier sprudelt aus jeder Zeile pures Lob zu Gottes Ehre. Trotz der Umstände, in denen sie ist, als schwangere unverheiratete Frau. Alles in ihr strebt danach, Gott die Ehre zu geben. Es geht nicht um sie, sondern um den, der da kommt. Ein Geheimnis. Mit Maria gemeinsam will ich darüber nachsinnen, was Gott wichtig ist, und ihm die Ehre geben.

„Und Maria sprach: Meine Seele erhebt den Herrn, und mein Geist freuet sich Gottes, meines Heilandes." *Lukas 1,46-47*

Friede kommt

Sacharja 9,9-12 **Montag, 15.**

Es ist Weihnachtszeit, die „besinnliche" Zeit. Die Zeit des Backens, der Geschenke, der aufgeregten Kinder ... Und dann frage ich mich: Wie kann ich mich bei all dem besinnlichen Trubel auf die Ankunft des Messias vorbereiten? In meinem Inneren gibt es viele Zweifel, Unruhe, Fragen. Und dann höre ich eine leise Stimme. Ganz unaufdringlich und leise sagt er: „Ich bin gekommen, um in deinem Inneren Frieden zu schaffen. Schau nur auf mich!" Er wird kommen und siegreich sein. Er wird auf einem Esel reiten. Wenn ein König in der damaligen Zeit auf einem Esel ritt, bedeutete es, dass er Frieden brachte. Der Messias kommt und bringt Frieden. Frieden in unsere Herzen. Wenn ich den Blick auf das kleine Baby in der Krippe lenke, weiß ich, er kann Frieden schenken.

„Du, Tochter Zion, freue dich sehr, und du, Tochter Jerusalem, jauchze! Siehe, dein König kommt zu dir, ein Gerechter und ein Helfer, arm und reitet auf einem Esel, auf einem Füllen der Eselin." *Sacharja 9,9*

„Hätte, hätte Fahrradkette"

Sacharja 12,9-13,1 **Dienstag, 16.**

Es gibt Dinge, die ich im Nachhinein nicht mehr ändern kann. Worte, die ich nicht mehr zurückholen kann – sosehr ich mir auch auf die Lippen beiße. Nur gut, wenn meine Fehler keine allzu dramatischen Auswirkungen haben. Trösten kann ich mich mit dem Gedanken: Niemand ist perfekt – nicht einmal ich. Gott sei Dank weiß er das auch. Wir lesen in der Bibel von Menschen, die Fehler machen, und von einem Gott, dessen Liebe, Barmherzigkeit und Gnade Mut macht. Mut zum Leben und auch Mut zum Fehler Machen. Es tut gut, das zu wissen und gleichzeitig vertraut zu sein mit dem liebenden Wesen Gottes. Das schafft Raum zum Leben, zum Atmen, zum Gestalten.

„Ja, ich bin überzeugt, dass weder Tod noch Leben, weder Engel noch unsichtbare Mächte, weder Gegenwärtiges noch Zukünftiges, noch gottfeindliche Kräfte, […] uns je von der Liebe Gottes trennen kann, die uns geschenkt ist in Jesus Christus, unserem Herrn."

Römer 8,38.39 (NGÜ)

„Das Leben ist kein Ponyhof!"

Sacharja 14,1-11 **Mittwoch, 17.**

– Auch nicht für Christen. Unser Glaube ist keine Versicherung für ein sorgloses Leben. Früher oder später sieht sich jeder mit Herausforderungen konfrontiert. Ob es eine zerbrochene Beziehung ist, eine nicht bestandene Prüfung, ein Unfall, eine schlimme Diagnose oder gar der Tod eines lieben Menschen. Wie kann ich weiterleben, die Krise überwinden, neuen Lebensmut gewinnen? Dunkle Gedanken, Zweifel und Mutlosigkeit. Und der tiefe Wunsch, Gottes Frieden zu erleben. Mitten im Sturm, mitten im Chaos: Gottes ausgestreckte Hand. Seine Berührung, sein tiefer Friede. Sein Geschenk an uns: Frieden mitten in der Dunkelheit. Deshalb feiern wir genau das in der dunkelsten Zeit des Jahres: Der Friede Gottes ist auf die Welt gekommen – zu uns. Zu mir.

„Ich gebe euch meinen Frieden – einen Frieden, wie ihn die Welt nicht geben kann. Lasst euch durch nichts in eurem Glauben erschüttern, und lasst euch nicht entmutigen!" *Johannes 14,27 (NGÜ)*

Das Buch Maleachi

Mit „Maleachi" endet unser Altes Testament. Dieses kurze Prophetenbuch bildet zugleich die Brücke zum Neuen Testament: Maleachi kündigt den Boten an, der dem HERRN den Weg bereiten soll (3,1), und die Wiederkehr des Propheten Elia vor dem Tag des HERRN (3,23). Markus und besonders Matthäus sehen in Johannes dem Täufer den angekündigten Elia: Mk 1,2; Mt 11,10.13-15; 17,10-13! Maleachi (= mein Knecht) wirkt vermutlich im 4. Jh. v. Chr. Er versucht, ein müde gewordenes, zweifelndes und resigniertes Volk Gottes zu ermutigen. Alle geistlichen Ordnungen scheinen in Auflösung begriffen: Es werden gesetzwidrige Opfer gebracht (1,6-14). Bei Tempelabgaben („Zehnten") wird getäuscht (3,6-12). Ehen werden leichtfertig aufgelöst (2,10-16). Die Priester nehmen ihren Auftrag nicht ernst, nehmen in allem Rücksicht auf die Person (2,1-9). Die Skepsis wächst, ob Gott sein Volk überhaupt liebt (1,2-5) und ob es überhaupt Sinn macht, Gott zu dienen (3,13-21). Maleachi versucht in sechs Streitreden bzw. Lehrdisputationen, die Meinung der Leute aufzugreifen, sie zu bestreiten, mögliche Gegenargumente ernst zu nehmen, Gottes Wegweisung vertiefend zu entfalten und die jeweiligen Folgen aufzuzeigen. Aus dem Propheten wird ein seelsorgerlicher Lehrer, der eine „Verkündigung im Gespräch" praktiziert, der argumentativ Menschen für Gottes Ziele gewinnen und sie zur Umkehr in Gottes Nähe bewegen will. (UB)

Geplant und abgesichert?

Maleachi 1,1-5 **Donnerstag, 18.**

„Wenn du Gott zum Lachen bringen willst, erzähl ihm von deinen Plänen." Als ob das Leben in irgendeiner Art planbar, berechenbar wäre. Gesundheit und Glück lassen sich weder planen noch kaufen. Für die Gesundheit kann man etwas tun – abnehmen, Sport machen. Aber auch das hilft nur vorübergehend. Und Glück ist definitiv nicht planbar. Ein Anruf, eine schlimme Diagnose, ein unachtsamer Moment beim Autofahren – und schon zieht es mir den Boden unter den Füßen weg. Spätestens da ist dann alles Planen sinnlos. Was tun? Die Bibel macht uns Mut, nach dem zu suchen, was hält und trägt. Auf Felsen zu bauen statt auf Sand. Auf Gott zu vertrauen statt auf Sparverträge und Versicherungen. Auf jeden Fall ist das eine Perspektive mit Ewigkeitswert, ganz ohne Verfallsdatum.

„Aus tiefster Seele hoffen wir auf den HERRN; er allein ist unsere Hilfe und der Schild, der uns schützt." Psalm 33,20 (NGÜ)

Kind und König

Maleachi 1,6-14 **Freitag, 19.**

Wenn jemand vom „lieben Gott" spricht, zucke ich manchmal innerlich zusammen. Ja, Gott ist die Liebe. Gott ist barmherzig und gnädig. Aber gleichzeitig ist er auch unbeschreiblich groß. Als Herr und König besingen wir ihn in manchen Liedern. Bei aller Vorweihnachtsfreude über das süße Kind in der Krippe gerät das schnell aus dem Blick. Wer immer nur vom lieben Gott spricht, steht in der Gefahr, den Respekt zu verlieren vor seiner Größe und Macht. Ja, Gott hat sich „kleingemacht" für uns. Aber er bleibt immer noch Gott, der Allmächtige, der Schöpfer des Himmels und der Erde. Gott, den wir ehren sollen, so, wie man früher Königen begegnet ist. Dass dieser große Gott uns in dem hilflosen Baby in der Krippe begegnet – das ist das eigentliche Geheimnis von Weihnachten.

„Und das Wort ward Fleisch und wohnte unter uns, und wir sahen seine Herrlichkeit, eine Herrlichkeit als des eingeborenen Sohnes vom Vater, voller Gnade und Wahrheit." Johannes 1,14

Kurskorrektur

Maleachi 2,1-9 Samstag, **20.**

Gott sei Dank gibt es Navis! Was war das früher für ein Stress mit patentgefalteten Landkarten und Stadtplänen. Heute sind die elektronischen Wegweiser Standard und das nicht nur im Auto. Und wenn ich mich trotz aller Technik mal verfahren habe, dann ertönt aus dem Gerät klar, aber unmissverständlich die Aufforderung: „Bitte wenden!" Oder der Satz: „Die Route wird neu berechnet." Wenn das nur im richtigen Leben auch so einfach wäre. Wie schnell hat man sich da „verfranzt". Ein falsches Wort zur falschen Zeit, eine unbedachte Entscheidung, eine verpasste Gelegenheit und schon ist es passiert: falsch abgebogen im Leben. Wichtig ist, dass ich überhaupt merke, dass etwas nicht stimmt. Und da wäre doch so ein freundliches „Bitte wenden!" eine praktische Sache, oder? Vorausgesetzt natürlich, ich bin bereit, mich darauf einzulassen.

„Ich suchte die Nähe des HERRN – und er hat mir geantwortet: Er rettete mich aus aller Angst." Psalm 34,5 (NGÜ)

Wochenspruch

Freuet euch in dem Herrn allewege, und abermals sage ich: Freuet euch! Der Herr ist nahe! Philipper 4,4.5b

Licht nach der Dunkelheit

Lukas 1,68-79 4. Adventssonntag **21.**

In einer gewaltigen, dunklen Höhle, da lebte einst ein Volk von Zwergen. Ihre Straßen und Häuser erhellten sie mit Talglichtern, die Höhlenwände mit fluoreszierenden Pilzen, und die großen

Weisen ihres Volkes trugen zum Zeichen ihrer Würde Laternen, gefüllt mit Glühwürmchen. Diese Weisen, die Lichtmeister, hüteten die Überlieferung: dass es weit über ihnen Sonnenlicht gab, ebenso wie den silbrigen Schimmer des Mondes und der Sterne. Wirklich vorstellen konnte sich das freilich keiner von ihnen. Dann aber trat ein Prophet auf: Das Tageslicht selbst würde bald in ihre Höhle fallen. Die Lichtmeister waren am skeptischsten. Wie würden sie auf das Licht reagieren?
Johannes war der Prophet, der dem Licht aus der Höhe vorausging. Für die führenden Leute war er ebenso unbequem wie Jesus selbst, aber auslöschen konnten sie das Licht nicht.

„Und das Licht scheint in der Finsternis, und die Finsternis hat's nicht ergriffen." *Johannes 1,5*

Ein Ring, sie zu knechten?

Maleachi 2,10-16 **Montag, 22.**

Das soll der Brautring sicherlich nicht sein, aber manche modernen Christen mögen den Gedanken der Unauflöslichkeit der Ehe eher als Last sehen, als überholt. Ich denke an Fälle von Gewalt in der Ehe, wo ich selbst wohl zur Scheidung raten würde. Aber abgesehen von solchen Extremfällen sollten wir es uns nicht so einfach machen mit der Ehe und ihrem Ende. Sich nicht mehr so gut zu verstehen oder ein Mangel an Schmetterlingen in der Bauchgegend reichen nicht als Scheidungsgrund. Nach C. S. Lewis sollen die starken Gefühle zu Beginn einer Beziehung uns dazu bringen, unser Eheversprechen zu machen. Dann haben die Schmetterlinge ihren Zweck erfüllt; die Liebe in der Beziehung entwickelt sich weiter. Unsere Aufgabe ist es nun, das Versprechen zu halten.

„Mose hat euch erlaubt, euch zu scheiden von euren Frauen, eures Herzens Härte wegen; von Anfang an aber ist's nicht so gewesen."
Matthäus 19,8

Der König kommt

Maleachi 2,17-3,12 **Dienstag, 23.**

„Wartet es nur ab! Wenn der König kommt, dann wird es euch schlecht ergehen." Der alte Stallmeister redet sich in Rage. Er sitzt, einen Humpen Bier vor sich, mit dem Bürgermeister, dem Priester und dem Kaufmann am Stammtisch der örtlichen Schenke. Ihre kleine Landgemeinde ist so abgelegen wie nur irgendeine im Reich – aber morgen soll er hier durchkommen, der neue König. Gerecht soll er sein, aber streng. Wird er bei ihnen Gericht halten? Und dann? Eine weiße Weste hat keiner von ihnen ...
Gott wird zu seinem Tempel kommen, aber wer wird den Tag seiner Ankunft ertragen können? Für Maleachi ist es der Tag, an dem Gott als der Schmelzer die Israeliten läutern wird. Der Tag des Gerichts. Aber Gott kam anders: als Kind in der Krippe. Ein menschliches Kind in einem Stall und doch der Schöpfer der ganzen Welt. Der König in der Krippe.

„Ihr werdet finden das Kind in Windeln gewickelt und in einer Krippe liegen." *Lukas 2,12*

Johannes und Jesus

Maleachi 3,13-24 **Heiligabend, 24.**

Für die Gerechten die Sonne der Gerechtigkeit, für die Gottlosen der Ofen des Gerichts. Und vor dem großen, schrecklichen Tag des HERRN sollte der Prophet Elia wiederkommen. Nun, Elia kommt tatsächlich als Johannes der Täufer. Aber Jesus kommt nicht zum Gericht, sondern als Retter, als Kind in der Krippe, als Friedefürst auf dem Esel, als Gottesknecht am Kreuz. Anstelle des Feuerofens für die Gottlosen offenbart sich Gottes Herz als Backofen voller Liebe. Hat Jesus Maleachis Prophetie missachtet? Nein, er hat sie übertroffen für uns alle. Mit dem Wunder der Weihnacht im Stall zu Bethlehem beginnt Gottes Sieg über Hölle, Tod und Teufel. Für uns Sünder. Dreiunddreißig Jahre später vollendet er ihn am Kreuz, erträgt das Gericht an unserer Stelle. Nun gilt es wirklich für uns, die Gerechtfertigten:

„Euch aber, die ihr meinen Namen fürchtet, soll aufgehen die Sonne der Gerechtigkeit und Heil unter ihren Flügeln.“ *Maleachi 3,20*

Ein sicherer Sieg

Psalm 2 1. Weihnachtstag. **25.**

Winston Churchill schildert in seinen Kriegsmemoiren den Zweiten Weltkrieg aus seiner Perspektive als britischer Premierminister. Das zweite Buch behandelt die Zeit vom Mai 1940 bis zum Juni 1941. Die Überschrift: „Allein“. Frankreich bricht zusammen, die Sowjetunion ist noch nicht im Krieg. Nur die siegreiche Luftschlacht um England bewahrt die Briten vor einer deutschen Invasion. Dann greifen die Japaner am 7. Dezember 1941 Pearl Harbor an. Amerika ist im Krieg.
Churchill schreibt schon hier: „Damit hatten wir dennoch gesiegt!“ Der Krieg sollte noch Jahre dauern, aber ab diesem Moment konnte er nur noch mit einem alliierten Sieg enden.
Ähnlich in Psalm 2. Die Völker toben ganz vergeblich. Gott kann über ihre Macht nur lachen. Die Herrschaft seines Sohnes ist unausweichlich: Wenn wir an Christus glauben, haben wir schon gesiegt.

„Denn uns ist ein Kind geboren, ein Sohn ist uns gegeben, und die Herrschaft ist auf seiner Schulter.“ *Jesaja 9,5*

Nachtlicht oder Röntgenstrahlen

Lukas 2,29-32 2. Weihnachtstag. **26.**

Baby Jesus wird in den Tempel gebracht, um ihn Gott darzustellen. In der christlichen Tradition würden wir von der Kindstaufe oder Segnung sprechen. Im Tempel treffen sie auf Simeon. Der alte Mann hat einen letzten Wunsch: Er möchte den versprochenen Retter sehen.
Da fällt sein Blick auf das Kind. Simeon erkennt seine Bedeutung: ein Licht für alle Menschen zu sein. Ihnen die Möglichkeit zu geben, Gott zu erkennen und kennenzulernen. Und zugleich die

Herrlichkeit für die Juden zu sein. Ihre besondere Erwählung zu offenbaren und zu erfüllen.
Habe ich das Licht gesehen? Bin ich wie Simeon und warte darauf, dass mir Jesus begegnet – auch heute? Was offenbart mir sein Licht gerade in meinem geistlichen Leben?

„Er spricht: Es ist zu wenig, dass du mein Knecht bist, die Stämme Jakobs aufzurichten und die Zerstreuten Israels wiederzubringen, sondern ich habe dich auch zum Licht der Völker gemacht, dass mein Heil reiche bis an die Enden der Erde.“ *Jesaja 49,6*

Erleuchtendes Wort

Johannes 1,1-5 **Samstag, 27.**

Die anderen Evangelien beginnen mit der Geburt von Jesus. Dies scheint hier zu fehlen. Doch Johannes nutzt einen anderen Weg, um seinen Freund und Lehrer vorzustellen. „Das Wort“ ist eine Bezeichnung für Jesus. „Im Anfang“ stellt den Bezug zur Schöpfung her. Möglicherweise möchte Johannes darauf hindeuten, dass durch das Neue Testament eine Art Neuschöpfung entsteht. Licht und Dunkelheit trennen sich im Schöpfungsakt. So auch hier: Jesu Licht ist stärker als alles, was von Gott trennt. Ohne den Glauben an ihn strahle ich kein Licht zurück. Doch vertraue ich ihm, ändert er mich. Ich kann dann sein Licht reflektieren und das Gute und Wahre weitergeben. Lasse ich mein Herz von ihm beleuchten? Reflektiere ich mein Verhalten und erkenne, dass ich Jesus als Retter brauche? Er möchte meinen Weg erleuchten, damit ich nicht mehr in der Dunkelheit stolpere. Er spricht mich an. Höre ich zu?

„Und Gott sprach: Es werde Licht! Und es ward Licht. Und Gott sah, dass das Licht gut war. Da schied Gott das Licht von der Finsternis.“
1. Mose 1,3+4

Wochenspruch

Wir sahen seine Herrlichkeit, eine Herrlichkeit als des eingeborenen Sohnes vom Vater, voller Gnade und Wahrheit.

Johannes 1,14b

Vom Wort weitererzählen

Johannes 1,6-8 — **Sonntag, 28.**

Johannes heißt übersetzt: Jahwe ist gnädig. Als Wegbereiter für Jesus sollte er alle Menschen genau darauf hinweisen. Jesus ist die Gnade in Person. Er starb, damit ich leben kann. Er gab sein Leben, damit ich ewiges Leben bekommen kann. Ich darf dieses Geschenk annehmen. Johannes der Jünger wollte mit seinem Evangelium genau dasselbe bezwecken wie Johannes der Täufer: Alle Menschen sollen zum Glauben an Jesus kommen. Glaube ich? Dann kann ich wie Johannes von Jesus weitererzählen. Das braucht nicht so dichterisch zu sein wie dieses Kapitel. Sondern einfach auf meine Weise.

„Der kam zum Zeugnis, damit er von dem Licht zeuge, auf dass alle durch ihn glaubten.“ *Johannes 1,7*

Vertraue ich dem Licht?

Johannes 1,9-13 — **Montag, 29.**

Jesus aufzunehmen bedeutet, ein Geschenk anzunehmen, ganz ohne Eigenleistung – egal wo ich herkomme, was ich habe oder was ich kann, wenn ich an Jesus glaube, nimmt er mich in seine Familie auf. Welt bedeutet hier eine von Gott entfremdete Schöpfung, und diese konzentriert sich in der Menschheit. Viele Menschen erkennen Gott nicht. Das ist jedoch nicht passiv gemeint, sondern beschreibt das praktische Vertrauen auf ihn. Sie sehen das Geschenk und gehen doch vorbei. Sie verweigern den Glauben an Jesus, also ist das Nichterkennen selbstverschuldet. Um gerettet zu werden, braucht es eine aktive Entscheidung. Jesus ruft uns in seine Nachfolge. Will ich Gottes Kind sein, dem Licht vertrauen? Dann will er mir helfen, bei meiner Entscheidung zu bleiben.

„Wie viele ihn aber aufnahmen, denen gab er Macht, Gottes Kinder zu werden: denen, die an seinen Namen glauben.“ Johannes 1,12

Gnade wird beleuchtet

Johannes 1,14-18 **Dienstag, 30.**

Durch Jesus offenbart Gott seine Gnade über all unser Bitten und Verstehen hinaus. Jesu Gnade und Wahrheit überstrahlen Mose und das Gesetz. Ein neuer Glanz und die Herrlichkeit Gottes werden durch ihn sichtbar. Johannes und einige andere sind Zeugen dafür geworden. Jesus ist einzigartig, gezeugt und nicht geschaffen. Nur er kann mir vollständige Gewissheit und Klarheit über Gott schenken. Den Glauben kann ich durch Jesus erkennen und annehmen. Durch ihn kann ich Gott besser kennenlernen. Wer Jesus sieht, sieht den Vater. An Jesus können wir sehen, wie der himmlische Vater ist. Sein Tod rettet mich. Wer ist Jesus für mich? Nehme ich seine Gnade an?

„Und das Wort ward Fleisch und wohnte unter uns, und wir sahen seine Herrlichkeit, eine Herrlichkeit als des eingeborenen Sohnes vom Vater, voller Gnade und Wahrheit.“ Johannes 1,14

Wahrnehmen

Psalm 29 **Silvester, 31.**

Ein Jahr ist vergangen – ein neues Jahr steht vor der Tür. Die Gedanken wandern, geleitet von den Worten des Psalms. Wir werden angeleitet, Gott zu loben, zusammen mit den himmlischen Heerscharen. Ihn zu ehren. Angeleitet auch zum Hören: Gottes Stimme hat Macht und ist doch ganz leise. Gottes Stimme hat Kraft und ist doch nicht erdrückend. Gottes Stimme ist die Stimme des Schöpfers und des Erhalters. Unser Denken und Begreifen scheitern an der Größe Gottes, am Geheimnis seiner Herrlichkeit. Dazu sind wir eingeladen, ermutigt: auf das Jahr, das zu Ende geht, zu sehen, das Stimmengewirr zu hören und hinter allem ihn wahrzunehmen. Und dazu auch so auf das kommende Jahr zu sehen: *Der Herr wird sein Volk segnen mit Frieden.* Mitten in einer Welt, die sich nach Frieden sehnt.

„Meinen Frieden gebe ich euch. Nicht gebe ich euch, wie die Welt gibt. Euer Herz erschrecke nicht und fürchte sich nicht." *Johannes 14,27*

Gebete, Meditationstexte und Segenszusprüche

Luthers Morgensegen

Das walte Gott Vater, Sohn und Heiliger Geist! Amen.
Ich danke dir, mein himmlischer Vater, durch Jesus Christus, deinen lieben Sohn, dass du mich diese Nacht vor allem Schaden und Gefahr behütet hast, und bitte dich, du wollest mich diesen Tag auch behüten vor Sünden und allem Übel, dass dir all mein Tun und Leben gefalle. Denn ich befehle mich, meinen Leib und Seele und alles in deine Hände. Dein heiliger Engel sei mit mir, dass der böse Feind keine Macht an mir finde. Amen.

Morgengebet

Du willst mich früh umhüllen
Mit Deinem Wort und Licht,
verheißen und erfüllen,
damit mir nichts gebricht;
willst vollen Lohn mir zahlen,
fragst nicht, ob ich versag.
Dein Wort will helle strahlen,
wie dunkel ist der Tag.
(Jochen Klepper, 1903–1942)

Bitte um Vergebung

Barmherziger Gott, vergib mir alles,
was ich an dir und den Menschen gesündigt habe.
Ich traue deiner Gnade und gebe mein Leben ganz in deine Hand.
Mach du mit mir, wie es dir gefällt
und wie es gut für mich ist.
Ob ich lebe oder sterbe, ich bin bei dir,
und du bist bei mir, mein Gott.
Herr, ich warte auf dein Heil und auf dein Reich.
(Dietrich Bonhoeffer)

Gebet um Vertrauen

Auferstandener Christus, wenn wir die leise Sehnsucht verspüren, deine Liebe zu empfangen, dann entzündet sich zutiefst in uns eine Flamme. Der Heilige Geist hält sie am Brennen; mag sie auch flackern, sie wird nicht verlöschen. Und wenn wir begreifen, dass du uns liebst, wird das Vertrauen des Glaubens in uns zum Lied.
(Taizé)

Fürbitte konkret

(In die Lücken bitte einen Namen aus dem Bekanntenkreis einsetzen)
Lieber Vater, schenke heute ______________ viele schöne Begegnungen.
Herr Jesus, bitte gib __________________ den Mut, heute unangenehme Sachen anzupacken.
Heiliger Geist, ich bitte dich, dass du ______________ auf ihren Wegen beschützt.
Lieber Vater, schenke heute __________________ Kraft für seinen Arbeitstag.
Herr Jesus, bitte gib ______________ heute einen fröhlichen Tag.
Heiliger Geist, ich bitte dich, versorge ________________ mit viel Geduld für ihre Aufgaben.
Lieber Vater, mache mich aufmerksam für meinen Nächsten.
Herr Jesus, bitte schenke mir Liebe für meine Feinde.
Heiliger Geist, mache mich zum Werkzeug deines Friedens. Amen.
(Ronald Rosenthal)

Gebet in besonderer Not

Herr Gott,
großes Elend ist über mich gekommen.
Meine Sorgen wollen mich erdrücken
ich weiß nicht ein noch aus.
Gott, sei gnädig und hilf
Gib Kraft zu tragen, was du schickst.
lass die Furcht nicht über mich herrschen.
sorge du väterlich für die Meinen,

besonders für Frau und Kinder,
schütze sie mit deiner starken Hand
vor allem Übel und vor aller Gefahr.
Barmherziger Gott,
vergib mir alles, was ich an dir
und an Menschen gesündigt habe.
Ich traue deiner Gnade
und gebe mein Leben ganz in deine Hand
Mach du mit mir,
wie es dir gefällt und wie es gut für mich ist.
Ob ich lebe oder sterbe,
ich bin bei dir und du bist bei mir, mein Gott
Herr ich warte auf dein Heil und auf dein Reich.
Amen
(Dietrich Bonhoeffer)

Gebet um Frieden und Verantwortung für die Welt
Herr, allmächtiger Gott,
der du die Welt trägst,
gib, dass alle, die Verantwortung haben,
erfüllt werden mit Weisheit und Kraft,
damit sie ihre Aufgabe vollbringen zum Leben
und nicht zum Verderben der Welt.

Dir empfehlen wir die Menschen in Rechtlosigkeit
und unter Unrechtsregimen an:
die Gequälten und zu Unrecht Verhafteten,
die Gefolterten,
die Heimatlosen.
auf der Flucht und in Lagern
und die Hungernden.

In einer Welt der Angst
hilf uns, die Hoffenden zu bleiben
durch Jesus Christus, unsern Herrn.
(Gebet aus Nicaragua, Gotteslob Nr. 20,2)

Tischgebet

Guter Gott, bevor wir essen und trinken
Wollen wir innehalten.
Segne alle, denen wir dieses Mal verdanken:
den Bauern, den Müller und den Bäcker, die Lastwagenfahrerin, der Verkäufer,
alle, die kochen und den Tisch decken.
Erfülle alles, was wir essen, mit deinem Leben.
Lass uns dich erkennen,
du guter Gott.
Amen

Segen

Gottes Macht halte mich aufrecht,
Gottes Weisheit führe mich,
Gottes Auge schaue für mich,
Gottes Ohr höre für mich,
Gottes Wort spreche für mich,
Gottes Hand schütze mich,
Gottes Weg liege vor mir,
Gottes Schild schirme mich.
(aus Irland)

Segen

Gott, segne die Erde, auf der ich stehe.
Gott, segne den Weg, den ich gehe.
Gott, segne das Ziel meines Lebens.
Gott, du bist immer da, immer wachsam,
so segne mich, wenn ich ruhe.
Segne mich, wie du es willst.
Segne mich mit deiner Liebe.
Segne meine Hoffnung in dir.
Du bist der König der Könige,
Herr aller Herren.
Blicke stets gnädig auf mich.
(Patrick von Irland zugeschrieben, 5. Jh.)

Abendgebet

Ich liege, Herr, in Deiner Hut
Und schlafe ganz mit Frieden:
Dem, der in Deinen Händen ruht,
ist wahre Rast beschieden.
Dein starker Arm ist ausgereckt,
dass Unheil mich verschone
ich, was auch den Schlaf noch schreckt,
beschirmt und sicher wohne.
(Jochen Klepper, 1903-1942)

Luthers Abendsegen

Das walte Gott Vater, Sohn und Heiliger Geist! Amen
Ich danke dir, mein himmlischer Vater, durch Jesus Christus, deinen lieben Sohn, dass du mich diesen Tag gnädiglich behütet hast, und bitte dich, du wollest mir vergeben alle meine Sünde, wo ich Unrecht getan habe, und mich diese Nacht auch gnädiglich behüten. Denn ich befehle mich, meinen Leib und Seele und alles in deine Hände. Dein heiliger Engel sei mit mir, dass der böse Feind keine Macht an mir finde. Amen.

Mitarbeiter „Termine mit Gott 2025"

Alle Autorinnen und Autoren, deren Name mit einem * versehen ist, sind unter **terminemitgott@brunnen-verlag.de** erreichbar

Christa Albrecht, Christa.Albrecht@elkw.de	1.–4. Januar
Holger Noack, holger-noack@unitybox.de	5. Januar
Christa Albrecht, Christa.Albrecht@elkw.de	6. Januar
Conny Fastner-Boss, conny.fastner-boss@cvjm-lippe.de	7.–11. Januar
Norbert Held, norbert.held@web.de	12. Januar
Ralf Albrecht, albrecht@evang-kirche-nagold.de	13.–17. Januar
Joakim Noack*	18.–21. Januar
Norbert Held, norbert.held@web.de	22.–24. Januar
Oliver Battram*	25.–28. Januar
Hartmut Bärend, hfb74@aol.com	29. Januar–2. Februar
Burkhard Hesse, burkhard.hesse@ewe.net	3.–6. Februar
Reiner Kutsche*	7.–8. Februar
Dr. Roland Werner, rw@rolandwerner.de	9. Februar
Reiner Kutsche*	10.–11. Februar
Andreas Lötzer, andi.loetzer@kabelmail.de	12.–15. Februar
Dr. Roland Werner, rw@rolandwerner.de	16. Februar
Matthias Kaden*	17.–20. Februar
Matthias Rapsch, matthias.rapsch@promission-deutschland.de	21.–24. Februar
Dr. Roland Werner, rw@rolandwerner.de	25.–27. Februar
Albrecht Kaul, albe.kaul@web.de	28. Februar
Albrecht Kaul, albe.kaul@web.de	1.–4. März
Hansjörg Kopp, kopp@cvjm.de	5.–8. März
Dr. Klaus Schulz*	9.–13. März
Dr. Ulrike Treusch, treusch@fthgiessen.de	14.–15. März
Oliver Battram*	16. März
Dr. Ulrike Treusch, treusch@fthgiessen.de	17.–19. März
Holger Blaskowski, mail@blaskowski.de	20.–22. März
Tobias Hoffmann, hoffmann.tobias@gmail.com	23. März
Holger Blaskowski, mail@blaskowski.de	24.–25. März
Gaby Schrott, m.schrott@die-apis.de	26.–29. März
Martin Schrott, m.schrott@die-apis.de	30. März
Gaby Schrott, m.schrott@die-apis.de	31. März
Martin Schrott, m.schrott@die-apis.de	1.–4. April

Cornelius Kuttler, cornelius.kuttler@ejwue.de	5.–9. April
Frank Weber, weber@cvjm-hochschule.de	10.–14. April
Hans Martin Stäbler, hans-martin@diestaeblers.de	15.–19. April
Markus Laber*	20.–23. April
Dr. Friedmann Eißler, Friedmann.Eissler@elkw.de	24.–27. April
Dr. Tobias Eißler, Tobias.Eissler@elkw.de	28.–30. April
Dr. Tobias Eißler, Tobias.Eissler@elkw.de	1.–3. Mai
Friedemann Kretzer, friedemann.kretzer@web.de	4. Mai
Matthias Büchle, m.buechle@cvjm-westbund.de	5.–8. Mai
Friedemann Kretzer, friedemann.kretzer@web.de	9.–11. Mai
Dr. Eberhard Hahn, e.fritz.hahn@gmail.com	12.–17. Mai
Matthias Kerschbaum, matthias.kerschbaum@cvjmbaden.de	18.–20. Mai
Michael Götz*	21.–24. Mai
Matthias Kerschbaum, matthias.kerschbaum@cvjmbaden.de	25. Mai
Michael Götz, goetz@cvjm-bayern.de	26. Mai
Gunder Gräbner, gundergraebner@lkgsachsen.de	27.–29. Mai
Jürgen Kehrberger, juergen.kehrberger@web.de	30.–31. Mai
Jürgen Kehrberger, juergen.kehrberger@web.de	1.–3. Juni
Dr. Malte Schilling, malteschilling@gmail.com	4.–7. Juni
Tobias Hoffmann, hoffmann.tobias@gmail.com	8.–11. Juni
Christoph Wolf*	12.–15. Juni
Georg Klein*	16.–19. Juni
Tobi Liebmann, t.liebmann@cvjm-westbund.de	20.–21. Juni
Gunder Gräbner, gundergraebner@lkgsachsen.de	22. Juni
Tobias Liebmann, t.liebmann@cvjm-westbund.de	23.–24. Juni
Denis Werth, d.werth@cvjm-westbund.de	25.–28. Juni
Holger Noack, holger-noack@unitybox.de	29. Juni
Denis Werth, d.werth@cvjm-westbund.de	30. Juni
Matthias Flaßkamp, matthias.flasskamp@vg-sh.de	1.–5. Juli
Paul Ulrich Lenz*	6. Juli
Rita Grundmüller*	7.–11. Juli
Veit-Sebastian Dietrich, vs.dietrich@googlemail.com	12. Juli
Paul Ulrich Lenz*	13. Juli
Veit-Sebastian Dietrich, vs.dietrich@googlemail.com	14.–17. Juli
Andreas Schmierer, andreas.schmierer@t-online.de	18.–22. Juli
Dr. Andreas Scheuermann, andy.scheuermann@gmx.de	23.–27. Juli
Jens Märker, jens.maerker@evlks.de	28. Juli–1. August
Bernd Kisse, bkisse@freenet.de	2.–6. August
Markus Nietzke, markus.nietzke@web.de	7.–11. August
Carola Zucht*	12.–16. August

Dr. Christoph Morgner, christoph.morgner@gmx.de	17.–20. August
Sandra Herrendörfer-Pick, s.herrendoerfer@gmx.de	22.–26. August
Valentin Späth, spaeth.valentin@gmail.com	27.–31. August
Thomas Sczigiol, thomas.sczigiol@brunnen-verlag.de	1.–5. September
Hartmut Voelkner, voelkner.h@t-online.de	6.–10. September
Nicole Kailus, njkailus@web.de	11.–13. September
Dr. Jörg Kailus, njkailus@web.de	14.–15. September
Markus Nietzke, markus.nietzke@web.de	16.–20. September
Sebastian Rink, mail@sebastianrink.de	21.–24. September
Dr. Jörg Kailus, njkailus@web.de	25.–26. September
Tilo Benner*	27. September–2. Oktober
Daniel Trick*	3.–8. Oktober
Alfred Preuß, alfred.preuss@heilsarmee.de	9.–10. Oktober
Paul Ulrich Lenz*	12. Oktober
Alfred Preuß, alfred.preuss@heilsarmee.de	13.–15. Oktober
Manfred Heinzelmann, manfred-bernd.heinzelmann@t-online.de	16.–20. Oktober
Carola Kieker, carola.kieker@t-online.de	21.–25. Oktober
Paul Ulrich Lenz*	26. Oktober
Michelle Rath, michelle.rath@gmx.de	27.–31. Oktober
Harald Orth, harald.orth@feg-wiesbaden.de	1.–5. November
Marion Kuhn*	6.–10. November
Ronald Rosenthal, ronald.rosenthal@cvjm-pfalz.de	11.–15. November
Dr. Ingeborg Schüler, ingeborgschueler@arcor.de	16.–20. November
Sabine Schmalzhaf-Sievers, sabineschmalzhaf@gmx.de	21.–25. November
Christine Adolphs, christine.adolphs@freenet.de	26.–30. November
Dr. Uwe Bertelmann*	1.–5. Dezember
Wolfgang Kraska, wolfgang.kraska@feg.de	6.–10. Dezember
Mareike Kießling*	11.–15. Dezember
Stefan Loss*	16.–20. Dezember
Dr. Jörg Kailus, nj.kailus@web.de	21.–25. Dezember
Alexandra Sczigiol, sczicz@gmx.de	26.–30. Dezember
Paul Ulrich Lenz*	31. Dezember

Redaktionelle Texte:

HN	Holger Noack
JK	Dr. Jörg Kailus
UB	Dr. Uwe Bertelmann

Bibelstellenregister

Abkürzungen

E	Einheitsübersetzung der Heiligen Schrift © 2016 Katholische Bibelanstalt, Stuttgart
ELB	Elberfelder Bibel 2006 © 2006 by SCM R.Brockhaus in der SCM Verlagsgruppe GmbH, Witten/Holzgerlingen
GNB	Gute Nachricht Bibel, durchgesehene Neuausgabe, © 2018 Deutsche Bibelgesellschaft, Stuttgart.
HfA	Hoffnung für alle®, © 1983, 1996, 2002 by Biblica Inc.™. Alle weiteren Rechte weltweit vorbehalten. Verwendet mit freundlicher Genehmigung von 'fontis – Brunnen Verlag Basel.
Kap.	Kapitel
LUT 84	Lutherbibel, revidierter Text 1984, durchgesehene Ausgabe, © 1999 Deutsche Bibelgesellschaft, Stuttgart.
NGÜ	Neue Genfer Übersetzung – Neues Testament und Psalmen, Copyright © 2011 Genfer Bibelgesellschaft.
NLB	Neues Leben. Die Bibel, © der deutschen Ausgabe 2002 und 2006 SCM R.Brockhaus in der SCM Verlagsgruppe GmbH, Witten/Holzgerlingen.
V.	Vers